AF589656

Louis Blanc

Sa Vie = Son Œuvre

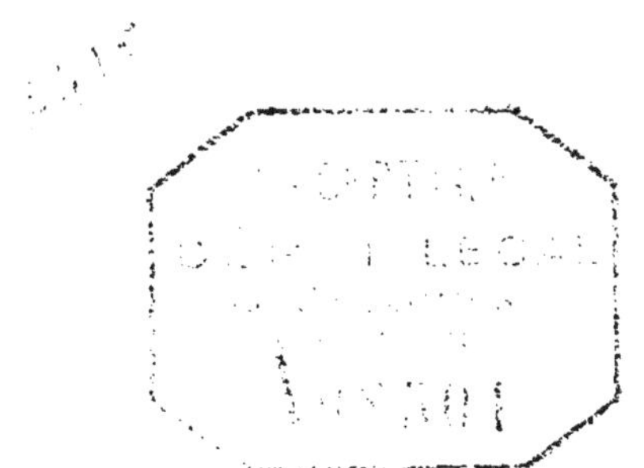

Edouard Renard

Louis Blanc
Sa Vie - Son Œuvre

UNE JEUNESSE PAUVRE – LE MOUVEMENT DÉMOCRATIQUE ET RÉPUBLICAIN DE 1830 A 1848. LA RÉVOLUTION DE FÉVRIER 1848 – LE GOUVERNEMENT PROVISOIRE – LES JOURNÉES DE JUIN – EN EXIL. A L'ASSEMBLÉE NATIONALE DE 1871 – LA LUTTE POUR LA RÉPUBLIQUE – DERNIÈRES ANNÉES.

LIBRAIRIE HACHETTE

Phot. Hachette

LOUIS BLANC jeune
Lithographie de DESMAISONS
Bibliothèque Nationale, Estampes

A LA MÉMOIRE
DE
MON FRÈRE LOUIS RENARD,
ÉTUDIANT A LA FACULTÉ DES SCIENCES
DE L'UNIVERSITÉ DE PARIS,
SERGENT AU 83e RÉGIMENT D'INFANTERIE
« TUÉ POUR LA FRANCE, LE 18 SEPTEMBRE 1914,
A PERTHES-LES-HURLUS
EN FAISANT VAILLAMMENT SON DEVOIR. » (1)

(1) *Journal officiel* du 22 novembre 1921.

CET ouvrage n'est pas un ouvrage de critique, mais une simple biographie où se trouvent rapportés ou résumés, aussi fidèlement que possible, les actes, les écrits, les paroles de Louis Blanc.

J'ai présenté de mon mieux ce grand citoyen, tel qu'il s'est révélé au cours d'une longue et laborieuse carrière, dans les luttes politiques ou sociales auxquelles il prit part.

En donnant des événements un récit succinct, je me suis efforcé de placer dans son cadre et de montrer sous son vrai jour cette haute figure.

Je n'ai pas discuté le réformateur. J'ai seulement essayé d'exposer assez clairement ses théories pour que chacun pût porter sur elles un jugement équitable.

Pas davantage je n'ai discuté l'historien. Je me suis borné à indiquer dans quel esprit fut conçue et composée par lui l'*Histoire de la Révolution française*.

La presse, où, dans la fièvre des passions, hommes et choses sont appréciés au jour le jour, m'a été, surtout pour la période la plus récente, d'un puissant secours; mais je n'aurais pu mener à bien mon œuvre si — sans parler de mon éminent maître M. Camille-Georges PICAVET, à qui va mon infinie reconnaissance — d'autres personnes dévouées ne me fussent venues en aide. Qu'elles me permettent de leur exprimer également ma respectueuse gratitude.

Edouard RENARD.

INTRODUCTION

La Révolution de 1830 marque tout à la fois le triomphe de la bourgeoisie et l'apparition sur la scène politique de la classe ouvrière. C'était le peuple qui avait planté le drapeau tricolore sur le palais de Charles X; c'est la bourgeoisie, restée dans l'ombre tout le temps qu'avait duré la lutte, qui allait profiter de la victoire. A la faveur du désarroi, Thiers et Mignet firent afficher à profusion un manifeste en faveur du duc d'Orléans, où ils invoquaient, « pour mieux la détruire, la souveraineté du peuple ». Il y eut des protestations éparses, des cris de: *Vive la République!* Sur la place de l'Hôtel-de-Ville, un ardent clubiste, Huber, lut une proclamation demandant l'abolition de la royauté. Le vent emporta ses paroles.

Le peuple n'avait pas d'organisation prête. Absorbé par les dures préoccupations de l'existence, il ne se rendait pas bien compte de l'heureuse influence que pouvait avoir sur sa destinée la substitution d'un pouvoir démocratique à une monarchie appuyée sur un régime de privilèges.

La Fayette, habilement circonvenu par ses amis Rémusat et Odilon Barrot, proclama qu'il fallait au peuple français « un trône populaire entouré d'institutions républicaines ». Le 31 juillet au soir, Thiers, dont la manœuvre avait abouti, pouvait présenter au duc d'Orléans l'état-major républicain: Cavaignac, Bastide, Boinvilliers, Thomas, Guinard et Joubert. Entrevue froide et correcte, où, un moment, l'évocation de la Convention faillit déchaîner un orage.

A Duvergier de Hauranne qui le remerciait de s'être montré conciliant : « Vous avez tort de nous remercier, répondait amèrement Cavaignac, nous n'avons cédé que parce que nous n'étions pas en force; il était trop difficile de faire comprendre au peuple qui avait combattu au cri de : *Vive la Charte!* que son premier acte après sa victoire devait être de s'armer pour la détruire. Plus tard, ce serait différent. »

Le peuple s'était laissé berner : on le couvrit de fleurs. La presse bourgeoise le félicita d'avoir été le maître de Paris et de n'en avoir point abusé. Armand Carrel discerna l'ironie sous l'éloge. Sa loyauté en souffrit. Il s'était jusque-là tenu à l'écart des masses populaires, se préoccupant peu du problème social, tout entier à la politique. Il confessa noblement son erreur et proclama que le peuple, qui avait tout fait, devait bénéficier de la victoire.

Il n'en fut pas ainsi. La Chambre se borna à reviser la Charte. Le roi de France fut désormais appelé roi des Français. Le catholicisme cessa d'être religion d'Etat. Le droit d'initiative fut reconnu en matière législative aux deux Chambres. L'âge pour être électeur fut abaissé à vingt-cinq ans; pour être éligible, à trente ans. La censure fut supprimée. Des lois séparées devaient régler à bref délai le régime de la presse, la responsabilité des ministres, l'organisation de la garde nationale, le système électoral.

Les modifications apportées à la Charte furent acceptées par le duc d'Orléans, et la Chambre, « dans l'intérêt universel et pressant du peuple français », l'appela au trône.

Louis-Philippe avait cinquante-sept ans. La fortune, après lui avoir été si longtemps contraire, lui apportait enfin la couronne qu'à travers toutes les vicissitudes de son existence il avait peut-être souhaitée, sans espérer jamais l'obtenir. Le nouveau roi ne changea point ses habitudes. Son parapluie sous le bras, il continua ses promenades dans Paris, engageant la conversation, au hasard de la rencontre, avec des négociants ou de simples ouvriers. Mais, sous ces airs de bonhomie, il dissimulait mal l'orgueil héréditaire de sa race, et bientôt il devait révéler sa passion du pouvoir. « Etrange mélange de simplicité bourgeoise et de besoin de dominer, d'esprit philosophique plus que libre sous certains rapports et de préjugés de naissance, de sentiments révolutionnaires et de peurs irréfléchies de la Révolution. Il y avait en lui un composé des qualités et des défauts les plus contraires, qui étaient comme les reflets des milieux si différents qu'il avait traversés dans son orageuse existence. On retrouvait chez lui tout à la fois l'élève de Mme de Genlis et le secrétaire du club des Jacobins, le général des armées révolutionnaires et le prince du sang de Louis XIV. Mais, au milieu de ces éléments si contraires, dominaient surtout une confiance imperturbable en lui-même et un assez grand mépris des autres hommes » (1).

Cependant la bourgeoisie libérale était toute à la joie et à l'illusion d'avoir un roi sorti d'elle. Elle l'entoura de ministres pris dans son sein : Laffitte, Dupont de l'Eure, et, pour consolider sa victoire, s'attribua le droit de suffrage et la mission de maintenir l'ordre dans la rue.

Dès son avènement, le nouveau gouvernement se trouva aux prises avec deux partis d'opposition : le parti légitimiste et le parti républicain.

Les légitimistes considéraient le « roi des barricades » comme un usurpateur. Ils lui reprochaient d'avoir volé la couronne à son cousin, le duc de Bordeaux, et de s'être montré d'une ingratitude scandaleuse à l'égard de Louis XVIII et de Charles X, qui l'avaient comblé de bienfaits. Mais, violent dans l'expression de sa colère, le parti légitimiste était dépourvu de moyens d'action et, par conséquent, peu dangereux. Toute son énergie s'épuisait en propos de salons et en articles de presse. Il échoua lamentablement lorsqu'il voulut se produire au dehors, soit qu'il organisât, à Saint-Germain-l'Auxerrois, une quête au profit des Suisses blessés au service de Charles X, soit que, plus ambitieux, il tentât, à l'exemple de Charette et de La Rochejaquelein, de soulever la Vendée.

Autrement redoutable était le parti républicain, à qui les événements de 1830 semblaient avoir donné pleine conscience de lui-même. Il se composait de vétérans de la grande Révolution et de jeunes gens, ouvriers et étudiants, avides de connaître cette page de notre histoire que l'Empire et la Restauration s'étaient complus à dénaturer.

Mécontents de l'adhésion donnée par La Fayette à la monarchie, les républicains s'étaient détournés de lui. Ils se groupaient autour de Voyer d'Argenson, dont le cœur était plein des misères du peuple; de Charles Teste, ardent animateur des sociétés secrètes, et de Buonarotti, l'ancien compagnon de Babeuf, dont l'âge n'avait pas éteint l'ardeur.

C'étaient Godefroy Cavaignac, fils du conventionnel, ancien carbonaro, combattant de 1830, intrépide, affable et bon, glorieux apologiste des révolutions, « les seules pages de l'histoire qui méritent qu'on ouvre, qu'on pose

(1) Odilon Barrot, *Mémoires posthumes*. I, 219.

le livre »; le docteur Ulysse Trélat, corps frêle, âme héroïque, s'épuisant au labeur, qui avait siégé dans la Haute-Vente et rêvait la plus longue existence et la plus heureuse pour le plus grand nombre d'hommes; Raspail, pauvre, obligé de donner des leçons pour vivre, austère, sévère pour lui comme pour les autres, partagé entre la science et la politique, dédaigneux des avances du pouvoir, qui essayait de le séduire par un emploi ou la légion d'honneur; Armand Marrast, révoqué de ses fonctions de surveillant à l'Ecole Normale pour avoir assisté aux funérailles de Manuel; Armand Carrel, ancien officier dont l'amour de la liberté avait brisé l'épée, membre de la Charbonnerie, l'un des fondateurs du *National* en 1830, journaliste étincelant, d'abord attaché à la monarchie, mais que la monarchie de Louis-Philippe, par l'étroitesse de ses conceptions, par son manque de générosité et sa veulerie, devait conduire à la République; Garnier-Pagès enfin, qui, à la Chambre, soutenu par Voyer d'Argenson, Audry de Puyraveau et Cormenin, devant les députés hostiles ou indifférents, exposait les questions ouvrières avec un courage et une persévérance qu'aucune manifestation ne put jamais lasser.

Tous les républicains d'alors pensaient, avec Armand Carrel, que la Révolution de Juillet ne devait pas se borner à mettre une famille à la place d'une autre, mais qu'elle devait émanciper les classes inférieures et les appeler à prendre au pouvoir une part toujours croissante avec les progrès de la civilisation. Ainsi avait fait la Révolution de 1789 pour la classe moyenne. La proclamation du suffrage universel leur apparaissait comme la conséquence logique de l'avènement de Louis-Philippe, qui avait consacré le principe de la souveraineté nationale.

Toutefois, parmi les républicains, deux courants se manifestaient.

Les uns, redoutant les souvenirs laissés par la Convention, se réclamaient de l'Assemblée constituante: un président remplaçant le roi héréditaire et deux assemblées semblables aux Conseils des Anciens et des Cinq-Cents correspondaient à leur idéal.

Les autres se proclamaient hautement les continuateurs des conventionnels, déploraient le 9 thermidor et, avec Buonarotti, saluaient en Robespierre le véritable génie de la Révolution. Leurs préférences allaient à la Constitution de 1793, un peu modifiée, qui, dans chaque arrondissement, instituant des assemblées de souveraineté, maintenait le peuple en haleine et lui permettait, par des consultations répetées, de régler lui-même ses destinées.

Les uns et les autres, admirant la prodigieuse épopée de l'armée révolutionnaire en lutte contre tous les rois de l'Europe, étaient animés de l'esprit guerrier. Ils rêvaient, en organisant la guerre de masse, d'effacer l'humiliation des traités de 1815 et de rendre à la France ses limites naturelles. Ils souscrivaient à cette clause de la Constitution de 1793. « Le peuple français est l'allié naturel des peuples libres. » Ils répétaient, après Robespierre: « Celui qui opprime une seule nation se déclare l'ennemi de toutes. » Ils songeaient à délivrer l'Allemagne et l'Italie de la tyrannie, persuadés qu'à l'approche du drapeau tricolore les peuples asservis se soulèveraient contre leurs oppresseurs.

Seul, Raspail demeurait insensible au mirage de la gloire militaire: « La presse républicaine, écrivait-il, a tort de réclamer des frontières naturelles, comme si la nature avait tracé des limites à la nationalité et décrit des cercles à la sympathie. Laissons aux despotes l'amour des conquêtes; nous n'avons pas plus de droits sur la Belgique et la Savoie que sur l'Allemagne et l'Italie. »

Afin de coordonner leurs efforts, les républicains se groupèrent, suivant leurs affinités et la hardiesse de leurs opinions, en associations dont les plus importantes étaient: *Aide-toi, le ciel t'aidera; l'Association pour la liberté de la presse;* l'*Association pour l'instruction du peuple;* les *Amis du peuple;* la *Société des droits de l'homme.*

Au début, ces associations comprenaient parmi leurs membres, à côté des républicains, un assez grand nombre de dynastiques; mais quand, pour combattre avec plus d'efficacité le gouvernement, la nécessité s'imposa de s'appuyer sur les masses populaires et d'étudier les réformes sociales, ces éléments modérés se retirèrent.

La société *Aide-toi, le ciel t'aidera;* l'*Association pour la liberté de la presse;* l'*Association pour l'instruction du peuple* étaient préoccupées surtout de questions politiques. Elles comptaient parmi leurs membres: Armand Carrel, Odilon Barrot, Cavaignac, Cauchois-Lemaire, Cormenin, Marrast, Garnier-Pagès, Audry de Puyraveau, d'Argenson, Cabet, Guinard, Arago. Journalistes et orateurs rivalisaient d'ardeur et de talent pour démontrer « que la République seule pouvait fermer l'abîme des révolutions en organisant le progrès pacifique et continu ». Des subventions étaient accordées aux ouvrages destinés à faire connaître la Révolution française; des brochures de propagande, distribuées à profusion, révélaient les aspirations du parti, résumées dans le manifeste de la société *Aide-toi, le ciel t'aidera* (20 août 1830) : « Un président élu par la nation ou la Chambre des représentants, l'extension des droits municipaux et politiques, la décentralisation administrative, l'élection des fonctionnaires, des magistrats, des officiers de l'armée et de la garde nationale, l'instruction primaire pour la classe la plus nombreuse, la réforme des douanes et des impôts, le suffrage universel ». Comme réformes sociales, le manifeste manquait de hardiesse. Il demandait simplement la réduction du budget, la suppression des impôts sur le vin, le tabac et le sel.

Il appartenait aux *Amis du peuple*, et surtout à la *Société des droits de l'homme*, de mettre au premier plan la question sociale. Nés des barricades « pour la conservation des droits conquis par le peuple », les *Amis du peuple*, qui avaient pour chefs Blanqui, Raspail, Cavaignac, Huber et Trélat, proclamèrent la nécessité, avant toute chose, d'améliorer l'état physique et moral des classes inférieures par l'organisation du crédit et par l'attribution du droit de vote aux travailleurs. « Le profit du travail, disaient-ils, doit retourner au travailleur; plus d'homme qui serve d'instrument à un autre homme. Il faut que les lois de la société tendent vers cette fin. »

Mais les *Amis du peuple* disparurent bientôt, victimes de la brutalité du pouvoir. Ils allaient renaître plus puissants dans la *Société des droits de l'homme*, qui réussit à se concilier les ouvriers en formulant dans un programme précis les aspirations sociales.

Répandue dans toute la France, fortement hiérarchisée, composée de sections de dix à vingt membres, elle avait à sa tête Raspail, Trélat, Cavaignac, Barbès, d'Argenson, Pierre Leroux, Reynaud, Lebon, Vignerte, Lagrange, Caussidière, Kersausie, Dufraisse, Mathieu d'Epinal. En 1833, elle adopta comme *credo*, sans « vouloir en imposer les solutions, mais dans un esprit de préparation et de progrès », la Déclaration présentée par Robespierre à la Convention, qui lui paraissait suffisamment exprimer droits, devoirs, moyens et garanties.

Restant fidèle aux articles du programme politique du 20 août 1830, elle demandait en outre « l'organisation du crédit de l'Etat, l'institution du jury généralisée, l'émancipation de la classe ouvrière par une meilleure division du travail, une répartition plus équitable des produits et l'association, une fédération de l'Europe fondée sur des principes d'où découle la souveraineté du peuple, sur la liberté absolue du commerce et sur une entière égalité de rapport ».

Ainsi l'émancipation du prolétariat était nettement indiquée comme l'un des buts à poursuivre par le parti républicain. Des brochures de propagande exhortaient les ouvriers à ne pas se borner à exiger une amélioration de tarif ou une élévation de salaire, mais à réclamer des riches une part dans la confection des lois. « La nature a fait les hommes égaux, écrivait un anonyme, donc la société doit réaliser le vœu de la nature, sans violence, par l'intervention légitime de l'Etat. A lui appartiennent tous les biens ; chaque particulier n'est que le dépositaire d'une partie de la fortune nationale. On doit arriver à un régime où il n'y aura ni gens opulents ni gueux, car les premiers achètent et les seconds vendent la liberté ».

Ces brochures avaient un profond retentissement dans les masses populaires, et la *Société des droits de l'homme* voyait son influence croître de jour en jour.

Cependant Laffitte, qui, avec l'appui de La Fayette et d'Armand Carrel, avait essayé d'entrer dans la voie des réformes et de conserver à la France sa mission émancipatrice, s'était heurté à l'hostilité, d'abord sourde, puis déclarée, du roi. Contrecarré dans ses projets, il avait donné sa démission. Son successeur, Casimir Périer, violent, autoritaire, jouissait de toute la confiance de Louis-Philippe, dont il reflétait fidèlement la pensée. A l'extérieur, comme le roi, il désirait la paix ; à l'intérieur, il considérait la Révolution comme achevée le 9 août par la revision de la Charte. Fort de l'appui des 190.000 électeurs du pays, aristocratie d'argent que les troubles de la rue commençaient à inquiéter, Casimir Périer engagea vigoureusement la lutte contre les républicains. Ceux-ci se préparèrent à la riposte. Mais, alors que les uns, comme Cavaignac, Trélat, Raspail, Garnier-Pagès, estimaient qu'au lendemain du triomphe de la souveraineté du peuple l'ère des conspirations devait être close et qu'il fallait agir légalement, par la propagande pacifique, sans se laisser entraîner à des émeutes stériles, les autres, parmi lesquels Barbès, Blanqui et Martin Bernard, tout remplis du souvenir des journées de la Révolution, persuadés qu'un coup de main heureux à Paris entraînerait toute la France, s'organisèrent pour renverser par la force le pouvoir établi.

Casimir Périer s'attaqua d'abord à la presse. Il donna aux procureurs généraux des instructions sévères dans l'espoir d'achever, par de fortes amendes, les journaux de combat, déjà écrasés par le cautionnement et le timbre. Les magistrats obéirent. Le 2 juin 1832, *la Tribune* était poursuivie pour la cinquante-deuxième fois. Mais, ce que n'avait peut-être pas prévu Casimir Périer, les accusés, dédaignant de se défendre, manifestaient avec éclat leurs convictions. Poursuivis pour les brochures de propagande des *Amis du peuple*, Raspail, Trélat, Blanqui stigmatisaient les fautes du pouvoir, demandaient le droit au travail, un salaire plus équitable pour l'ouvrier, et célébraient les bienfaits de l'association. « Le dix-neuvième siècle, proclamait avec force Dupont, l'un des avocats du procès des Vingt-Sept, a une mission à remplir : c'est l'affranchissement moral et politique des prolétaires. »

Inquiet de la propagande des associations, comprenant que chaque procès ne faisait que donner plus de retentissement aux idées de réforme, le ministère Thiers-Guizot, qui avait succédé au ministère Casimir Périer, fit voter, malgré les protestations de la gauche et des légitimistes, une loi permettant de dissoudre les associations politiques, religieuses, artistiques ou littéraires, même si chacune d'elles comprenait des groupes de moins de vingt membres. A la Cour des pairs devaient être déférés les méfaits des associations, aux tribunaux correctionnels les infractions à la loi. Comme peines, l'amende et la prison.

Cette loi souleva de violentes colères. Les exaltés du parti républicain crurent le moment venu d'agir. En vain Carrel, Garnier-Pagès et Cavaignac conseillèrent-ils la prudence ; en vain Buonarotti lui-même prédisait-il l'insuccès : ils ne furent pas écoutés. L'association ouvrière des mutuellistes de Lyon déchaîna une terrible émeute qui eut des répercussions dans un grand nombre de villes (1834).

La répression fut farouche ; le sang coula dans les rues, les prisons regorgèrent. Le 13 avril, l'insurrection, écrasée à Lyon, s'allumait à Paris ; mais, bloqués dans le quartier Saint-Martin, les insurgés furent vaincus le lendemain ; rue Transnonain se déroula une scène de carnage dont le crayon génial de Daumier a perpétué l'horreur.

Le pouvoir triomphait. Nul découragement ne se manifesta pourtant parmi les troupes républicaines. Barbès, Blanqui, Martin Bernard rassemblaient les énergies dans la *Société des familles* et la *Société des saisons ;* Lamennais publiait les *Paroles d'un croyant ;* Carrel prophétisait comme avenir certain « la continuation et la fin de la tâche commencée en 1789 » ; *la Tribune* rentrait en lice le 11 août ; enfin, le 9 octobre, paraissait le premier numéro du *Réformateur*, où Raspail allait aider dans sa besogne de propagande *le Bon Sens*, organe du dimanche, spécialement écrit pour les ouvriers.

Les paroles de Vignerte: « Les grandes révolutions ne sont pas les révolutions politiques quand elles ne sont pas accompagnées de révolutions sociales », allaient porter leurs fruits.

A l'avant-garde du parti républicain se constituait un parti socialiste, d'abord peu nombreux, mais ardent et convaincu. Le socialisme était alors moins une doctrine déterminée qu'une aspiration vers un monde nouveau où, par le libre concours de toutes les volontés, il y aurait pour le travailleur un peu plus de justice et de bien-être. Les socialistes estimaient que la Révolution de 1789 n'avait pas été jusqu'au bout de sa tâche. La belle devise: *Liberté, Egalité, Fraternité* restait à appliquer. Emancipés au point de vue politique, les ouvriers, par la suppression des corporations et l'interdiction des associations, étaient restés désarmés devant les exigences des patrons. Ce n'était certes pas la première fois que des récriminations s'élevaient au sujet de la pénible condition des travailleurs; mais, sous un régime d'industrie familiale, elles ne pouvaient guère avoir d'écho.

Au dix-huitième siècle, les ouvrages dans lesquels Jean-Jacques Rousseau, Mably, Morelly, Brissot de Warville avaient rêvé une organisation nouvelle de la société fondée sur l'égalité, n'avaient pas grandement attiré l'attention du pouvoir. Considérés comme doctrine morale ou déclamation sentimentale, fruits de l'imagination ou de l'érudition, ils n'avaient reçu aucune application pratique. Le seul Babeuf, qui avait essayé de passer aux actes, avait payé son audace de sa vie.

Mais, au moment de l'apparition de la grande industrie, les formules de ces hardis philosophes devaient rencontrer chez les prolétaires rassemblés par les usines un terrain propice à leur développement. Aux époques de troubles économiques, où la vie est difficile pour le plus grand nombre, comment ne pas former de prosélytes quand on répète avec Rousseau: « Les fruits sont à tous, la terre n'est à personne »; avec Brissot: « Si le possesseur n'a aucun besoin et si j'en ai, voilà mon titre qui détruit la possession... Le voleur c'est le riche, la propriété exclusive est un vol »; avec Mably : « Pourquoi voulez-vous que je sois content en me voyant destiné au plat rôle de pauvre, tandis que d'autres, je ne sais pourquoi, font le rôle important de riche? » Comment ne pas être écouté lorsqu'on parle de réformer la société à des gens qui en sont les victimes? Lorsque, après Morelly, on propose de supprimer la propriété, d'assurer à tout citoyen fonctionnarisé le travail et l'existence? Lorsque, après Babeuf, on raille l'égalité devant la loi, « hypocrisie, stérile fiction », pour célébrer l'égalité vraie, « la seule digne de ce nom, l'égalité de fait » ?

Les machines importées d'Angleterre venaient de bouleverser les conditions du travail. Le coton, la laine, le lin étaient tissés et filés à la mécanique. Des perforatrices perçaient le fer, des scies circulaires débitaient les arbres. La houille remplaçait le bois comme combustible. La découverte de la machine à vapeur acheva d'accélérer la transformation. Les économistes célébrèrent à l'envi l'accroissement de la richesse, mais au prix de quels désordres et de quelles souffrances! Les industriels qui n'avaient pas suffisamment de capitaux succombaient, écrasés par leurs rivaux mieux outillés. Les ouvriers des filatures, perdant en un moment le fruit d'un long apprentissage, devenaient, quatorze ou quinze heures consécutives, les esclaves de leur machine. Ne fallait-il pas amortir l'outillage et abaisser le prix de revient pour accroître les débouchés? Nombreux étaient les chômeurs qui cherchaient leur pain « entre la révolte et l'aumône ».

« Lutte des producteurs entre eux pour la conquête du marché, écrit Louis Blanc, des travailleurs entre eux pour la conquête de l'emploi, du fabricant contre l'ouvrier pour la fixation du salaire, lutte du pauvre contre la machine destinée à le faire mourir de faim en le remplaçant, tel était, sous le nom de concurrence, le fait caractéristique de la situation envisagée au point de vue industriel. »

Des économistes, des philosophes s'émurent. Mais, alors que Jean-Baptiste Say et son école soutenaient, à la suite d'Adam Smith, que l'intervention de l'Etat dans le domaine économique ne pouvait qu'aggraver la confusion et concluaient à l'impossibilité de contrecarrer par des lois artificielles les lois inéluctables de la nature, Buonarotti, les saint-simoniens, Fourier et Louis Blanc cherchaient dans l'accroissement des pouvoirs de l'Etat la régénération de la société.

Contre la théorie du *laissez faire, laissez passer*, Simonde de Sismondi proclama que la science sociale ne devait pas avoir seulement pour but d'augmenter indéfiniment la somme des richesses d'une nation; elle devait aussi se préoccuper du bien-être du plus grand nombre de ses membres.

Le gouvernement devait être « le protecteur du plus faible contre le plus fort, le défenseur de celui qui ne peut se défendre par lui-même et le représentant de l'intérêt permanent mais calme de tous, contre l'intérêt temporaire mais passionné de chacun ».

Simonde de Sismondi renouait ainsi la tradition étatiste de la Révolution, que Buonarotti poussa à l'extrême, attribuant à l'Etat, par l'abolition de la propriété individuelle, la toute-puissance sur les hommes et sur les choses. Sous la direction des magistrats élus, la terre sera mise rationnellement en valeur par les citoyens répartis, dans chaque commune, en autant de classes que d'arts utiles. Pas de salaires, mais pour tous, en échange du travail, le logement, des vêtements et la nourriture, en un mot tout ce qui constitue une médiocre et frugale aisance. Cette conception fut reprise sous une forme aimable et souriante par Cabet dans son *Voyage en Icarie*.

Les idées communistes ne pénétrèrent d'abord que difficilement dans les sociétés où les républicains cherchaient, pour l'attirer, à rassurer la bourgeoisie Immolant impitoyablement la liberté à l'égalité, pliant tout individu sous un despotisme de fer, elles effrayaient.

La *Société des droits de l'homme* elle-même, malgré sa vénération pour Buonarotti, se montra rebelle à une doctrine qui, suivant l'expression de Cavaignac, mutilait l'homme et l'avenir.

Mais, au lendemain de 1834, après la dissolution des sociétés républicaines, les formules de Babeuf commencèrent à se répandre, principalement parmi les détenus politiques. On les retrouve dans les sociétés secrètes, dans la profession de foi des *Légions révolutionnaires* (1835-1846), dans les statuts des *Phalanges démocratiques* et dans les publications *l'Homme libre* et le *Moniteur républicain*. Barbès, condamné à mort, invoque à la fois la mémoire de ses parents et celle de Saint-Just, Robespierre, Couthon et Babeuf.

Comme Babeuf, les saint-simoniens condamnent la propriété individuelle, ce reste de la féodalité vaincue, et font de l'Etat le régulateur suprême de la production et de la distribution des richesses. Ils fondent le principe d'autorité non sur la force brutale, mais sur la force morale et religieuse, rejettent l'élection comme contenant le principe de l'individualisme et de la division, et proclament digne de gouverner et de juger les capacités celui-là seul qui se sentira le plus capable et saura se faire accepter pour tel, le chef le plus aimant et le plus aimé.

Pénétrés de la parole de Jésus: « Aimez-vous les uns les autres », ils préconisent comme but à atteindre « l'amélioration physique et morale la plus rapide possible du sort de la classe la plus nombreuse et la plus pauvre, par le sentiment en employant les artistes, par la raison en employant les savants, par les actes en employant les industriels ». Au régime de la concurrence, aux petites communautés du babouvisme, ils substituent l'association universelle fondée sur l'amour, condamnent l'héritage au nom de la science et de l'équité, abolissent le salariat, exploitation de l'homme par l'homme, et résument leur programme dans la formule: « A chacun suivant sa capacité, à chaque capacité suivant ses œuvres ».

Les saint-simoniens ne s'étaient pas mêlés aux combattants de 1830. A l'issue de la lutte, Bazard et Enfantin, après avoir en vain engagé La Fayette à prendre la dictature, avaient fait afficher sur tous les murs un manifeste adressé à la Chambre des députés.

Les chefs de la religion saint-simonienne déclaraient repousser la communauté des biens et le partage égal de la propriété, comme étant des hérésies attentatoires à la première des lois morales, et incompatibles avec l'ordre social et l'association, dont l'inégalité est la base et la condition indispensable; mais ils demandaient que l'héritage fût aboli, que tous les instruments de travail, terres et capitaux, formant le fonds morcelé de toutes les propriétés particulières, fussent exploités par association et distribués hiérarchiquement, afin que chacun eût des moyens de production proportionnés à sa capacité et des jouissances selon ses œuvres.

Ce manifeste ne retint pas l'attention.

Pour intensifier leur propagande, les saint-simoniens achetèrent le journal *le Globe*. Ils n'arrivèrent pas à le répandre. En 1831, *le Globe* n'avait que cinq cents abonnés, il ne tarda pas à disparaître. Les saint-simoniens eux-mêmes, à la suite des excentricités religieuses d'Enfantin, se dispersèrent.

Le saint-simonisme, doctrine hautaine, avait séduit les intelligences d'élite; mais il n'eut aucune influence notable sur les ouvriers, qui n'en retinrent que la protestation relative à l'exploitation de l'homme par l'homme et les attaques violentes contre l'hérédité et la propriété.

Pierre Leroux, un des fondateurs du *Globe*, essaya de traduire le saint-simonisme en formule pratique et de l'adapter à la forme républicaine. Il préconisa la formation d'associations particulières appelées triades, composées de savants, d'industriels et d'artistes. Une réunion de triades devait former un atelier, une réunion d'ateliers une commune, une réunion de communes un état. A l'état seul appartiendraient la possession du capital et la direction du travail. S'écartant de la pure doctrine saint-simonienne, Pierre Leroux accepta le gouvernement représentatif comme l'instrument permanent et nécessaire du progrès et la force perfectible, mais indestructible de l'avenir. Ses formules, « la vraie république c'est le socialisme; vouloir faire triompher la république en France sans le socialisme est absurde », frappèrent les esprits.

A l'encontre de Saint-Simon, Charles Fourier se refuse à donner pour armature à la société une aristocratie industrielle et théocratique. Son système a pour principe l'association: association du travail, du capital et du talent; pour procédé d'organisation, la série, classification des êtres par affinités; pour force motrice, l'attraction, loi par laquelle les individus sont attirés vers les choses, puis les uns vers les autres comme les astres dans l'univers. Les passions bonnes ou mauvaises, principes actifs et moteurs de l'être humain, sont d'origine divine et doivent être respectées. Toute douleur est signe d'erreur, tout plaisir signe de vérité. Devoir et plaisir n'ont qu'un sens. Assurer le développement libre des passions, associer les facultés et les forces, c'est donner le bonheur au genre humain, car l'homme cédant à l'attraction n'agira jamais par contrainte et trouvera de l'agrément dans son action.

Partant de ces principes, au ménage morcelé, Fourier substitue le ménage sociétaire, qu'il appelle phalange ou commune, élément alvéolaire de la société nouvelle. C'est une association de trois ou quatre cents familles logées magnifiquement et installées sur un domaine d'une lieue carrée appelée phalanstère. Chaque phalange se divise en séries, puis en groupes de sept ou neuf individus. Titres, honneurs et grades sont donnés à l'élection. Chacun travaille librement suivant ses aptitudes, dans le groupe qui lui plaît, à la besogne qui lui convient, il est rétribué suivant le concours qu'il a apporté. Sur les revenus, 4 douzièmes sont prélevés pour le capital, 3 douzièmes pour le talent, 5 douzièmes pour le travail. Ainsi, par le libre jeu des spontanéités, sans violence ni spoliation, Fourier pensait pouvoir faire naître l'harmonie entre le capital et le travail, amener la fusion des classes et réaliser le plan divin.

Fourier ne fut guère compris. Prolixe, diffus, s'embarrassant dans les classifications, recherchant, non sans quelque pédanterie, les néologismes, comment aurait-il pu avoir de l'influence sur la classe ouvrière? On fit le silence sur les parties géniales de son œuvre et on donna de la publicité aux bizarreries qu'elle renferme.

D'ardents disciples, et parmi eux Victor Considérant, s'attachèrent à révéler tout ce qu'il y avait de fécond et d'original dans les idées de Fourier sur l'agriculture. Considérant ouvrit à Metz un cours public; un journal, le *Phalanstère*, fut fondé; une application même de la doctrine fut tentée à Condésur-Vesgres, mais elle échoua lamentablement, et bientôt le *Phalanstère* cessa de paraître. Sans se décourager, Considérant publia *la Phalange* et, avec Cantagrel et Vidal, ne cessa de prédire que la grande idée d'organisation du travail soulevée par Fourier emporterait dans son tourbillon, non seulement ceux qui l'acceptaient, mais encore ceux qui s'efforçaient de la combattre.

Saint-Simon et Fourier s'étaient montrés indifférents à la forme du gouvernement.

Un autre réformateur, celui qui fait l'objet de cette étude, trouva qu'il y avait quelque timidité à rêver le changement de la société sans vouloir changer le gouvernement. Délibérément, il franchit la limite qui séparait le monde des réformes sociales de celui des agitations politiques. Loin de s'isoler de la classe ouvrière, il avait vécu parmi elle, et lui-même, à ses débuts, avait souffert de la misère. Fortement nourri des doctrines de Rousseau, de Morelly, de Mably, de Babeuf, de Saint-Simon, de Leroux et de Fourier, il allait, en un petit livre écrit dans un style un peu déclamatoire et d'autant plus propre à émouvoir les masses populaires, faire retentir l'immense plainte du prolétariat et tracer clairement, à grands traits, le tableau d'une société fondée sur l'égalité, qui attribuerait à chacun sa part de bonheur.

I

LES ANNEES DE JEUNESSE ET DE FORMATION

Louis Blanc naquit à Madrid le 29 octobre 1811. Sa famille paternelle, originaire du Rouergue, habitait Saint-Affrique. Son grand-père, Jean Blanc, négociant, avait trois enfants, dont deux s'occupaient de commerce à Lyon. Royaliste, il fut emprisonné pendant la Terreur avec son fils aîné, Jean-Charles, père du futur panégyriste de la Révolution française. Tous deux figurent parmi les détenus de Saint-Affrique, du 1er octobre au 5 décembre 1793.

« Point d'espérance de sortir, écrivait Blanc aîné, le 30 septembre 1793, à son frère cadet, à Castres; on nous amuse tous les jours, et enfin je crains de passer l'hiver dans la cazematte. Je ferais ce sacrifice volontiers si cela devait prendre fin, attendu que nous jouissons de toutes les aisances possibles, même plus que les autres détenus; mais cependant tu sais combien je souffre de la privation de ma liberté. » Il prie son frère de se rendre à Villefranche ou à Rodez, auprès des commissaires et du représentant Taillefer, pour obtenir son élargissement en le montrant comme un patriote victime de la haine des protestants contre les catholiques.

A un de ses camarades de Ville-Affranchie, Roux-Montagnat, il demande un certificat de civisme. Roux-Montagnat répondit de façon évasive, le 14 frimaire 1793: « Je connais bien tes principes. Je ne doute pas qu'ils soient ceux d'un vrai républicain, mais n'étant point connu dans la section ni moi non plus, il m'est de toute impossibilité d'exiger un certificat. Ce serait même ridicule de demander un certificat pareil sans aucune preuve qui atteste la vérité de ce qu'on veut faire certifier. Envoie-moi quelques preuves matérielles comme ta correspondance, s'il en est, où tu me peins tes opinions politiques, et sur ces pièces j'essayerai d'obtenir ce que tu me demandes, sans cependant te promettre d'y réussir... Nous sommes tous bien fâchés de l'arrestation dans laquelle tu gémis. Nous n'en pouvons deviner la cause, t'ayant toujours entendu parler ici comme un ami de la République; néanmoins et par cette raison nous te prions de ne pas trop multiplier des lettres; elles pourraient nous rendre suspects et nous causer de grands préjudices. Tu dois bien voir la raison ».

Le 20 décembre an II (1793), Jean-Charles Blanc s'adresse encore à son frère. Lui accusant réception d'une lettre du 19 frimaire, il le supplie de parler plus clairement, « attendu que tout est ici vérifié; le moindre mot équivoque donne des soupçons et cela ne me tourne pas à compte ». Il lui annonce qu'il a écrit à plusieurs amis, à Perpignan, pour tâcher d'obtenir la place de secrétaire des commissaires: « Ne t'afflige pas sur notre situation; tout s'arrangera, à ce qu'on nous fait espérer, sous peu ».

Tout s'arrangea en effet pour Jean-Charles Blanc, dont le nom ne figura plus sur la liste des détenus à partir du 21 décembre. Il réussit à s'évader à l'aide d'une échelle de corde mise à sa disposition par deux de ses amis, Géraldy et Monseignat. L'aïeul refusa de s'enfuir, disant que son arrestation avait été l'effet d'une méprise et que son innocence ne tarderait pas à être reconnue. On le transféra à Rodez, puis à Paris.

Le 17 pluviôse an II (6 janvier 1794), les officiers municipaux de Saint-Affrique, se fondant « sur la voix publique », attribuèrent les notes ci-dessous à Jean Blanc: « Dans un moment d'alarme et de crize, il fournit des armes aux malveillans pour battre les patriotes. Soubçon de fédéralisme par sa correspondance avec son fils à Lion. Aristocrate et fanatique prononcé... et actuellement dans les prisons de Rodez en raison de la ditte correspondance, âgé de 48 ans ou environ, un caractère vif et emporté, ayant femme et trois enfants dont deux faisoit le commerce à Lyon, ayant une fortune honnette pour le pays ».

D'autres notes, vraisemblablement de la même époque, sont à peu près conçues dans le même sens :

« Jean Blanc, marchand de Saint-Affrique, a partagé depuis 89 les principes des contre-révolutionnaires; il a fourni des armes aux malveillants de Saint-Affrique et entretenu une correspondance coupable avec son fils qui a porté les armes au siège de Lyon contre la République. Il [est] gangrené d'autocratie ».

« Blanc fils a porté les armes au siège de Lyon. Il est sorti avant la reddition de cette ville ».

Un arrêté en date du 27 pluviôse an II (16 janvier 1794), du représentant du peuple Paganel, en mission dans le Tarn et l'Aveyron, décide au sujet de Jean Blanc: « Il n'y a lieu à statuer étant renvoyé devant les tribunaux » (1).

Jean Blanc fut traduit devant le tribunal révolutionnaire de Paris et condamné à mort le 4 messidor an II (22 juin 1794), comme contre-révolutionnaire.

Que devint Jean-Charles Blanc après son évasion? On l'ignore. On le retrouve dans les premières années de l'Empire comme armateur à Marseille. Un de ses navires s'étant échoué sur les côtes de la Corse, il eut un procès devant le tribunal d'Ajaccio et fit choix, pour défendre ses intérêts, de l'avoué Joseph Pozzo di Borgo, dont il ne tarda pas à épouser la fille Estelle, femme d'une grande distinction et d'une vive piété. Contrairement à l'opinion répandue, Joseph Pozzo di Borgo n'avait aucun lien de parenté avec le célèbre ambassadeur comte Pozzo di Borgo, qui avait pris part au congrès de Vienne. Les héritiers du comte ont même été sur le point d'intenter un procès à André Pozzo di Borgo, frère de Mme Blanc, prétendant qu'il avait usurpé son nom.

Jean-Charles Blanc paraît avoir été un homme médiocre, faible, incapable de persévérance. Il abandonna ses affaires pour suivre en Espagne un des parents de sa femme, Ferri Pisani, qui accompagnait Joseph Bonaparte en qualité de secrétaire. Il y fut nommé chef de division au ministère des finances de Sa Majesté Catholique. Après la chute du roi Joseph, Jean-Charles Blanc quitta l'Espagne et vint s'établir dans le Rouergue. Sans courage devant l'infortune, il délaissa sa femme et ses enfants, qui trouvèrent appui auprès de la famille du maréchal Jourdan.

Sur la recommandation du baron Capelle, qui devait plus tard, comme ministre de Charles X, signer les fameuses Ordonnances, Louis XVIII, en souvenir de l'aïeul guillotiné, accorda une pension à l'ancien fonctionnaire

---

(1) Ce document et ceux qui précèdent sont inédits. Archives de Rodez. Papiers du comité de surveillance de Saint-Affrique.

impérial et, par ordonnance du 3 août 1821, des bourses à ses fils au collège de Rodez.

Les deux enfants, pas plus hauts qu'une botte de gendarme, firent seuls le voyage de Paris à Rodez et se présentèrent, au mois d'octobre 1821, chez le proviseur, l'abbé Girard. Louis dit avec assurance: « Monsieur le proviseur, nous venons, mon frère et moi, au nom du roi ». L'abbé Girard, séduit par la physionomie expressive de ses deux nouveaux élèves, leur fit bon accueil et ne manqua pas de raconter la scène à ses collaborateurs.

Louis Blanc fit de solides études classiques, remportant chaque année, et particulièrement en rhétorique et en philosophie, de brillants succès.

Leurs études terminées, les deux frères durent quitter le collège. Leur mère était morte. Leur père commençait à souffrir de troubles mentaux. Pas d'autres ressources que la pension de Louis XVIII. Que faire? Ils décidèrent de se rendre à Paris, espérant y trouver plus aisément l'emploi de leur activité. Ils quittèrent Rodez le 26 juillet 1830.

En route, ils apprirent que la Révolution venait d'éclater. C'était le quatrième gouvernement qui s'installait depuis leur naissance. Ils coupèrent avec philosophie les boutons fleurdelysés de leurs tuniques et entrèrent dans Paris encore tout chaud de la lutte, attardant curieusement leurs regards sur l'architecture des barricades, suivis de leur père inquiet de l'avenir. Pressentiments justifiés. Le nouveau gouvernement supprima la pension accordée par Louis XVIII. Jean-Charles Blanc en perdit la raison.

La misère vint accabler ses fils, « admirable et terrible épreuve d'où les faibles sortent infâmes et les forts sortent sublimes. Creuset où la destinée jette un homme toutes les fois qu'elle veut avoir un gredin ou un demi-dieu » (1).

Louis Blanc avait alors dix-neuf ans, il en paraissait à peine treize. Il était de complexion féminine, tendre et délicate; petit mais bien proportionné. Son front haut était encadré d'une abondante chevelure noire qu'il rejetait sur le côté. Deux grands yeux bleus pétillants d'intelligence, tantôt mobiles, tantôt rêveurs, éclairaient son visage rond, imberbe, aux joues fraîches et roses comme celles d'un enfant. Le nez aquilin, assez prononcé, décelait cependant la virilité, la persévérance et la ténacité. La bouche petite, aux lèvres grasses, s'animait parfois d'un sourire que l'on pouvait prendre pour de

(1) Victor Hugo : *Les Misérables.*

l'indifférence ou de la prétention. Les mains étaient aristocratiques, maigres et fines.

Louis et Charles étaient très unis. Ce fut dans leur affection réciproque qu'ils trouvèrent la force de vaincre l'adversité. Ils avaient été réduits à se loger rue Saint-Honoré, à l'*Etoile du Nord*, dans une chambre meublée, « si basse qu'il fallait choisir un endroit pour changer de chemise ».

C'est là que commença pour eux, dit Edouard Pailleron dans son discours de réception à l'Académie française, « cette odyssée doublement cruelle et décevante de l'ambitieux pauvre qui souffre dans tout, partout: dans ses besoins par la privation, dans ses désirs par l'isolement, dans le sentiment de ce qu'il vaut par l'insuffisance de ce qu'il peut, dans sa dignité enfin par le refus qu'il essuie et par cette peur, sa pire souffrance, qu'on ne devine en lui, sous l'ambitieux qui sollicite, le pauvre qui mendie ».

Certains jours, les deux frères rentraient chez eux complètement découragés, maudissant les études qu'ils avaient faites, regrettant — c'est Charles Blanc qui le raconte — « de n'avoir pas un métier en main, fût-il le plus vil, qui assurât au moins le pain quotidien ».

« Alors venaient les récriminations ardentes, les rêveries humanitaires, les revendications sociales, les colères contre les temps si durs, les choses si mal ordonnées, les hommes si aveugles; on jugeait son siècle, on refaisait le monde. »

En raison de l'exiguïté de sa taille et de son air d'extrême jeunesse, Louis Blanc arrivait à grand'peine à trouver des leçons. Pour vivre, il dut, comme Rousseau, accepter des travaux de copie.

Il confiait gaiement plus tard à son amie Mme Ernst qu'il n'avait aucune aversion pour les soins qui concernaient l'intérieur; mais, dès qu'il s'agissait d'aller chercher les vivres nécessaires au repas, il ne pouvait vaincre sa répugnance. Charles se dévouait, « et bravement, en plein jour, en pleine rue, en grand costume, n'en ayant qu'un, il allait au feu, c'est-à-dire au marché ». Cependant Louis, la main enfoncée dans les interstices des boutonnières de son habit, se promenait dans la rue sans plus regarder son frère que s'il ne le connaissait pas. « Je ne pouvais me décider, disait-il, à entrer dans ces boutiques et à marcher à côté de mon frère chargé de victuailles. »

La situation ne s'améliorant pas, Louis Blanc se décida à aller faire une visite à l'illustre compatriote de sa mère, le comte Pozzo di Borgo. Le beau vieillard le reçut courtoisement, mais avoua que, depuis la Révolution, il avait perdu tout crédit. Il offrit cependant d'obtenir d'un de ses amis un emploi dans l'administration des forêts. Louis Blanc déclina poliment cette offre. Alors Pozzo di Borgo dit à voix basse quelques mots à son valet de chambre, qui sortit et revint une bourse à la main. Louis Blanc rougit; il n'était pas venu demander l'aumône. Il repoussa comme une offense l'argent qu'on lui tendait et se retira aussitôt.

Quelques jours après, les deux frères allèrent rendre visite à Ferri Pisani, à qui Pozzo di Borgo les avait représentés comme intraitables. Accueil empressé. Ferri Pisani comprend la détresse des jeunes gens. D'un geste à la fois brusque et cordial, il leur fait accepter 300 francs, qu'il s'engage à leur renouveler chaque semestre. Rentrés chez eux, Louis Blanc et son frère cachent la précieuse somme dans leur lit. Mais ils sont vus par un locataire, qui les dépouille effrontément pendant leur absence. Aux jeunes gens navrés qui le mettent au courant de leur mésaventure et lui demandent une avance de 300 francs sur les semestres futurs, Ferri Pisani répond gentiment: « Mes enfants, je ne suis pas un banquier, voyez-vous; c'est un petit malheur ». Et il leur redonne la somme.

Désormais l'horizon allait s'éclaircir.

Charles, attiré par l'art, entrait chez Calamatta, puis chez Paul Delaroche. Louis sentait s'éveiller en lui un goût marqué pour les études historiques et rêvait de devenir journaliste. Un ami de sa mère, Flaugergues, ancien président de la Chambre des députés, frappé de la vivacité de son intelligence, se prit d'affection pour lui, l'initia à la politique et le conduisit un matin chez le duc Decazes, grand référendaire de la Chambre des pairs. Assis nonchalamment sur son lit, l'élégant duc lisait *le Constitutionnel*. Il écouta d'un air distrait la recommandation de Flaugergues et, trompé sans doute par l'aspect enfantin de Louis Blanc, il lui caressa la joue d'un geste protecteur: « Eh bien! dit-il, mettant fin à l'audience, nous verrons ce qu'on peut faire pour ce petit garçon ». Louis Blanc se retira humilié dans son amour-propre. L'avenir devait lui apporter sa revanche. « Etrange moquerie du destin, écrivait-il plus tard; le 13 mars 1848 il était donné à ce petit garçon de coucher dans le lit où il avait vu le duc assis plusieurs années auparavant et que le duc venait de quitter. »

Clerc en 1831 à l'étude de Me Collot, avoué à la Cour royale, Louis Blanc abandonne bien vite la chicane pour devenir répétiteur à l'institution Jubé, où il ne fait que passer. Grâce à la recommandation de Corne de Brillemont, conseiller de préfecture, il entrait comme précepteur chez un célèbre constructeur d'Arras, installé dans cette ville depuis 1817, Alexis Halette, et recevait, de cet industriel éclairé, le meilleur accueil. Désormais, n'ayant plus le souci de la vie matérielle, il consacra ses loisirs à de fortes études personnelles et, à travers Jean-Jacques Rousseau, Mably, Morelly et Montesquieu, pénétra la philosophie de la Révolution française. « Le souvenir de Robespierre vivait encore dans Arras. Les vieillards racontaient, les uns avec un reste de terreur, les autres avec de secrètes sympathies, les détails de cette vie propre, froide et transparente comme le cristal. Qui sait si ces souvenirs n'éveillèrent pas quelque chose dans l'âme du pauvre précepteur? (1) »

Quoi qu'il en soit, c'est à cette époque que Louis Blanc commence à se mêler au monde du travail, qu'il devait aimer d'un amour si passionné. Il fait des conférences aux ouvriers, s'enquiert de leurs besoins, rêve avec eux une organisation meilleure de la société. Bientôt il devient le collaborateur du *Propagateur*, journal politique, littéraire et commercial du Pas-de-Calais, paraissant tous les deux jours, dirigé par un ardent républicain, Frédéric Degeorge. Le 8 mai 1834, *le Propagateur* était poursuivi pour la vingtième fois par le pouvoir. Louis Blanc y donne assez régulièrement, en un style un peu solennel, des dissertations compactes, fortement nourries d'exemples historiques, articles de revue plutôt que de polémique. Il commémore les dates célèbres de l'histoire révolutionnaire, combat la centralisation administrative, se prononce pour la liberté du commerce contre le protectionnisme. Parfois pourtant sa plume s'échauffe, il crible de sarcasmes les hommes du tiers parti, « véritables eunuques politiques, opposition d'épigrammes en petit comité, de ruades à huis clos ». Au pouvoir qui, dans l'indifférence du peuple, célèbre « les trois glorieuses », il rappelle la révolution d'hier et fait pressentir celle de demain.

Impatient, malgré sa jeunesse, de jouer un rôle, Louis Blanc s'élève contre l'expérience en matière politique, qui égare la raison humaine plus souvent qu'elle ne la guide, dans l'appréciation des besoins sociaux. Il écrit: « Si c'est par l'histoire que le passé peut nous apprendre la politique, pourquoi les hommes dont le cœur est neuf, dont l'intelligence est libre du joug des souvenirs intéressés ne pourraient-ils pas étudier avec fruit les lois de la sociabilité humaine? »

(1) Hippolyte CASTILLE : *Louis Blanc.*

L'*Académie d'Arras*, société royale des sciences, des lettres et des arts, fondée en 1737, et qui eut l'honneur de compter parmi ses membres Maximilien Robespierre, organisait alors des concours littéraires et scientifiques. En 1833 et 1834, Louis Blanc se mit sur les rangs. Les concurrents devaient écrire un poème de deux cents vers au moins sur un sujet de leur choix. Ces deux années, Louis Blanc remporta le prix. Dans son premier envoi, *l'Hôtel des Invalides*, il rapprochait Napoléon de Louis XIV pour condamner leur amour de la guerre et les montrer payant

Par le silence de leur mort
Le bruit de leur vie.

Le second poème était consacré à Mirabeau. Prose rimée plutôt que véritable poésie, les vers de Louis Blanc, laborieux, durs, heurtés, manquent d'harmonie. Pourtant, certaines périodes ont parfois du souffle et de la force.

Louis Blanc fut plus à son aise pour traiter le sujet d'éloquence: *Eloge de Manuel, député*. Il remporta le prix sur vingt-sept concurrents. A cette occasion, il y eut désaccord dans l'assemblée. Quand le mémoire de Louis Blanc vint en discussion, le 14 octobre 1834, sur dix membres présents, trois déclarèrent vouloir rester absolument étrangers à la délibération, estimant que c'était un sujet que l'on pouvait parfaitement traiter au point de vue de la politique, mais qui, par cela même, était en dehors du règlement formel de la société. Les sept autres membres décidèrent de passer outre et couronnèrent Louis Blanc, « à condition cependant de la suppression de deux phrases relatives à Robespierre et à Danton ». Appréciant le travail: « C'est, écrivait le rapporteur, M. Leducq, avocat, une composition remarquable par la noblesse du style et l'élévation des pensées, c'est une œuvre d'inspiration digne de l'orateur parlementaire; les traits sont larges, moelleux et saillants, les couleurs sont vives et animées, la physionomie du grand homme est bien saisie; les faits historiques sont groupés de manière à bien faire ressortir le talent, le courage, le sang-froid, la foi profonde de l'homme politique ». Ce jugement ne manque pas de justesse: l'éloge de Manuel fait déjà pressentir l'écrivain de l'*Histoire de dix ans*.

Encouragé par ses succès académiques, Louis Blanc aurait sans doute continué à rimer, si Béranger, qui avait pour lui de l'amitié, ne l'en eût détourné :

« Je veux bien examiner vos poèmes, avait-il dit au jeune lauréat, mais vous allez auparavant me promettre de vous conformer à mon jugement. »

Louis Blanc promit.

« Oh! oh! dit Béranger d'un air très grave, après avoir lu, ce n'est plus une promesse que j'exige maintenant, c'est un serment. »

Louis Blanc poussa un gros soupir. Il ne devait plus écrire de vers.

Frappé de la solidité des connaissances du jeune homme, de son ardeur généreuse, de la netteté de ses premiers articles, de la force de conviction qui s'en dégageait, Béranger l'encouragea à persévérer dans la politique, s'efforçant toutefois de le prémunir paternellement contre les vicissitudes d'une carrière où les meilleurs n'ont trop souvent été payés que d'ingratitude: « Vous êtes jeune, mon ami, lui dit-il, et, comme tous les jeunes gens, vous croyez à la sincérité et à la bonté des hommes. Eh bien, si vous ne vous mettez pas en garde contre ces illusions d'un cœur sans expérience, vous êtes perdu. Chaque épisode de votre vie vous conduira à une déception, chaque déception sera une atteinte à vos croyances; vous finirez par tomber dans le découragement et le scepticisme. Persuadez-vous donc, dès l'abord, que les hommes sont en général méchants; que la plupart des amis sont faux; que presque tous les gens de parti sont de mauvaise foi et envieux; et que, néanmoins, il importe de servir l'humanité, de respecter le culte de l'amitié, d'être d'un parti, celui que l'on croit le meilleur, et de se dévouer à lui. Si vous *commencez* par vous faire cette conviction, quelque douloureuse qu'elle soit, vous vous trouverez prémuni d'avance contre toute espèce de déceptions. Elles vous affligeront sans vous étonner et attaqueront votre foi sans la détruire » (1).

Fort de l'assentiment de Béranger, Louis Blanc résolut d'abandonner le préceptorat et de tenter de nouveau la fortune à Paris. Il avait pourtant déploré les résultats de l'esprit de centralisation et l'attrait de la capitale qui poussait les hommes de talent à consulter le goût passager de la multitude et « à sacrifier au désir d'une vogue éphémère l'originalité de leur génie ».

Frédéric Degeorge remit à Louis Blanc, avant son départ, une lettre de recommandation pour Conseil, collaborateur d'Armand Carrel au *National*.

Conseil fit au jeune provincial le meilleur accueil; mais, avec cette

(1) Lettre inédite de Louis Blanc à Duméril, industriel à Saint-Omer (15 janvier 1840), obligeamment communiquée par M. Duméril, professeur à la Faculté des lettres de Toulouse.

défiance qu'ont toujours les gens en place pour les nouveaux venus, il ne s'empressa pas de l'introduire.

Un jour que Louis Blanc, après une nouvelle visite infructueuse, s'en revenait mélancoliquement, ses regards tombèrent, au numéro 16 de la rue du Croissant, sur les mots: « *Le Bon Sens, journal politique quotidien* », inscrits au-dessus de la porte. Il s'arrêta. Il avait en poche les articles préparés pour *le National;* pourquoi ne les soumettait-il pas à Cauchois-Lemaire et à Rodde? Il hésitait pourtant. Cauchois était une célébrité parisienne. Hardi pamphlétaire, il avait porté, avec *le Nain jaune*, des coups vigoureux à la Restauration. Traduit devant les tribunaux, emprisonné, exilé, jamais sa vaillance ne s'était démentie. Il avait continué la lutte contre Charles X, signé des premiers la protestation des journalistes contre les Ordonnances, fait le coup de feu sur les barricades. Quel accueil allait lui faire ce vétéran des luttes républicaines? Brusquement, Louis Blanc se décida, résolu, s'il essuyait un nouveau refus, à renoncer au journalisme. Il monta l'escalier, mais sa timidité l'emporta. Il allait redescendre, lorsqu'un ouvrier lui demanda ce qu'il cherchait : « Le rédacteur en chef? Voilà! »

Cauchois jette un œil distrait sur les feuillets qui lui sont tendus et esquisse un geste de refus. Mais Rodde lit à son tour. Il est séduit. Louis Blanc est admis, ses appointements bientôt portés à 2.000 francs. Son talent d'écrivain frappa la direction du *National* qui lui demanda un article.

Claudon venait de publier un ouvrage de critique sur le dix-huitième siècle, intitulé: *Le baron d'Holbach.* Louis Blanc, s'emparant de l'actualité, prépara une étude sur les grands philosophes de cette époque et la porta lui-même à Armand Carrel.

C'était la première entrevue de ces deux hommes. Elle fut un moment orageuse. Aux dépens de Voltaire, adulateur des grands, Louis Blanc exaltait Rousseau comme le seul et véritable ami du peuple. Armand Carrel en conçut de l'humeur et manifesta assez vivement son irritation. Louis Blanc, un peu interdit, voulut se retirer. « Je regrette, dit-il, que mon opinion diffère de la vôtre et je m'incline. » Cette courtoisie toucha Carrel. Il se calma et invita son interlocuteur à donner les raisons historiques et philosophiques sur lesquelles était fondé son jugement. Carrel écouta en silence, puis brusquement: « Il faut être vrai dans ce monde, dit-il. Je suis un soldat, moi; je n'ai guère eu le temps d'étudier le dix-huitième siècle comme il mérite d'être étudié, et je ne suis pas absolument sûr que vous n'ayez pas raison ».

Et comme Louis Blanc proposait de soumettre un nouvel article, Carrel s'y refusa: « Quoi, dit-il, je me croirais le droit d'un refus que je n'ai pas su mieux motiver. Non, parbleu! Votre article passera demain au *National*, et il n'y sera rien changé ».

Vers la fin de l'année 1834, Cauchois-Lemaire se sépara de Rodde. Sentant sa fin prochaine et soucieux de sauvegarder les intérêts d'une œuvre à laquelle il avait consacré tous ses efforts, Rodde demanda à Lefebvre, propriétaire du *Bon Sens*, d'appeler à la direction, pour lui succéder, le plus jeune de ses collaborateurs, Louis Blanc. Ce choix fut ratifié à l'unanimité par les membres de la rédaction.

Au lendemain de la mort de Rodde, Lefebvre fut perplexe. Louis Blanc remplissait bien, au point de vue intellectuel, toutes les qualités d'un rédacteur en chef, mais il avait l'air d'un enfant et ne pouvait guère représenter publiquement le journal. La rédaction en chef fut donc divisée en deux parts: l'une, effective, confiée à Louis Blanc; l'autre, représentative, confiée à Martin-Maillefer, exilé sous la Restauration et ancien rédacteur en chef du *Peuple souverain*, à Marseille. En cas de désaccord entre les deux directeurs, la rédaction tout entière devait se prononcer. Nous verrons que la combinaison de Lefebvre ne devait pas être étrangère à la mort tragique d'Armand Carrel.

Au *Bons Sens*, Louis Blanc défendit les idées démocratiques et soutint que la République, idée plutôt que sentiment, avait ses racines aussi bien dans l'intelligence que dans le cœur. Quoique partisan du manifeste de 1833 de la *Société des droits de l'homme*, il espérait, avec Armand Carrel, conquérir, par une propagande habile et persévérante, une partie de la bourgeoisie. Il fut de ceux qui, au lendemain de la loi sur les associations, essayèrent d'enrayer à Lyon le mouvement de révolte des ouvriers. Ses avertissements, pas plus que ceux de Cavaignac et de Buonarotti, ne furent écoutés, et l'on sait avec quelle vigueur fut réprimée l'insurrection (avril 1834).

Le gouvernement, se défiant du jury, décida de traduire les inculpés devant la Chambre des pairs, érigée en haute cour de justice. De peur que la barre ne fût transformée en tribune, le président Pasquier décida de n'admettre à la défense que des avocats.

Devant cette décision arbitraire, Louis Blanc, suivi par Michel de Bourges et Blanqui, préconisait l'abstention: « Les lois étaient violées; la pairie, pêle-mêle de passions patriciennes, siégeait non en vertu du droit, mais de la violence; dès lors, les accusés n'avaient qu'à répondre par un silence de fierté à des interrogatoires sans force ».

Jules Favre, Armand Carrel, Saint-Romme, Ledru-Rollin, au contraire, considéraient comme un devoir de se mettre à la disposition des accusés.

Louis Blanc finit par rallier à son opinion Armand Carrel, mais non Jules Favre, qui s'attira cette boutade: « Eh bien, monsieur, nous ferons de tout ceci un simple procès de correctionnelle ».

Ainsi, dans cette circonstance solennelle, l'entente ne put se réaliser. Loin de servir à la propagande républicaine, le procès d'avril se termina par un échec éclatant, que les dirigeants du parti essayèrent en vain de masquer. La mort d'Armand Carrel, tué en duel par Emile de Girardin, ajouta encore au désarroi.

Emile de Girardin venait de lancer la presse à bon marché. Sa combinaison reposait sur la multiplication des annonces et sur l'offre d'actions à bas prix à des personnes étrangères ou non à la politique, désireuses surtout de retirer intérêt de leur argent. Cette intrusion des hommes d'affaires dans les conseils d'administration de journaux suscita d'ardentes critiques dans le parti démocratique. « Allait-on ravaler la condition de journaliste à la condition de marchand d'opinions et de nouvelles »? Un rédacteur occasionnel du *Bon Sens*, Capo de Feuillide, apporta à Louis Blanc un article violent contre Emile de Girardin. Louis Blanc le lut, mais s'opposa à son insertion, le trouvant écrit « avec beaucoup de verve et beaucoup d'esprit, mais sur un ton qui manquait de mesure et de gravité ». Martin-Maillefer fut d'un avis contraire. Conformément aux prescriptions de Lefebvre, la rédaction, invitée à se prononcer, se solidarisa avec Maillefer pour marquer la réprobation de la démocratie républicaine contre le novateur. L'article parut donc malgré Louis Blanc. Girardin cita le *Bons Sens* en police correctionnelle, ce qui fut jugé incorrect, car les attaques étaient moins dirigées contre le directeur de *la Presse* que contre ses opérations commerciales. Capo de Feuillide chercha des appuis et demanda à Armand Carrel de publier quelques lignes sur son affaire dans *le National*. Carrel ne tenait pas à intervenir dans la querelle, mais il se rappela que, dans la préface de son roman *le Tourneur de chaises*, Capo l'avait comblé d'éloges. Il ne crut pas pouvoir se dérober et écrivit un petit bout d'article. Girardin riposta qu'il ne reconnaissait pas, dans le blâme jeté sur lui à l'occasion du procès, « la loyauté attribuée au rédacteur en chef du *Natio-*

nal ». Provocation en duel et mort s'ensuivirent. Si Louis Blanc eût été le seul maître au *Bons Sens*, peut-être en eût-il été autrement.

Cependant la situation parlementaire était trouble. En remplacement de Thiers, dont il n'approuvait pas la politique en Espagne, Louis-Philippe avait chargé Molé de constituer un cabinet. Mal accueilli par la Chambre et bientôt en désaccord avec son principal collaborateur, Guizot, Molé donna sa démission. Mais le roi, dont il secondait les vues, tenait à lui. Il l'appela de nouveau et, le 3 octobre 1837, au grand mécontentement de tous les députés, la Chambre fut dissoute.

Louis Blanc tenta avec Dupont, l'avocat, d'exploiter cette effervescence. La violence avait échoué. Ne pouvait-on pas, avec les seules armes de la loi, essayer d'acquérir quelque avantage électoral ?

La majorité de la Chambre dissoute comprenait : le centre droit avec Guizot et les doctrinaires; le centre gauche avec Thiers; un tiers-parti peu important dirigé par Dupin. Dans l'opposition figuraient les légitimistes avec Berryer; deux républicains, Garnier-Pagès et Cormenin; enfin la gauche dynastique, dont la partie la plus avancée, se séparant d'Odilon Barrot, prenait avec Laffitte, Dupont de l'Eure et François Arago, à l'imitation de l'Angleterre, le titre de radicale.

Ce fut entre les républicains et l'opposition dynastique que Louis Blanc prépara un rapprochement. Ne pouvant réussir « qu'avec des personnages d'une haute renommée et d'une modération qu'eût épargnée la calomnie », il sollicita et obtint le concours du grand savant Arago, qui entraîna celui de Laffitte et de Dupont de l'Eure. Fort de l'appui des « trois hommes qui frappaient de mort tout comité d'opposition dans lequel ils n'auraient pas siégé », Louis Blanc convoqua, dans les bureaux de *la Nouvelle Minerve*, républicains et membres de la gauche dynastique, pour la formation d'un comité électoral commun.

La discussion s'ouvrit sous la présidence de Laffitte. Louis Blanc exposa le but de la réunion. Jusqu'ici on avait accusé les radicaux de n'avoir point de mesure, de tirer l'épée ou de se tenir farouchement à l'écart. Ils tenaient à se laver de ces reproches exagérés et exprimaient la volonté de s'associer pour mener la campagne électorale, mais sans lâche détour, sans compromission équivoque, sans confondre les drapeaux.

Une discussion passionnée s'engagea. Lerminier, professeur au Collège de France et journaliste de talent, insista avec une âpreté particulière sur l'éloignement de la classe moyenne pour les radicaux, sur les dangers de leur concours, sur leur faiblesse prouvée, ajoutait-il, par le nombre de leurs défaites. Louis Blanc riposta vivement: « Il est, monsieur, certaines défaites qui honorent plus que certains triomphes ». Laffitte et Arago décidèrent du vote en se déclarant opposés à la formation de tout comité qui ne comprendrait pas le parti radical. Alors, tandis que certains membres de l'opposition dynastique se ralliaient à la démocratie, les autres, et parmi eux Odilon Barrot, se retirèrent, « refusant de s'associer à un comité où le parti républicain venait d'entrer enseignes déployées ».

La note suivante parut le lendemain dans les journaux: « Un comité central est constitué à Paris pour s'occuper des élections. Son but est de réunir dans une même action toutes les nuances de l'opposition nationale et d'obtenir, par la combinaison de leurs efforts, une Chambre indépendante ».

Les élections eurent lieu. La majorité ministérielle ne fut guère modifiée; mais les radicaux avaient dirigé le mouvement électoral.

Peu après, Louis Blanc quitta le *Bon Sens*.

Le 15 février 1838, le gouvernement avait déposé un projet relatif à l'établissement par l'Etat d'un vaste réseau de chemins de fer. Le monde des affaires, craignant d'être frustré de profits depuis longtemps convoités, entama une violente campagne contre l'Etat, le proclamant incapable d'exécuter de grands travaux.

Louis Blanc partit en guerre. Il soutint, au triple point de vue moral, industriel et politique, que l'Etat ne devait pas se dessaisir. Au point de vue moral, le régime des compagnies transformait la société « en une arène d'agioteurs »; au point de vue industriel, les compagnies, périssables, pressées de réaliser, étaient tenues d'imposer à l'industrie de lourds tarifs qui en entravaient le développement; tandis que l'Etat, immortel, pouvait attendre les périodes de prospérité pour récupérer ses débours; au point de vue politique enfin, concéder les chemins de fer, c'était organiser un Etat dans l'Etat, instaurer une véritable féodalité financière.

Lefebvre, propriétaire du *Bon Sens*, s'émut, fit savoir à Louis Blanc qu'il n'approuvait pas sa campagne. Celui-ci abandonna immédiatement le journal, « tout honnête homme devant préférer sa conviction à sa position », et fonda la *Revue du progrès*, politique, sociale et littéraire, qui avait pour actionnaires Arago, Dupont, Laffitte, Mathieu, le général Bachelu, Pelouze,

Bouillaud, Rostand, Sarrans, Cauvet, David (d'Angers), Félix Desportes, Gervais (de Caen), Baune, Martin (de Strasbourg), Cormenin.

« Plus que tous les autres, écrivait-il (1), le parti radical a besoin d'élaborer des doctrines viables et de préparer le lendemain. Ce n'est pas en taquinant le pouvoir tout le long du jour sans songer à créer un pouvoir plus moral et plus fort, ce n'est pas en tirant des coups de fusil dans la rue sans méditer profondément sur les procédés de nature à réaliser le progrès pour tous, que nous enfanterons une révolution salutaire. Pour moi, je suis convaincu que tout bouleversement qui n'aurait pas été précédé d'études fortes serait le chaos. Voilà pourquoi, dans notre parti du moins, une revue est encore plus nécessaire qu'un journal quotidien. Des gens pour attaquer ne manqueront jamais: organiser est plus difficile. »

Le but austère assigné à la *Revue* en entravait la diffusion, d'autant plus que Louis Blanc, chargé à la fois de la rédaction et de l'administration, absorbé par ses travaux historiques, ne pouvait accorder à la partie administrative le soin nécessaire. Il songea à alléger sa tâche en offrant à Duméril, industriel à Saint-Omer, disposé à mettre son temps au service des idées radicales, la direction et la gérance de cette publication, en faveur de laquelle il lui demandait une souscription d'une dizaine de mille francs, se faisant fort d'obtenir l'assentiment des actionnaires. Loyalement il exposait à Duméril la situation morale et matérielle de l'entreprise (15 janvier 1840) :

« Dans l'état actuel des choses, lui écrivait-il, la *Revue* dépense environ 1.000 francs par mois ou 12.000 francs par an, tous frais compris. L'abonnement étant de 20 francs, ou plutôt 18 à cause des remises, la *Revue* ferait ses frais avec 700 abonnés. Avec 1.000 abonnés, elle gagnerait 6.000 francs par an. Or, jusqu'ici, le nombre de ses abonnés a varié de 600 à 650. D'où cette conséquence qu'il faudrait bien peu de chose pour en faire une entreprise solide et lui créer un avenir fécond. Je vous ferai remarquer à ce sujet que, jusqu'ici, l'administration de la *Revue* a été à peu près nulle; que nous n'avons presque pas fait d'annonces; que nous n'avons envoyé aucun correspondant en province; que rien n'a été fait en un mot de ce qui est de nature à préparer et à atteindre le succès. Et la faute de tout ceci? D'abord, à ce qu'il n'y a jamais eu à la tête de la *Revue* de directeur proprement dit; ensuite, à ce qu'elle n'a pas eu assez d'argent pour faire toutes les dépenses

(1) Lettre inédite à Duméril, 15 janvier 1840.

convenables. Or, si en dépit de tout cela, et faite pour ainsi dire à huis clos, elle a pu atteindre le chiffre de 650 abonnés, chiffre énorme pour une revue, n'est-il pas manifeste qu'il suffirait, pour l'asseoir sur des bases tout à fait solides, de lui donner une impulsion administrative aidée puissamment par de nouveaux appels de fonds? Il est un fait, d'ailleurs, qui prouve combien, à ces conditions, la *Revue* aurait de vie et d'avenir. Partout où la *Revue* a pénétré, elle a conquis aussitôt une clientèle nombreuse. Ainsi, il est telle petite ville de province où nous avons jusqu'à 30 abonnés. En revanche, il est des départements où il n'en est pas entré un seul numéro. Ce sont donc les moyens de propagation qui ont manqué, c'est l'action administrative qui a fait défaut.

« Il va sans dire que si la signature du journal vous apparaissait comme une menace de prison, je la garderais. Si même il vous était agréable de prendre la direction politique de la *Revue*, je resterais votre simple collaborateur, pourvu que ces messieurs, qui m'honorent d'une confiance trop indulgente, y voulussent consentir. A vous dire la vérité, je tiens infiniment moins à diriger la *Revue* qu'à lui assurer une longue et féconde existence. »

Dans la *Revue du progrès*, Louis Blanc reprit l'œuvre de la *Revue républicaine*, à laquelle il avait collaboré. Dès le premier numéro (15 janvier 1839), il exposa ainsi son programme:

« Gouvernement de la société par elle-même au moyen du suffrage universel; en tout ce qui touche les intérêts communs aux diverses parties de la société, centralisation vigoureuse; une seule Chambre avec la garantie du double examen; suprématie du pouvoir législatif, qui est la tête, sur le pouvoir exécutif, qui est le bras: voilà pour l'unité politique.

« Etablissement de la commune sur de fortes bases et réorganisation du travail d'après le double point de vue de l'accroissement des produits et de leur répartition équitable entre les capitalistes et les hommes de main-d'œuvre: voilà pour l'unité sociale. »

Ainsi, comme les associations républicaines, Louis Blanc préconise le régime représentatif, qui fraye à tout le monde un chemin vers le pouvoir, jette une promesse à chaque ambition légitime, appelle tous les talents, s'offre à récompenser tous les services, met la domination par la parole au concours. Mais, dans sa pensée, les mandataires du peuple, loin d'être des chefs, sont des commis révocables, élus pour un an et qui doivent des comptes. Il attaque avec force le régime censitaire, régime absurde et odieux qui fait de la propriété le signe de la capacité et de la moralité politiques, et dénie que chacun puisse arriver par son travail au cens électoral. La monarchie censitaire lui apparaît comme un régime bâtard, sans fondement. « Il faut, écrit-il, que l'autorité se légitime ou par la volonté librement exprimée de tous, ou la volonté supposée de Dieu. Le peuple ou le pape, choisissez. » Une révolution est nécessaire, mais elle doit être, sous peine d'échec, préparée d'avance. Il faut avoir un système; ce qu'on qualifie d'utopie est souvent la vérité de demain, « la vérité à l'état révolutionnaire ». La révolution bourgeoise de 1789 est sortie vivante de l'*Encyclopédie;* il n'y avait plus qu'à prendre matériellement possession d'un domaine déjà conquis moralement. Comme Saint-Simon, il a une foi invincible dans le progrès, « loi des choses et de l'être », mais il nie que le progrès doive nécessairement s'accomplir par transition lente: « Dans le monde des intelligences, il chemine lentement, laborieusement, mais c'est tout d'un coup, dans l'espace d'une année, d'un mois, d'une nuit, qu'il fait irruption dans le domaine des faits et substitue, à tout un système de législation, tout un système de législation contraire ».

Ainsi Louis Blanc poursuivait l'éducation du peuple. Il crut nécessaire de démasquer les intrigues de Louis Bonaparte, qui à son retour des Etats-Unis, protestant de son dévouement aux idées sociales, avait essayé de se concilier les chefs du parti radical.

L'apparition des *Idées napoléoniennes* fut le prétexte.

Le nouvel ouvrage du prince était un véritable acte d'adoration envers Napoléon : « Nous qui avons eu à notre tête un Moïse, un Mahomet, un César, un Charlemagne, irions-nous chercher autre part que dans ses préceptes un exemple et une synthèse politiques? » L'idée napoléonienne réunit la nation au lieu de la diviser; elle donne à chacun l'emploi qui lui est dû, la place qu'il mérite, selon sa capacité et ses œuvres, sans demander compte à personne ni de son opinion, ni de ses antécédents politiques.

Louis Blanc répondit vigoureusement à ces appels insidieux. Après avoir retracé à grands traits la glorieuse épopée de l'oncle, il interpella le neveu :

« Voici qu'on vous dirait, monsieur, il faut refaire l'Europe. Mais c'est parce que la mission de Napoléon était épuisée, entièrement épuisée, qu'on l'a laissé mourir sur ce rocher, où on *l'apercevait cependant de toute la terre.*

« Est-ce l'œuvre de votre oncle avec la guerre qu'on veut? Il faut pour cela une autre Europe et un second Bonaparte.

« Est-ce l'œuvre de votre oncle moins la guerre? Mais c'est le despotisme moins la gloire. Ce sont les grands seigneurs tout couverts de broderie moins les soldats tout couverts de cicatrices; ce sont les courtisans sur nos têtes moins le monde à nos pieds; c'est un grand nom moins un grand homme; c'est l'Empire moins l'empereur. »

Le lendemain, vers dix heures du soir, Louis Blanc rentrait chez lui, lorsque, au coin de la rue Louis-le-Grand, il reçut un grand coup de bâton qui l'atteignit à la hauteur de l'œil droit. Il tomba, baigné dans son sang. On craignit un moment pour sa vie. Une enquête ouverte n'aboutit pas. On attribua l'attentat à un bonapartiste fanatique, exaspéré par l'article de la veille.

L'année suivante, à la faveur de l'émotion causée par l'humiliation que les puissances signataires du traité de Londres nous avaient infligée en Orient (15 juillet 1840), le prince Louis Bonaparte essaya pour la seconde fois de pénétrer en France. Le 6 août, il tenta vainement de soulever la garnison de Boulogne. Traduit devant la Chambre des pairs, il fut condamné à la prison perpétuelle et enfermé dans le château de Ham. Louis Blanc protesta contre la juridiction exceptionnelle imposée à l'accusé. On l'avait traité en ennemi, non pas en coupable. Si le prétendant avait réussi, combien de ceux qui l'accablaient d'invectives se seraient jetés à ses pieds!

Cet article frappa Napoléon. Il écrivit à Louis Blanc pour le remercier de ne pas avoir piétiné un adversaire abattu et lui demanda de venir le voir.

Louis Blanc ne crut pas devoir refuser à un homme malheureux et partit pour Ham, où il demeura trois jours. L'entrevue fut cordiale. Les deux interlocuteurs tombèrent d'accord qu'il n'y avait nulle garantie de durée pour un gouvernement qui ne faisait rien contre la corruption du dedans et laissait humilier la France au dehors. Louis Bonaparte se déclara partisan du suffrage universel, insista avec chaleur sur l'urgence, sur la nécessité pour tout gouvernement de s'occuper du bonheur du peuple. Puis il dit :

« Mon *credo*, c'est l'Empire. L'Empire n'a-t-il pas élevé la France au sommet de la grandeur? Ne lui a-t-il pas rendu l'ordre? Ne lui a-t-il pas donné la gloire? Pour moi, je suis convaincu que la volonté de la nation, c'est l'Empire.

— La volonté du peuple peut changer, répliqua Louis Blanc, et il est conforme à la nature des choses qu'elle change, tandis que le pouvoir héréditaire est par essence immuable. Comment la génération présente pourrait-elle légitimement confisquer, par la déclaration de l'hérédité, le droit de toutes les générations à venir? »

Parfois l'entretien se prolongeait sur l'étroite terrasse réservée aux promenades du prisonnier. Il fallait parler bas, à cause des mouchards qui suivaient à distance. Et le futur maître de Morny et de Maupas s'indignait contre les gouvernements assez vils pour employer de tels procédés.

Au moment de prendre congé du prince, Louis Blanc lui adressa un dernier et chaleureux appel, soutenant que, dans la France nouvelle, l'idée du travail avait remplacé l'image des batailles. L'Empire ne pouvait renaître qu'en s'appuyant sur un sabre et en bâillonnant la presse. La question n'était plus de dominer et d'étonner les hommes, mais de les rendre heureux. « Croyez-moi, conclut-il, la seule chose acceptable en France est la République. Abandonnez donc ce rôle de prétendant pour lequel une scène vous manque. Fiez-vous à votre désintéressement du soin de votre destinée : osez devenir et vous déclarer républicain. »

Napoléon parut touché de ce langage. Au départ, il donna à Louis Blanc, qu'il serra dans ses bras, un exemplaire de son livre *l'Extinction du paupérisme*, avec cette dédicace : « A Louis Blanc, souvenir d'estime et d'amitié de la part de l'auteur. L. N. B. »

Louis Blanc se laissa prendre aux marques d'émotion du prince et se flatta de l'illusion de l'avoir converti à la République. Il continua à s'entretenir avec lui, par l'intermédiaire d'un ami commun, Sylvestre Poggioli, homme de confiance du roi Louis, qui vivait à Florence sous le nom de comte de Saint-Leu. Le prince envoya à Louis Blanc copie de sa lettre à Odilon Barrot, dans laquelle il refusait, pour obtenir l'autorisation de se rendre en Italie auprès de son père malade, d'employer des termes de reconnaissance et de soumission envers le gouvernement. « Signer une pareille lettre, écrivait-il le 2 février 1841, serait demander pardon, sans aveu de la faute... Un recours en grâce n'est pas compatible avec mon rang et mon honneur. »

Louis Blanc félicita chaleureusement le prince. « Homme libre et républicain, lui écrivait-il le 12, guidé uniquement par ma conviction, sans parti pris, j'ai peu à craindre que ce qui tombe de ma bouche ou coule de ma plume, si élogieux que ce soit, puisse être suspecté de flatterie. Je confesse donc sincèrement que votre réponse à M. Odilon Barrot m'a touché jusqu'au fond du cœur; la résolution qu'elle contient était la seule digne de vous, et vous étiez la dernière personne, à mon avis, qui pouviez sacrifier votre fidélité à votre ligne de conduite dans le but de vous faire ouvrir les portes de votre prison. Soyez sûr que, par une attitude si noble, vous avez rempli vos véritables amis de joie et vos ennemis de dépit. Si vous pouviez vous décider à faire le sacrifice à votre patrie, à l'égalité, à la République, de ce que vous pensez devoir aux traditions de l'Empire et à une sorte d'honneur familial, avec quelle ardeur mon cœur volerait vers vous! Laissez-nous espérer, à tous ceux qui aimons votre personne sans embrasser vos opinions, laissez-nous espérer que la victoire restera un jour dans votre esprit aux tendances démocratiques et aux aspirations désintéressées qu'il contient. Rien ne peut mieux vous aider à remplir ce vœu que la constance et la dignité avec laquelle vous supportez vos malheurs. »

J'ai dû traduire de l'anglais cette lettre qui ne figure pas dans l'édition française du livre de Briffault *The prisoner of Ham*, dont la publication paraît avoir contrarié Louis Blanc. Le 10 décembre 1848, le comte d'Orsay cherche à le rassurer sur l'impression produite: « Votre lettre est admirable de justesse et de justice. Elle ne peut que vous faire honneur, même parmi les plus enragés républicains. On voit que votre cœur tenait la plume et que la tête modérait son transport. C'est un petit chef-d'œuvre de tact et de bon goût... Napoléon aurait dû, lors de la publication du livre, ne pas laisser prendre ses papiers sans les avoir vérifiés. Enfin, il n'y a pas en somme de quoi fouetter un chat dans toute l'affaire (1) ».

Odilon Barrot ayant échoué dans ses démarches, le prisonnier songea à se libérer lui-même. Le 25 mai, déguisé en ouvrier maçon, il réussit à s'évader.

En restant en relations avec le prince Bonaparte, Louis Blanc espérait arriver à donner au parti républicain un chef au nom prestigieux qui, en toutes circonstances, protestait de son dévouement à la cause du peuple. N'était-ce pas cette cause que lui-même avait servie naguère dans la *Revue du progrès* en esquissant à grands traits une première ébauche d'organisation du travail et en faisant comprendre au peuple que l'amélioration de son sort était liée indissolublement à la conquête du pouvoir?

Après les grèves de septembre, Louis Blanc publia son article en brochure. Nul livre ne venait mieux à son heure. L'avènement de la grande industrie avait tué l'industrie domestique. La misère était grande. Le docteur Guépin, Adolphe Blanqui, Villermé font une description navrante des taudis où s'entassaient, à Nantes, Rouen et Lille, les familles ouvrières. En 1837, plus d'un million d'hommes souffraient de la faim. A Paris, une armée de désespérés s'agitaient dans les bas fonds du vice. Les salaires étaient insuffisants. « C'est

(1) Inédit. Bibl. Nat. Nouvelles acquisitions françaises, 11.398. *Correspondance de Louis Blanc.*

à peine, constate Villermé, si la femme est suffisamment rétribuée pour subsister et si l'enfant au-dessous de douze ans gagne sa nourriture... Il n'y a d'économie possible pour les adultes, dont le travail est plus rétribué, qu'autant qu'ils se portent bien et n'ont ni enfants en bas âge, ni aucune charge à supporter. Et encore ces économies se réduisent-elles à presque rien. Pour les faire, il faut nécessairement que le malheureux ouvrier ne cède jamais au désir de boire un verre de vin ou d'ajouter quelque chose à ses misérables repas. » Contre tant de maux, les timides réformes du gouvernement de Louis-Philippe: création de caisses d'épargne, accroissement des hospices, des monts-de-piété, des salles d'asile ne pouvaient être qu'impuissantes. Louis Blanc fit naître un peu d'espoir parmi les déshérités. Les mots « organisation du travail » devinrent la formule des revendications prolétariennes.

La *Revue du progrès* cessa de paraître en 1840. L'année suivante, Louis Blanc publia les premiers exemplaires de son *Histoire de dix ans* (1830-1840). Du vivant même de Louis-Philippe, il osait raconter et apprécier les dix premières années du règne. Machine de guerre autant que monument d'histoire, car, dans une langue vibrante, continuant l'action du journaliste, il exaltait le parti républicain, depuis ses chefs les plus glorieux jusqu'aux plus humbles militants, et critiquait âprement la bourgeoisie et la monarchie, liées par la conspiration des intérêts.

Ce qui ressort de ce livre, c'est un amour profond pour le peuple, dont Louis Blanc décrit les naïvetés, les élans nobles et généreux, les colères soudaines et terribles. Tout en glorifiant les insurgés, il n'hésite pourtant pas à condamner leur action, des mouvements partiels prématurés ne pouvant que priver la République de ses meilleurs défenseurs et semer le découragement parmi les autres.

« Ce serait, écrit-il, tenir en trop petite estime la raison et l'équité que de faire dépendre le triomphe des idées des hasards d'un coup de main. Il y faut la sagesse, le temps; et la patience est une vertu républicaine aussi. Assurément, c'est le propre et la gloire des esprits d'élite de devancer leur époque, mais la violenter n'est permis à personne. »

Aux élans fraternels du peuple et aux spéculations des philosophes préoccupés, comme Saint-Simon, de résoudre le problème de la misère, il oppose l'égoïsme, le manque d'idéal, la sécheresse de cœur de la bourgeoisie, « ensemble de citoyens qui, possédant les instruments de travail ou un capital, peuvent, sans s'asservir, développer leurs facultés et ne dépendre d'autrui que dans une certaine mesure ».

Ayant pour devise: chacun pour soi, chacun chez soi; sourde à la voix du peuple; ne songeant qu'à augmenter la masse des biens sans tenir compte de leur répartition; seule représentée à la Chambre; intéressée à perpétuer les abus du système de la concurrence et du crédit individuel; assez aveugle ou assez veule, dans un pays amoureux de la gloire, pour préférer « l'humiliation au courage qui économise le danger », la bourgeoisie, malgré ses vertus familiales et son amour du travail, gagnée par la corruption, lui paraît marcher à sa perte, ainsi que Louis-Philippe, qui la personnifie.

Tout en se montrant sévère pour le monarque, et en souhaitant sa chute, Louis Blanc rend hommage à son courage, n'hésite pas à condamner les attentats dont il a été victime: « Quand le mal existe, fait-il observer, c'est qu'il est dans les choses, et là seulement il le faudra poursuivre; si un homme le représente, en faisant disparaître cet homme on ne détruit pas la personnification, on la renouvelle. César, assassiné, renaquit plus terrible dans Octave ».

L'*Histoire de dix ans*, œuvre d'opposition ardente, paraissant au lendemain des lois de septembre qui enchaînaient la presse périodique, surexcita la curiosité publique. De lecture agréable, atteignant, dans certains épisodes, le charme du roman, contenant de curieuses anecdotes, des portraits, de piquantes révélations sur les hommes du jour, ce livre fit à la fois les délices des légitimistes, charmés des attaques contre Louis-Philippe, et des républicains qui, dans le récit de leurs travaux et de leurs peines, puisaient de nouvelles forces pour les luttes de l'avenir. Louis Blanc devint populaire. Le citant comme l'une des personnalités du parti républicain, Henri Heine écrivait à la *Gazette d'Augsbourg:* « M. Louis Blanc est un bizarre composé de Lilliputien et de Spartiate. Dans tous les cas, je lui crois un grand avenir et il jouera un rôle, ne fût-ce qu'un rôle éphémère ».

Grandi par le double succès de l'*Organisation du travail* et de l'*Histoire de dix ans*, Louis Blanc continua avec plus d'autorité, comme journaliste, sa propagande républicaine.

Avec Godefroy Cavaignac, de retour en France après un long séjour en Angleterre, il prit la direction du *Journal du peuple* et assigna comme but de la politique à poursuivre l'amélioration des classes ouvrières. Faute de capitaux, le *Journal du peuple* disparut au bout de quatre mois.

Il fut remplacé, le 15 juillet 1843, par le journal *la Réforme*, dirigé par

Baune, ancien chef du parti républicain à Lyon, et Flocon, ancien sténographe à la Chambre, assistés d'un comité de direction où figuraient Louis Blanc, Etienne Arago, Ledru-Rollin, Guinard, Lamennais, Schœlcher, Cavaignac, Ribeyrolles, etc.

Louis Blanc fut chargé de rédiger le programme. Il fit en termes lapidaires un résumé de ses idées politiques et sociales. Au nom du comité, il demanda à George Sand, le journal n'ayant pas « de littérature faute de pouvoir la payer », d'apporter au service de l'égalité tout ce que Dieu avait mis en elle « de force, de courage, d'éloquence ». A l'action brutale de l'argent, ne fallait-il pas opposer celle du talent désintéressé? « La politique vous fait peur, je le sais, continuait Louis Blanc; et c'est tout simple, hélas! Vous l'avez vue jusqu'ici confinée dans d'ignobles et obscures intrigues, vous l'avez vue réduite à n'être entre des ambitieux sans entrailles qu'une sorte de pugilat honteux et brutal. Vous avez détourné la tête avec dégoût ». Mais la politique dont on a fait un rôle peut être aussi une mission : « La politique n'est pour nous que la force mise au service du bon droit. La politique, pour nous, c'est la richesse employée à la rédemption du pauvre, c'est la puissance employée à la défense du faible, c'est l'éducation donnée gratuitement à tous les citoyens, c'est la destruction du monopole qui les comprend tous, celui des instruments du travail » (1).

George Sand répondit (novembre 1844), que sa collaboration littéraire était acquise au journal: « Quant à la politique, je crains, écrivait-elle à Louis Blanc, que vous trouviez mon éducation bien incomplète et mes curiosités religieuses un peu indiscrètes ».

Cavaignac était l'âme du nouvel organe; mais sa santé était mauvaise. Il mourut dans les bras de Louis Blanc, le 5 mai 1845, après avoir entendu, suprême attention de son ami, une émouvante improvisation de Chopin. Louis Blanc fut profondément affligé. Il aimait Cavaignac. Le sachant en exil, limité dans ses ressources, il lui avait offert de devenir le correspondant du *Bon Sens*. Il tint à rendre un dernier hommage à l'esprit indomptable de l'intègre républicain. Evoquant la mémoire des conventionnels, il rappela qu'ils avaient fait de grandes choses, portés par l'enthousiasme du peuple et par la haine même de leurs ennemis.

---

(1) Lettre inédite non datée (1844?). — Cette lettre et un certain nombre d'autres seront prochainement publiées par Mme Lauth-Sand, petite fille de George Sand, qui a bien voulu m'en faire tenir des extraits.

« Descendez de ces hauteurs, poursuivit-il, examinez le milieu où nous sommes et vous concevrez ce qu'il y a eu d'héroïque dans la mission qu'un homme tel que Godefroy Cavaignac s'était imposée.

« Car, enfin, conserver intact l'enthousiasme de la patrie et de la liberté dans une époque à moitié morte aux sentiments généreux; marcher d'un cœur indomptable vers un but qu'on sait éloigné; réagir sans cesse contre l'empire aveugle des choses; avoir une intelligence supérieure et la dépenser volontairement au service du peuple en efforts partiels, en productions haletantes et ignorées; lutter enfin toujours, lutter obscurément, patiemment, et non pas contre l'Europe en armes, non pas à la tête d'une nation frémissante et aux acclamations d'un million d'hommes, mais contre le découragement, le dégoût, sous le poids de la défaite et au milieu du silence universel, voilà ce qui est le comble de l'héroïsme et voilà ce qui recommande Godefroy Cavaignac à notre admiration universelle. »

La lassitude qui perce à travers ce discours n'était pas seulement due à la douleur. Le parti républicain semblait affaissé. Huber, obsédé par la pensée de devenir fou dans sa cellule, s'abaissait à donner des renseignements à la police. Trélat et Raspail avaient renoncé à la politique. Entre les militants, il y avait désaccord sur les questions sociales. A une réunion convoquée chez Marie, sur l'initiative du journal *l'Atelier*, et à laquelle assistaient Carnot, Courtais, Garnier-Pagès, Armand Marrast et Goudchaux, Corbon et Ledru-Rollin défendirent avec succès contre Louis Blanc l'association volontaire. Dans ces conditions, il n'est pas étonnant que Louis Blanc, redoutant un échec, ait fini par refuser la candidature que lui offraient, aux élections générales du 1er août 1846, les électeurs radicaux de Villefranche-de-Lauraguais et que le journal *l'Emancipation* avait annoncée. Il se rendit toutefois à Toulouse, descendit à l'hôtel de l'*Europe*, présida une réunion à laquelle assistèrent de nombreux étudiants. Dans son discours, il promit de soutenir jusqu'à son dernier souffle la cause du peuple: « L'égalité seule dans la répartition des biens, dit-il, est le remède aux maux du peuple », et il préconisa le retour à l'esprit de fraternité.

La Réforme avait été fondée pour protester contre la modération du *National*. *Le National*, sous la direction d'Armand Marrast, critiquait avec verve les abus du pouvoir, mais n'abordait qu'avec timidité les questions sociales. Il se déclarait hostile aux écoles socialistes, qui réclamaient l'intervention perpétuelle de l'Etat au lieu de chercher à obtenir le bien-être de la liberté, et félicitait Louis Reybaud de son livre malveillant sur les réformateurs. Demandant dans son programme un président, une assemblée, le suffrage universel, il souhaitait que le parti républicain se mêlât à l'action politique et s'alliât ouvertement à l'opposition libérale pour gagner des sièges à la Chambre. *La Réforme*, au contraire, se confinait dans une réserve hautaine, s'en tenait à la doctrine, aux principes, et se refusait à toute compromission.

Dès l'apparition de *la Réforme*, l'antagonisme entre les deux journaux se manifesta. *Le National* ne fit pas d'opposition au projet du gouvernement complétant l'enceinte fortifiée de Paris. Déjà, en 1840, quand une première fois la question s'était posée, le parti républicain s'était soulevé contre une pareille mesure, qui lui paraissait dirigée moins contre l'ennemi de l'extérieur que contre le peuple parisien. Louis Blanc, dans la *Revue du progrès*, avait félicité Cabet pour le zèle, le courage et l'inébranlable constance qu'il avait mis à repousser les Bastilles. *La Réforme* accusa *le National* de trahison, *le National* riposta en termes énergiques; la polémique s'envenima. Louis Blanc y mit enfin un terme.

Les deux journaux tombaient d'accord pour proclamer la nécessité du suffrage universel. Au mépris de toute justice, 188.000 contribuables aisés représentaient seuls trente millions de Français. La loi électorale d'avril 1831 fixait en effet à 500 francs le cens de l'éligibilité, à 300 francs le cens de l'électorat. Les hommes au pouvoir se souciaient peu d'aborder la réforme électorale. L'opposition s'en empara comme d'une arme. Les radicaux conduisirent la bataille: dans le pays, en organisant des banquets; à la Chambre, en envoyant à la tribune leurs meilleurs orateurs, Etienne Arago et Garnier-Pagès, auxquels se joignit Lamartine.

Le roi se montrait résolument hostile. L'agitation lui paraissait factice : « C'est la maladie de l'époque, disait-il, elle passera ». Guizot pensait de même.

Le 10 juillet 1847, le parti radical et l'opposition dynastique organisèrent au Château-Rouge un banquet qui eut un immense retentissement. Le mouvement gagna la province. A Mâcon, Lamartine prédit contre Guizot la révolution du mépris. Vers la fin de décembre 1847, à Dijon, dans un banquet de 1.300 couverts, auquel assistait Ledru-Rollin, Louis Blanc fit avec vigueur le procès du régime. « Messieurs, conclut-il, quand les fruits sont pourris, ils n'attendent que le passage du vent pour se détacher de l'arbre ».

Ces paroles retentirent « comme le tocsin de l'opinion ». Dans le discours du trône (28 décembre 1847), le roi dénonce l'agitation « que fomentent les passions ennemies ou aveugles ». Docile à sa voix, la majorité ministérielle vote, malgré l'opposition, une adresse dans laquelle elle prend position contre la réforme.

Le comité du 12e arrondissement avait organisé un banquet dont le succès s'annonçait certain. Officiers et gardes nationaux avaient décidé de s'y rendre en foule. Louis Blanc avait obtenu d'Odilon Barrot, malgré Garnier-Pagès et Pagnerre, une place spéciale pour les ouvriers dans le cortège. Le 19 février, les députés se réunirent au nombre de quatre-vingt-dix pour arrêter les mesures à prendre. Berryer déclara approuver l'idée du banquet, mais il craignait des conséquences fâcheuses. Si les députés s'y portaient en masse, escortés par la garde nationale, leur acte de résistance légale entraînerait beaucoup plus loin la population.

Crémieux répondit que le banquet devait être une éclatante manifestation. Si les députés y arrivaient individuellement, sans apparat, ils exciteraient dans la foule un sentiment de tristesse et de découragement. Lamartine appuya Crémieux: la grandeur de l'exécution devait répondre à la grandeur de l'acte. Quatre-vingt-deux députés décidèrent d'assister au banquet, qui devait avoir lieu le 22, à midi. Marrast fut chargé de rédiger un manifeste pour fixer l'ordre du cortège et indiquer la place de chaque section. Le gouvernement considéra la publication du manifeste comme une violation de la loi du 22 mars 1831 sur la convocation de la garde nationale et, malgré une note explicative des députés, fit afficher une proclamation défendant tout rassemblement et tout défilé dans la rue. La plupart perdirent de leur audace. En vain Crémieux, maintenant sa proposition, invita ses collègues à se rendre ensemble à la manifestation et à ne se retirer qu'à la troisième sommation. Il ne fut approuvé que par la minorité et dut se résoudre à l'abstention.

Le 21, à huit heures du soir aux bureaux de *la Réforme*, dans une réunion à laquelle assistaient une cinquantaine de personnes, Louis Blanc, après Baune et Grandménil, prit la parole et stigmatisa la reculade des députés de l'opposition. Mais avait-on le droit de disposer du sang du peuple sans profit pour la démocratie? « Si des patriotes, s'écria-t-il, descendent dans la rue demain, abandonnés des hommes qui se sont mis en avant, ils seront écrasés infailliblement et la démocratie noyée dans le sang. Et ne vous abusez pas; la garde nationale, qui a traîné son uniforme de banquet en banquet, vous mitraillera avec l'armée. Vous déciderez l'insurrection, si vous le voulez, mais si vous prenez cette décision, je rentrerai chez moi pour me couvrir d'un crêpe et pleurer sur les ruines de la démocratie. »

D'Alton-Shée protesta contre la faiblesse des députés de la gauche parlementaire qui, s'inclinant devant la volonté du gouvernement, « avaient la lâcheté de renier leur signature ». Avec sept ou huit de ses collègues, il se déclarait prêt à aller jusqu'au bout, à condition d'être suivi et appuyé. Des applaudissements éclatèrent. Ledru-Rollin conseilla la prudence: sans armes, sans munitions, engager la lutte était une folie.

Avant de se séparer, la réunion décida de donner pour mot d'ordre l'abstention. A la *Société des saisons*, à la réunion des étudiants, le même soir, les avis pacifiques l'emportèrent. Toute révolte, dans ces conditions, ne paraissait devoir aboutir qu'à une catastrophe, et, dans *la Réforme*, Flocon était l'interprète du sentiment général des chefs en conseillant de « se garder de tout téméraire entraînement ». Il pensait tout autrement le 12 février, si l'on en croit ce que raconte Viennet dans ses *Mémoires inédits:* « Vous allez bien vite, lui dit Flocon, en l'abordant sur le Pont-Royal, et vous avancez terriblement nos affaires. — Moi? — Pas vous personnellement, nous savons les conseils que vous donnez et quel préjudice ils nous auraient fait si on les avait suivis. Mais vos amis vont trop vite. — Est-ce que vous n'êtes pas prêts? — Oh! que si, et vous le savez bien. Nous aurions cependant patienté jusqu'à la mort du roi, et vous nous forcez de presser le mouvement. — Vous ne craignez donc pas la garde nationale? — Elle ne marchera pas contre nous. — Et les troupes? — Leurs fusils ne partiront pas. — Et l'étranger? — Nous lui donnerons assez de besogne chez lui. — Vous êtes donc sûr?... — Que dans dix jours je serai là, me dit-il en me montrant le pavillon de Flore ».

Le 22 février, vers onze heures, il n'y avait à la Madeleine qu'un maigre rassemblement. Le temps était sombre et pluvieux; des étudiants, des ouvriers, venus plutôt en curieux, criaient: *Vive la Réforme!* chantaient *la Marseillaise* et plaisantaient avec les municipaux chargés du service d'ordre. L'après-midi, le déploiement des troupes déchaîna des colères. Les manifestants, massés sur la place de la Concorde, se répandirent dans les différents quartiers et commencèrent à élever des barricades. Dès deux heures, le gouvernement donna l'ordre à la garde nationale d'occuper les points stratégiques. Les défections furent très nombreuses. Ce jour-là, les députés ne crurent pas à l'importance du mouvement et ne prirent aucune décision.

Le 23, la garde nationale persistant à ne pas répondre au rappel et manifestant ses sentiments réformistes et antiministériels, le roi demanda à Guizot sa démission. A cette nouvelle, Paris illumina; tout semblait terminé. A huit heures du soir, le comité électoral démocratique se réunit rue de Choiseul, chez Durant Saint-Amand, en vue de formuler les concessions à exiger du gouvernement. Louis Blanc, au nom du comité, rédigea la pétition à présenter à la signature de tous les citoyens, demandant l'incorporation du peuple tout entier dans la garde nationale, la dissolution de la garde municipale, une loi interdisant l'emploi de l'armée à la compression des troubles civils.

En sortant de cette réunion avec ses amis, il rencontra le funèbre convoi des cadavres du boulevard des Capucines et comprit que c'en était fait de la monarchie. Le lendemain, Paris était couvert de barricades. Le peuple croyait que le gouvernement, en lui annonçant la chute de Guizot, avait voulu le désarmer pour mieux le réduire. La fusillade de la veille lui apparaissait comme le premier acte d'une répression farouche. Dès six heures du matin, Louis Blanc se rendit rue Jean-Jacques-Rousseau, aux bureaux de *la Réforme.* Il y rencontra Etienne Arago, Baune, Fayolle, Lagrange et s'entretint avec eux des mesures à prendre pour coordonner et centraliser les efforts des combattants.

Au *National*, de nombreux conciliabules étaient tenus dans le même but. Dès le 21 février, un des groupes les plus avancés de la gauche, réuni chez Goudchaux, avait envisagé, en cas de réussite d'un soulèvement, la constitution d'un gouvernement provisoire. Les noms de Louis Blanc et Ledru-Rollin avaient été écartés.

Le 24 février, à midi, au bruit de la fusillade, un comité de direction, véritable état-major de l'émeute, est nommé dans les bureaux du *National.* Après discussion, l'accord se fit unanime sur les noms de François Arago, Marie, Garnier-Pagès, Lamartine, Marrast et Odilon Barrot passèrent avec peine. Carnot, Crémieux et Ledru-Rollin ne furent pas désignés. A ce moment Louis Blanc, accompagné de son frère, pénétra dans la salle. Debout sur une table, il adjura les citoyens présents de ne pas constituer de comité de direction sans le concours des hommes de *la Réforme*, sous peine de jeter le pays dans une confusion inextricable, et demanda son adjonction sur la liste.

Sa candidature souleva une violente opposition. On fit remarquer que *la Réforme* avait déjà un représentant, François Arago, et que Louis Blanc effraierait encore plus la bourgeoisie que Ledru-Rollin. Louis Blanc, très affecté, se retira en exprimant le regret de n'avoir pas été compris et la crainte que le refus qu'il venait d'éprouver ne produisît une fâcheuse impression sur les amis de *la Réforme*. Martin de Strasbourg, d'esprit très conciliant, l'accompagna avec l'espoir d'obtenir un rapprochement entre les deux organes.

Devant *la Réforme*, une foule considérable manifestait en faveur de la République. Louis Blanc et Martin, suivis de quelques insurgés, montèrent dans les bureaux du journal, où une quarantaine de personnes étaient réunies. Flocon donna lecture de la liste du *National*. Des protestations accueillirent le nom d'Odilon Barrot. Martin de Strasbourg et Louis Blanc soutinrent que le nom de Barrot était indispensable, que c'était une concession faite à la garde nationale. Ils n'entraînèrent pas l'adhésion des insurgés présents, qui obtinrent l'exclusion de Barrot et l'admission d'Albert, ouvrier mécanicien, membre des sociétés secrètes. Finalement la liste fut ainsi arrêtée: François Arago, Ledru-Rollin, Lamartine, Louis Blanc, Marie, Garnier-Pagès, Marrast, Flocon, Albert.

Cependant Sarrans et Emmanuel Arago quittaient *le National* et allaient à la Chambre notifier aux députés les décisions prises. Emmanuel Arago obtint l'adhésion de Marie, fit circonvenir Lamartine par Bastide, mais se heurta à l'hostilité d'Odilon Barrot, acquis à la duchesse d'Orléans et qui considérait la nomination d'un gouvernement provisoire comme le signal de la guerre civile en France.

Les insurgés, en pénétrant en armes dans la salle des séances, mirent fin aux hésitations d'une Chambre impressionnée par la présence d'une mère et de ses enfants. Lamartine, au milieu du tumulte, proclama membres du gouvernement provisoire: Dupont de l'Eure, Arago, Lamartine, Ledru-Rollin, Garnier-Pagès, Marie, Crémieux.

Suivant la tradition instaurée en 1830, les nouveaux élus se rendirent à l'Hôtel de Ville pour y recevoir l'investiture du peuple. C'est là que vinrent les rejoindre Louis Blanc, Marrast et Flocon. La nuit tombait. Louis Blanc, en uniforme de garde national, harangua la foule. Il se prononça nettement pour la République. Il dit que le but principal d'un vrai républicain était d'affranchir le peuple en le délivrant de ce double esclavage: l'ignorance et la misère. Des cris de *Vive la République!* lui répondirent, et un ouvrier le félicita d'avoir posé la question sous son vrai jour.

Ainsi Louis Blanc arrivait au pouvoir porté sur les épaules du peuple. Il avait connu la misère, senti peser sur lui le poids de la société. Encore enfant, dans l'exaspération du désespoir, il s'était juré que, s'il était appelé un jour à régler les conditions de l'ordre social, il n'oublierait pas ce qu'il avait souffert. Depuis, il était sorti de l'ombre. Parvenu par son talent de journaliste à la notoriété, ses deux ouvrages, l'*Organisation du travail* et l'*Histoire de dix ans*, avaient consacré sa renommée. De toute son autorité accrue, il avait assigné comme but au parti républicain, suivant la tradition des montagnards de 1793, « l'amélioration physique, intellectuelle et morale de la classe la plus nombreuse ». Disciple de Jean-Jacques Rousseau et de Robespierre, nourri du *Contrat social* et de la *Déclaration de 93*, ayant de Jean-Jacques l'ardeur généreuse, la simplicité, la sensibilité; de Robespierre la correction, l'austérité, le désintéressement, il entrait au gouvernement avec la ferme intention d'y réaliser les idées nettement arrêtées dans son esprit, idées dont l'application devait, selon lui, rétablir l'ordre et soulager les misères du peuple.

II

LA DOCTRINE

Comme tous les réformateurs, Louis Blanc croit à la bonté de la nature humaine, à l'avènement de l'égalité absolue, dernier terme du progrès. Dans le passé, matérialistes païens et spiritualistes catholiques ont été des oppresseurs, les uns en faisant des esclaves, les autres en prêchant aux pauvres la théorie de la résignation; mais l'humanité ne saurait être la victime éternelle d'un étrange combat entre la chair et l'esprit. Une harmonie peut et doit s'établir. La formule du progrès double dans son unité peut s'exprimer ainsi: « Amélioration morale et matérielle du sort de tous par le libre concours de tous et leur fraternelle association ». Ce qui peut se traduire: Emancipation du travailleur par la réalisation progressive et pratique de la devise *Liberté, Egalité, Fraternité*, en supprimant la concurrence.

A l'entrée de la terre promise se dresse, en effet, ce monstre horrible, la concurrence, ennemie de la liberté, puisqu'elle arrête les plus faibles dans le développement de leurs facultés et les livres aux plus forts; ennemie de l'égalité, puisqu'elle n'est que l'inégalité mise en mouvement; ennemie enfin de la fraternité, puisqu'elle n'est qu'un combat.

C'est donc contre la concurrence que Louis Blanc va tenter son gros effort.

Partant du principe que, dans la société, tous les intérêts sont solidaires, il se propose de prouver: 1° que la concurrence est pour le peuple un système d'extermination; 2° que la concurrence est pour la bourgeoisie une cause sans cesse agissante d'appauvrissement et de ruine.

Et d'abord il pose la question: « Le pauvre est-il un membre ou un ennemi de la société? Qu'on réponde! » Trouvant la terre occupée, il ne peut la semer ni en récolter les fruits; il ne peut non plus tendre la main ni coucher dans la rue, les lois s'y opposent. Il dira: « J'ai des bras, une intelligence. Tenez, prenez tout cela et en échange donnez-moi un peu de pain ». Mais si l'on répond que l'on n'a pas de travail à lui donner, que voulez-vous qu'il fasse? Admettre le droit à l'assistance et nier le droit au travail, c'est reconnaître à l'homme le droit de vivre improductivement, quand on ne lui reconnaît pas celui de vivre productivement; c'est consacrer son existence comme charge, quand on refuse de la consacrer comme emploi, ce qui est d'une remarquable absurdité.

Il est donc nécessaire d'assurer du travail aux pauvres. Est-ce possible? Sous le régime de la concurrence, non, car le chômage causé par les progrès du machinisme, l'exode des campagnes vers les villes, l'accroissement de la population amènent la baisse continuelle des salaires. En effet, qu'est-ce que la concurrence relativement aux travailleurs, sinon le travail mis aux enchères? « Un entrepreneur a besoin d'un ouvrier. Trois se présentent: Combien pour votre travail? — Trois francs: j'ai une femme et des enfants. — Bien, et vous? — Deux francs et demi: je n'ai pas d'enfants, mais j'ai une femme. — A merveille. Et vous? — Deux francs me suffiront: je suis seul. C'en est fait. Marché conclu... Vienne un quatrième travailleur assez robuste pour jeûner deux jours l'un, la pente du rabais sera descendue jusqu'au bout. » Les prolétaires vendront finalement leur force de travail juste le prix nécessaire pour pourvoir à leur entretien et à leur reproduction. C'est la loi d'airain, ainsi dénommée par Lassalle, mais qui avait déjà été formulée par Turgot: « En tout genre de travail, il doit arriver et il arrive que le salaire de l'ouvrier se borne à ce qui lui est nécessaire pour lui procurer sa subsistance ». Avec Malthus, Louis Blanc constate la tendance des populations à s'accroître plus rapidement que les subsistances. Il fait un tableau sombre de la misère et de son cortège de vices et de crimes, l'ivrognerie du père, la déchéance morale et physique des enfants, condamnés dès leur jeune âge aux durs travaux de l'usine. Ainsi, sous le régime individualiste, le travail est une marchandise, l'ouvrier une machine vivante qui a tout juste de quoi manger, et le peuple une classe qui ne doit pas dépasser le nombre dont on a besoin. Aux économistes comme Smith et Say, qui résument dans le mot *bon marché* les bienfaits de la concurrence, Louis Blanc répond que le bon marché procure sans doute aux consommateurs un bénéfice, mais c'est un bénéfice momentané, prélevé sur la production. Dès que la lutte se termine par la victoire du plus riche industriel sur ses rivaux, les prix remontent; car, de même que la concurrence conduit au monopole, le bon marché conduit à l'exagération des prix, d'où diminution de la consommation sans que la production se ralentisse et abaissement inévitable des salaires. Le producteur veut en effet distancer ses rivaux, ne pas laisser périr la valeur de son matériel. Dans cet immense jeu du hasard qu'est l'industrie sous le régime de la concurrence, il espère toujours que la chance lui sera favorable. Lorsqu'elle boude, il se rattrape de ses pertes sur le salaire élastique de l'ouvrier, à moins que, pour avoir trop produit sans débouchés assurés, il ne soit lui-même entraîné dans la ruine.

Proposer, comme *le Constitutionnel* et *le Courrier français*, « de compléter la liberté absolue de l'industrie par la liberté absolue du commerce », ce n'est pas empêcher les malheurs de la guerre, mais agrandir le champ de bataille. Greffer l'association sur la concurrence, « c'est remplacer les eunuques par les hermaphrodites. L'association ne constitue un progrès qu'à la condition d'être universelle ». Remplacer la lutte d'individu à individu par une lutte d'associations, ce n'est pas résoudre le problème.

Le monde agricole n'a rien à envier au monde industriel. Même lutte impitoyable, même désordre. Les petits propriétaires, dépourvus de capitaux, sont condamnés à être absorbés par les grands propriétaires.

« Ainsi les fabriques écrasant les métiers; les magasins somptueux absorbant les magasins modestes; l'artisan qui s'appartient remplacé par l'ouvrier qui ne s'appartient pas; l'exploitation par la charrue dominant l'exploitation par la bêche et faisant passer le champ du pauvre sous la souveraineté honteuse de l'usurier; les faillites se multipliant; l'industrie transformée par l'extension mal réglée du crédit en un jeu où le gain de la partie n'est assuré à personne, pas même au fripon; et enfin ce vaste désordre si propre à éveiller dans l'âme de chacun la jalousie, la défiance, la haine, éteignant peu à peu toutes les aspirations généreuses et tarissant les sources de la foi, du dévouement, de la poésie..., voilà le hideux et trop véridique tableau des résultats produits par l'application du principe de la concurrence. »

Quel remède à tant de maux?

Proclamer d'abord la nécessité de la révolution politique, révolution qui profitera à tous et qui peut s'accomplir pacifiquement par le jeu du suffrage universel, c'est-à-dire par l'élection d'une assemblée socialiste. L'Etat, assemblée des mandataires du peuple, responsables, révocables et choisis par tous pour formuler en lois la volonté de tous, peut seul prendre efficacement l'initiative de la réforme économique de la société. Ce n'est pas trop de sa toute-puissance pour changer la base et la nature des rapports entre les hommes. Ne pas prendre l'Etat comme instrument, c'est l'avoir comme obstacle. Mais l'Etat ne doit rien avoir de tyrannique; il doit être tutélaire, généreux, dévoué, pénétré de cette parole de l'Evangile: « Que le premier d'entre vous soit le serviteur de tous les autres ». L'Etat maître devient serviteur par l'établissement du suffrage universel. Il n'y a pas de despotisme dans une démocratie où le principe de la souveraineté du peuple est non seulement reconnu, mais réalisé par le suffrage universel. L'individu exécutera de bonne grâce les décisions qu'il aura contribué à prendre. Après le coup de force de Napoléon, Louis Blanc continue à déclarer « qu'en dehors de la souveraineté du peuple s'exerçant par le suffrage universel, il ne saurait y avoir que violence et anarchie »; mais la majorité ne lui semble plus être toujours dans le vrai. Il prévoit les votes « émis au mépris de l'évidence, au mépris de la conscience », et proclame la nécessité « d'un pacte permanent, fondamental, supérieur aux simples lois, et que les majorités seront tenues de respecter sous peine de dégager elles-mêmes de toute soumission à leur égard les minorités ». Il déclare supérieurs au droit des majorités et inviolables « la liberté de la presse, la liberté de conscience, la liberté d'association, le droit de réunion, le droit au travail et, en général, toutes les garanties qui permettent à une minorité de devenir majorité à son tour, pourvu qu'elle ait raison et qu'elle le prouve ». L'Etat doit intervenir en faveur de la faiblesse, devenir le banquier des pauvres, fournir les instruments de travail. Il est à prévoir du reste qu'un jour il ne sera plus besoin d'un gouvernement fort et actif, parce qu'il n'y aura plus dans la société de classes inférieures et mineures.

Le corps humain est le modèle proposé à l'imitation des hommes par la nature elle-même, modèle dont la reproduction fidèle dans l'organisme social serait l'expression suprême du génie de la politique. Dans le corps humain, chaque membre, sous la loi d'une solidarité parfaite et d'une dépendance mutuelle, est tout à la fois libre et serviteur des autres. Pas un qui, « dans l'accomplissement de sa fonction spéciale, soit tenu au delà de ce qu'il peut. *De chacun suivant ses facultés!* Pas un qui, pour l'accomplissement de sa fonction spéciale, reçoive moins que ce qui lui est nécessaire. *A chacun selon ses besoins!* C'est l'image de l'égalité. Le pied ou la main viennent-ils à être affectés d'une manière fâcheuse, tout le corps souffre. C'est l'image de la fraternité. La tête préside à l'harmonie des mouvements et assure l'unité sans en tirer avantage pour mépriser les autres membres ou absorber à son profit la part de bien-être qui leur est due. Son pouvoir consiste à *servir* le corps entier. »

C'est pénétré de ce modèle que Louis Blanc étudie l'homme vivant en société. Il discerne en lui deux choses: des facultés et des besoins.

Les facultés sont l'indication fournie par la nature de ce que l'homme doit à la société. « La supériorité d'intelligence ne constitue pas plus un droit que la supériorité musculaire, elle ne crée qu'un devoir. Il doit plus, celui qui peut davantage, voilà son privilège! » Pour être à même d'exercer pleinement ses facultés, le pauvre sera émancipé des institutions sociales qui pèsent sur lui. Sans doute, depuis 1789, il a le *droit* d'améliorer sa position; qu'importe s'il n'en a pas le *pouvoir?* Actuellement ne sont libres que ceux qui sont en possession du sol, du numéraire, du crédit, de l'instruction. La société, ayant un intérêt suprême à ce que le travail de chacun de ses membres soit aussi productif que possible, devra décréter, suivant la formule de Michel Lepeletier, l'éducation commune, obligatoire et gratuite permettant à l'esprit de se déployer, aux vocations de se manifester et à chacun d'être employé, non plus d'après le hasard de la naissance, mais suivant les indications de la nature. A tous elle donnera les instruments de travail sans lesquels l'activité humaine ne peut s'exercer. Une fois ces moyens assurés, « de chacun suivant ses facultés, là est le devoir ».

Mais, avec des facultés, l'homme a des besoins; ces besoins, dans la limite des ressources communes, doivent être satisfaits. Les hommes respirent suivant la capacité de leurs poumons. A l'objection que l'atmosphère est en quantité infinie, Louis Blanc répond que le mouvement de la science, le progrès des arts, les découvertes du génie, l'asservissement des forces de la nature à l'industrie par les machines reculent sans cesse les bornes du pouvoir de l'homme et promettent une extension indéfinie à son domaine. « A chacun selon ses besoins, là est le droit. »

Ainsi, il est dû davantage à celui qui a le plus de besoins et il est permis d'exiger davantage de celui qui a le plus de facultés. Mais comment *mesurer* un besoin? Par son degré d'intensité. Dans une société éclairée, la règle des aptitudes serait fournie par l'éducation; la limite des besoins indiquée par la nature et assignée par la morale. Nous cessons de manger quand nous n'avons plus faim. Sans doute la civilisation a créé des besoins factices qui donneront lieu tout d'abord à d'injustes exigences; mais ils ne tarderont pas à disparaître sous un régime d'association fraternelle. Dans la famille, les enfants donnent ce qu'ils peuvent, reçoivent proportionnellement à ce qu'il leur faut; ou, si l'on rejette cet exemple à cause des liens que crée le sang, dans un club, chaque membre n'a-t-il pas le libre usage de toutes les commodités qui sont offertes: salle de billard, bibliothèque, journaux, fumoir? Chacun n'en profite-t-il pas à son gré, jouant, lisant ou fumant? « Un club est la mise en pratique du socialisme sur une petite échelle, son objet et son résultat étant de fournir à tous les membres qui le composent l'égale satisfaction de leurs besoins inégaux. »

Ces principes posés, Louis Blanc entend ainsi réaliser sa formule. Le gouvernement lèvera un emprunt pour l'achat d'instruments de travail et en affectera le produit à la création d'ateliers sociaux dans les branches les plus importantes de l'industrie. Il en rédigera les statuts qui, votés par la représentation nationale, auront force de loi. Dans ces ateliers ne seront admis que les ouvriers présentant des garanties de moralité. La hiérarchie des fonctions sera réglée, la première année par l'Etat, les années suivantes par l'élection. Chacun travaillera avec d'autant plus d'ardeur qu'il aura choisi lui-même, sans contrainte, son genre de travail. L'homme est naturellement porté à l'action et s'ennuie dans la paresse. « Ce sont nos institutions arbitraires qui, créant un état d'opulence pour les uns et de labeur écrasant pour les autres, ont d'une part amené la mollesse et d'autre part l'éloignement du travail forcé. »

Les travailleurs recevront des salaires égaux; la diversité des aptitudes, qui règle la hiérarchie des fonctions, ne saurait légitimer de différences de rétribution. Sous le principe d'égalité fondront les jalousies et seront écartées des emplois de direction les candidatures médiocres suscitées par la convoitise. Dans tous les ordres de fonctions publiques, il y a déjà égalité de salaire. Au Parlement, « les orateurs les plus renommés se trouvent, en fait de rémunération, juste au niveau d'hommes munis d'un fort léger bagage de mérite ».

Cette égalité de salaire ne tuera pas l'émulation. Sans doute l'intérêt personnel est un stimulant énergique; mais il ne faut pas juger des stimulants seulement d'après leur puissance, leur moralité doit compter aussi. Actuellement, les travailleurs agissent en égoïstes, parce qu'ils n'ont aucune raison d'établir entre eux « le point d'honneur du travail ». Dès qu'ils seront associés, la paresse sera parmi eux marquée d'infamie, comme la lâcheté dans l'armée. Il suffira de planter dans chaque atelier un poteau avec cette inscription:

« Dans une association de frères qui travaillent, tout paresseux est un voleur! » On a bien persuadé à des hommes qu'il était beau de risquer leur vie sur les champs de bataille et de tuer, et « la gloire qui leur rend si facile le suprême sacrifice ne suffirait pas à les encourager au travail, qui est la destinée même? Soutenir le contraire serait calomnier la nature humaine ». Du reste, dans les ateliers sociaux, la part de l'intérêt personnel est faite, puisque chaque travailleur participe au bénéfice. L'émulation n'est pas détruite, mais purifiée. Le stimulant individuel ne perd pas de son énergie et devient moral.

En attendant qu'une éducation nouvelle ait changé les idées et les mœurs, Louis Blanc se résigne à regret, comme mesure transitoire, à accepter que la différence des salaires soit graduée suivant la hiérarchie des fonctions. Il laisse à chacun le droit de disposer à sa convenance du fruit de son travail, mais avec la conviction que « l'évidente économie et l'incontestable excellence de la vie en commun ne tarderont pas à faire naître, de l'association des travaux, la volontaire association des besoins et des plaisirs ».

Dans l'association ainsi constituée, les capitalistes pourront prendre place; ils toucheront l'intérêt du capital versé. On le leur paiera: 1° parce qu'il importe que les ateliers sociaux ne repoussent aucun des moyens qui sont de nature à favoriser leur développement; 2° parce que, dans un projet qui doit rénover la société tout entière, il importe que les capitalistes soient sollicités aussi vivement que possible à entrer dans l'association générale, de manière que la concentration de toutes les forces éparses s'opère avec rapidité. Ménager les capitalistes, ce n'est pas seulement transiger avec des préjugés, c'est préparer l'avenir sans rompre violemment avec le passé. Le capital collectif s'accroissant, les travailleurs deviennent de plus en plus indépendants; les occasions de placement individuel de jour en jour diminuent, la tyrannie du capital est frappée au cœur.

Les capitalistes participeront en la seule qualité de travailleurs aux bénéfices, divisés en quatre parties: un quart affecté à l'amortissement du capital avancé par l'Etat; un quart réparti également entre tous les membres de l'atelier; un quart consacré à l'établissement d'un fonds de secours pour les vieillards, les malades et les blessés; un quart enfin destiné à alléger les crises industrielles et à acheter des instruments de travail à tous ceux qui voudront entrer dans l'association.

C'est avec l'arme même de la concurrence que Louis Blanc tue la concurrence. L'atelier social type entrera dès sa constitution en « sainte concurrence » avec l'industrie privée et l'amènera insensiblement à composition. La lutte ne sera pas subversive, car l'Etat, protecteur-né de tous, veillera, pour ne pas bouleverser l'industrie, à ce que ses produits ne descendent pas à un niveau trop bas. Elle sera brève, car l'atelier social aura sur tout atelier individuel l'avantage qui résulte des économies de la vie en commun et d'un mode d'organisation où tous les travailleurs sans exception sont intéressés à produire vite et bien.

Les ateliers sociaux, par l'irrésistible attrait de leur puissante source d'avantages pour les sociétaires, travailleurs et capitalistes, ne tarderont pas à absorber, sans brutalité, sans secousses, les ateliers individuels. L'Etat se substituera aux entrepreneurs qui lui offriront leurs établissements et les indemnisera en leur souscrivant des obligations portant intérêt, hypothéquées sur la valeur même des établissements cédés et remboursables par annuités ou par amortissement. Comme il serait absurde de laisser subsister la concurrence entre les corporations après l'avoir tuée entre les individus, à l'image des grandes banques qui ont un établissement principal et des succursales, le gouvernement, dans chaque branche de l'industrie qu'il sera parvenu à dominer, instituera un atelier central dont relèveront tous les autres en qualité d'ateliers supplémentaires.

La production deviendra rationnelle et proportionnelle à la consommation. L'invention d'une machine, au lieu d'être considérée comme une calamité, contribuera au progrès universel, car cette machine profitera immédiatement à tous et suppléera au travail sans supprimer le travailleur. Les enfants de six à huit ans, au lieu de s'étioler dans les manufactures, iront se développer à l'école gratuite, commune, obligatoire. Les femmes et les jeunes filles rempliront des tâches proportionnées à leurs forces; le travail de nuit leur sera interdit. Le commerce cessera d'être le ver rongeur de la production. Plus d'intermédiaires, plus de fraudes. Partout où les besoins de la consommation l'exigeront, les industries auront des magasins et des dépôts où chacun pourra s'approvisionner en produits de bonne qualité.

Les banques seront supprimées. Jusqu'ici, elles n'étaient venues qu'au secours de la richesse. Qu'aurait-on désormais besoin d'elles, puisque l'Etat fournit à tous le crédit, c'est-à-dire les instruments de travail? Ainsi, à l'intérieur, ordre et harmonie, suppression de rouages inutiles.

A l'extérieur, la fraternité, rapprochant les peuples après avoir rapproché les individus, finira par rendre la guerre impossible et aboutira à la suppression des armées. Un jour, « à la diplomatie honteuse, lutte d'hypocrisie, de mensonges, de bassesses ayant pour but le partage des peuples entre quelques brigands heureux, on substituera un système d'alliances fondé sur les nécessités de l'industrie et les convenances réciproques des travailleurs dans toutes les parties du monde ». Partisans et adversaires du système prohibitif seront mis d'accord, car établir une solidarité entre toutes les industries *indigènes*, c'est couper court à toutes les entreprises insensées que le caprice ou l'égoïsme individuel engendre et qu'il faut ensuite protéger aux dépens des intérêts légitimes.

Ainsi, selon Louis Blanc, sera réalisée la solidarité générale: solidarité de tous les travailleurs dans un même atelier, solidarité des ateliers dans une même industrie, solidarité des industries diverses, celles qui prospèrent venant fraternellement en aide à celles qui périclitent.

Quittant l'usine et l'atelier, Louis Blanc jette un regard sur la démocratie rurale, qui peine si durement. Pour tirer du sol la plus grande somme possible de richesses, il préconise hardiment l'adoption du système de la grande culture. Sans doute le sol doit appartenir à celui qui le cultive; le système des paysans propriétaires est préférable au régime des paysans journaliers. Mais n'est-il pas permis de concevoir la multiplication des propriétaires autrement que par la multiplication des parcelles? Oui, par l'association qui rendra le travail attrayant au cultivateur et lui permettra d'approprier les cultures aux terrains.

L'Etat, abolissant à son profit les successions collatérales, procédera à l'achat de terrains et de mobilier et établira progressivement un atelier social agricole par département. L'atelier, réunissant deux cent cinquante individus formant cinquante familles, pourra être installé sur une superficie de 500 hectares. Des travaux de tissage, de forge, de serrurerie, de menuiserie, de charpente y seront effectués pendant les loisirs de l'hiver. Un directeur nommé par l'Etat, assisté d'un conseil de six membres, fixera la durée du travail, le distribuera suivant les aptitudes, surveillera la comptabilité, réglera les transactions. Sans un vote favorable, nul ne pourra être admis dans l'association. Pour en faire partie, les propriétaires devront lui vendre leur bien. L'expulsion sera prononcée par les trois quarts des voix contre ceux qui n'accompliront pas leur tâche.

Les familles associées seront logées dans le même bâtiment, mais chacune y occupera un appartement particulier. Liberté de prendre les repas en commun ou chez soi. Pas de gages. L'association pourvoira aux besoins de ses membres: nourriture, vêtements, mobilier, ou en donnera la valeur représentative. Les bénéfices seront répartis comme dans les ateliers industriels. « Comment n'y aurait-il pas rayonnement et absorption volontaire, écrit Louis Blanc, lorsqu'on verrait se produire, au sein des associations agricoles, tout ce que la propriété collective comporte de fécond et d'attrayant; lorsque, au lieu de cette foule de chaumières sales, obscures, infectes, où le régime d'individualisme parque une à une ses victimes, on verrait s'élever de vastes et somptueux bâtiments, pleins d'air, accessibles au soleil, distribués en autant de logements particuliers qu'il y aurait de familles, avec salles de lecture et de réunion, bibliothèques, et tout ce qui tend, par l'agrément des relations désirées, à donner encore plus de prix au charme de la vie intime?

« La révolution aurait-elle beaucoup de peine à se faire accepter par ceux qui, aujourd'hui, faute de la connaître, calomnient d'avance son avènement et renvoient dans la région des chimères les esprits avides de ses bienfaits? »

Telle est, en substance, la doctrine de Louis Blanc. Au point de vue politique, il agrandit l'Etat, le pouvoir, le gouvernement, dont il veut se servir comme du grand levier de la révolution. Mais Etat et liberté sont, dans son esprit, deux termes corrélatifs: l'Etat-Maître devient l'Etat-Serviteur. Cette conception s'oppose à celle de Proudhon, pour qui l'exploitation de l'homme par l'homme et le gouvernement de l'homme par l'homme ne sont qu'une même proposition. Par la négation de la propriété, Proudhon arrive à celle de l'autorité. Il nie l'Etat, le gouvernement, affirme la personnalité et l'autonomie des masses qui, « par la réforme économique, par la solidarité industrielle et l'organisation du suffrage universel, passent de la Spontanéité à la Réflexion et à la Conscience..., se comportent sans maîtres ni serviteurs, sans délégués comme sans aristocrates, absolument comme ferait un individu ». Contrairement à Louis Blanc et aux radicaux, Proudhon donne, comme but à poursuivre, la révolution politique, c'est-à-dire l'abolition de l'autorité parmi les hommes, et, comme moyen, la révolution sociale. Sa profession de foi se résume en ces mots : « Plus de partis, plus d'autorité, liberté absolue de l'homme et du citoyen ». Mais, après avoir affirmé avec éclat la doctrine de l'anarchie, Proudhon s'attira les sarcasmes de Louis Blanc en proposant, sous le nom de Gouvernement Provisoire, la centralisation de toutes les fonctions et de toutes les facultés.

Au point de vue social, la doctrine de Louis Blanc découle particulièrement des travaux de Mably et de Morelly, dont s'était déjà si fortement inspiré Babeuf. N'est-elle pas tout entière en germe dans Morelly, ainsi qu'il résulte de cette substantielle analyse de Villegardelle: « Maintenir l'unité indivisible du fonds et de la demeure commune; établir l'usage commun des instruments de travail et de production; distribuer les travaux selon les forces, les produits selon les besoins; conserver autour de la cité un terrain suffisant pour nourrir les familles qui l'habitent; réunir mille personnes au moins, afin que, chacun travaillant selon ses forces et ses facultés, consommant selon ses besoins et ses goûts, il s'établisse, sur un nombre suffisant d'individus, une moyenne de consommation qui ne dépasse pas les ressources communes et une résultante de travail qui les rende toujours assez abondantes; n'accorder d'autre privilège au talent que celui de diriger les travaux dans l'intérêt commun et ne pas tenir compte, dans la répartition, de la capacité, mais seulement des besoins qui préexistent à toute capacité et lui survivent; ne pas admettre les récompenses pécuniaires, parce que le capital est un instrument de travail qui doit rester entièrement disponible aux mains de l'administration, parce que toute rétribution en argent est inutile ou nuisible ». Avec tous les communistes, Louis Blanc demande l'absorption des terres et des capitaux par l'Etat au profit de la communauté, l'assujettissement de tous au régime de l'égalité, qui ne peut être conservée que par l'association, régime sous lequel les hommes réunis peuvent se procurer, avec le moins possible de peine, le plus possible de jouissances.

Comme Charles Fourier, il propose un phalanstère aux habitants des campagnes, a recours à l'élection pour la hiérarchie et réhabilite le travail, qui n'est plus pénible lorsque, exécuté en commun, il correspond aux aptitudes de chaque individu.

Comme Saint-Simon, il donne à l'Etat l'initiative des réformes, réclame l'abolition de la propriété individuelle, fait de l'individu un rouage dans la grande machine sociale. Mais, alors que Saint-Simon confie à un législateur, sorte de loi vivante tirant son pouvoir de l'adhésion toute volontaire des gouvernés, le soin de réglementer minutieusement l'industrie dans tous ses détails, Louis Blanc s'écarte de cette conception, d'où peut naître à la fois impossibilité d'action et possibilité de tyrannie. L'Etat, « réunion de gens de bien choisis par leurs égaux », n'est chez lui que « le commanditaire et le législateur des associations ». Il se borne à mettre la machine en mouvement et à en surveiller le fonctionnement. La hiérarchie saint-simonnienne lui paraît nécessaire et féconde, mais il juge la rétribution par capacités funeste et en contradiction avec le but indiqué par Saint-Simon : « Association universelle fondée sur l'amour ».

« Est-ce la formule : *A chacun selon ses œuvres* ou celle : *A chacun suivant ses besoins* que les yeux de l'âme lisent sur la porte des collèges où l'on élève les enfants, des hôpitaux où l'on panse les blessés, des hospices où l'on recueille les vieillards, des maisons où l'on recueille les fous ? »

Pour l'héritage, Louis Blanc, moins hardi que Saint-Simon, n'en préconise d'abord que la suppression en ligne collatérale, mais avec la pensée d'en arriver à la suppression complète. Quel intérêt aurait un père à assurer à son fils la position de capitaliste, la seule qui soit sûre aujourd'hui, quand la société sera devenue une grande famille où une place sera marquée pour tous les hommes de bonne volonté ?

Ainsi il n'y a pas, à proprement parler, d'idées nouvelles dans la doctrine de Louis Blanc. Son succès est dû à ce qu'elle est venue à son heure, dans un milieu surchauffé, admirablement préparé par les troubles de l'industrie et les campagnes de presse, et qu'elle a été exposée sans prétention scientifique, dans un langage clair, en formules nettes, à la portée de tous. Louis Blanc comprit que le socialisme ne pouvait être fécondé que par la politique. Jusqu'ici les créateurs de sociétés chimériques n'avaient pas opéré d'alliances avec les passions populaires. Saint-Simon et Fourier étaient demeurés indifférents à la politique. Morelly écrivait : « Monarchie, aristocratie et démocratie sont également admissibles et peuvent également être bonnes, car les difficultés ne viennent, dans le gouvernement, que des désaccords qui résultent de la propriété et de l'intérêt et des erreurs qui en sont nées ». Louis Blanc n'est pas seulement un rêveur, c'est un homme d'action. En même temps qu'il donne une forme intellectuelle et savante aux revendications du peuple, de toute la profondeur de sa conviction, il combat pour la République.

Au lendemain de la chute de la monarchie, « assurer le régime représentatif, tendre à ce que l'Etat, grâce au suffrage universel, devienne le serviteur du peuple, faire de chaque citoyen un fonctionnaire dont l'emploi sera déterminé par ses aptitudes, dont la rémunération sera déterminée par ses besoins, conformément aux lois de la raison, de la justice et de la nature », tel sera le but qu'il cherchera à réaliser, invariablement fidèle à lui-même.

III

LES PREMIERS ACTES DU GOUVERNEMENT PROVISOIRE

Il faisait nuit quand les membres du gouvernement, proclamés à la Chambre, arrivèrent à l'Hôtel de Ville. Ils trouvèrent les couloirs envahis par une foule en armes. Dans les salles, des orateurs improvisés demandaient la proclamation de la République. Lamartine essaya de soutenir que le droit de se prononcer sur le gouvernement ne devait pas être le privilège d'une minorité. Il fut interrompu par des murmures et des menaces. Ses collègues et lui, protégés par des élèves de l'Ecole polytechnique, trouvèrent un refuge dans le salon de réception qui faisait suite à la salle du trône, alors inachevée. Au milieu du bruit, Lamartine, chargé d'exposer la ligne de conduite du gouvernement, se prononça pour l'adoption, à titre provisoire, de la forme républicaine et envoya son manuscrit à l'Imprimerie nationale. Puis les ministères furent distribués. Pagnerre et Bixio s'élevèrent alors contre la proclamation de la République, véritable usurpation des droits de la France. Ils furent appuyés par Dupont de l'Eure, Arago et Marie. Lamartine et Garnier-Pagès se laissèrent convaincre. On décida de remanier la proclamation, que Bixio et Pagnerre allèrent chercher à l'imprimerie.

A ce moment, des cris de: *Vive la République sociale!* retentissent. Louis Blanc, Marrast et Flocon entrent dans la salle. Dès qu'ils eurent pris place à la table-bureau du gouvernement, Marrast dit à Louis Blanc et à Flocon: « Nous ne sommes plus ici journalistes; oublions nos querelles. — Oui, reprit Flocon, l'intérêt public nous en fait un devoir ». Et tous trois s'embrassèrent avec effusion.

Cependant les membres du gouvernement les regardaient avec étonnement : « Que viennent-ils faire ici? » murmura Crémieux. — Je l'ignore, répondit Lamartine ». Louis Blanc rompit le silence : « Vous avez été acclamés par le peuple au Palais-Bourbon, dit-il ; nous avons été acclamés par le peuple aux bureaux de *la Réforme*. Les uns et les autres nous sommes venus chercher à l'Hôtel de Ville l'investiture de notre autorité ; nos droits sont égaux. Délibérons. »

Arago montra de l'humeur. Il avait encouragé Louis Blanc à ses débuts dans la vie politique. Cette sommation impérieuse lui parut une irrévérence. « Sans doute, monsieur, répliqua-t-il, nous allons délibérer, mais pas avant que vous soyez sorti. » Louis Blanc s'emporta : « Je vous connais, reprit-il, vous êtes les La Fayette de 1848 ; mais vous sauterez par les fenêtres avant que nous sortions par cette porte. Songez bien à cela ! »

Garnier-Pagès s'interposa et dit avec bonhomie : « Ces messieurs seront les secrétaires du gouvernement ».

Pensant que ce titre leur était donné en raison de leur qualité de journalistes, les nouveaux venus s'inclinèrent. Mais, comprenant bientôt qu'on avait voulu leur donner un rang subalterne, ils firent effacer du *Moniteur*, dès le 26, écrit Louis Blanc, cette qualification « sans discussion, sans réclamation, comme une chose toute simple, comme une chose de droit ». Garnier-Pagès donne une autre version. Il prétend avoir dit à Louis Blanc « qu'on s'était engagé à l'accepter comme secrétaire, et qu'on s'en tenait purement et simplement à cette proposition. » Louis Blanc aurait refusé, puis accepté, en demandant l'adjonction d'Albert.

L'incident clos, la délibération au sujet de la proclamation de la République fut reprise. Lamartine donna lecture d'un nouveau texte : « Bien que le Gouvernement provisoire agisse au nom du peuple français et qu'il préfère la forme républicaine, ni le peuple de Paris, ni le Gouvernement provisoire ne prétendent substituer leur opinion à l'opinion des citoyens, qui seront consultés sur la forme définitive du gouvernement qui proclamera la souveraineté du peuple. »

Louis Blanc blâma cette rédaction qui laissait, dit-il, des espérances à la régence orléaniste, au prétendant légitimiste et même au bonapartisme. Le Gouvernement provisoire, ne tenant ses pouvoirs que du peuple, ne pouvait et ne devait être que républicain. Si la province votait pour la monarchie, le peuple aurait encore une fois versé son sang en pure perte. Non, le suffrage

Phot. Hachette

Les Membres du Gouvernement Provisoire

Lithographie anonyme, Bibliothèque Nationale, Estampes

universel n'avait pas le droit d'abolir la seule forme de gouvernement compatible avec le suffrage universel. La République était un fait, il n'y avait qu'à le reconnaître.

Irrité par la contradiction et par le ton fougueux de l'orateur, Arago lui lança cette apostrophe: « Eh! monsieur, j'étais républicain avant que vous fussiez né ». Il voulut se retirer. On le retint. Ledru-Rollin et Flocon appuyèrent Louis Blanc. La majorité riposta que Paris n'était pas la France et que la tâche du gouvernement, qui n'avait reçu aucun mandat, était de prévenir l'anarchie et de mettre le peuple à même d'exercer ses droits.

Tandis que la discussion se poursuivait très animée, au dehors la foule réclamait à grands cris la République et venait battre la porte du petit cabinet long et étroit où siégeait le gouvernement.

Tour à tour Crémieux, Marie, Lamartine, Garnier-Pagès étaient sortis et avaient réussi à calmer les impatiences, quand tout à coup une poussée plus violente se produisit. Malgré la barricade de meubles qui la renforçait, la porte céda; un étudiant, Lavarenne, se fraya un passage et, au nom de la foule qui le suivait, réclama la proclamation immédiate de la République. Louis Blanc tira parti de l'incident: « Dites donc à ces messieurs, s'écria-t-il, vous qui venez du dehors, dites-leur ce qui se passe; ils vous croiront peut-être! »

Lamartine se proposa pour aller haranguer le peuple dans la salle Saint-Jean, où les esprits commençaient à s'échauffer. Accueilli par des manifestations diverses, il définit la République telle qu'il l'entendait et parla vaguement du droit qu'a le pays tout entier de se donner cette glorieuse forme de gouvernement amenée par la raison des siècles. Il fut applaudi: n'avait-il pas parlé de la République? Mais, dès qu'il fut sorti, la salle Saint-Jean fut envahie par une colonne venue du faubourg Saint-Antoine. Un groupement des « délégués du peuple » chargé de « veiller à ce que la République fût proclamée sans arrière-pensée », fut constitué sous la présidence de Drevet père, négociant.

Le gouvernement semblait prisonnier de l'émeute. Louis Blanc comprit que, pour prévenir des incidents graves, il fallait mettre fin à l'indécision. Escorté par des élèves de l'Ecole polytechnique, il descendit sur la place de Grève et, monté sur une table, à la lueur des torches, il cria: « Le Gouvernement provisoire veut la République ». Ces mots furent accueillis par des acclamations délirantes.

La République était devenue un fait. Le gouvernement rentra dans la salle de ses séances, et une dernière délibération s'ouvrit. « Tout débat est plus qu'inutile, dit Ledru-Rollin, soutenu par Flocon; il faut sans hésiter proclamer nettement, fermement, tout de suite la République. »

Louis Blanc parla dans le même sens: le peuple victorieux avait reconquis ses droits, le gouvernement ne pouvait pas refuser de les reconnaître en ne proclamant pas la République, seule capable de les établir. La Révolution devait cette fois avoir toutes ses conséquences sociales: le suffrage universel, l'éligibilité de tous les citoyens. Tarder à proclamer la République, c'était soulever l'indignation populaire et la guerre civile. Garnier-Pagès, Marie, Arago, Dupont de l'Eure maintinrent leurs réserves. Crémieux, que Lamartine appuya avec chaleur, trouva la formule qui concilia les deux avis: « Le gouvernement provisoire veut la République, sauf ratification par le peuple, qui sera immédiatement consulté ».

La nouvelle de la proclamation de la République fut accueillie dans toute la France par des manifestations de joie. A l'extérieur, il y eut des inquiétudes. En Autriche, en Italie, en Allemagne, en Russie, les rois craignirent pour leur couronne. La nouvelle république n'allait-elle pas, à l'exemple de celle de 1792, déborder ses frontières et répandre à travers le monde les idées de liberté? A Paris, les réfugiés allemands, belges, polonais, irlandais, italiens appelaient de tous leurs vœux une croisade contre la tyrannie.

En sa qualité de ministre des Affaires étrangères, Lamartine dut rassurer l'Europe. Il prépara, pour nos agents diplomatiques, une circulaire dans laquelle il se prononçait pour la paix: « Le peuple et la paix, c'est un même mot ». Il comptait sur le temps et la raison « pour opérer la constitution de la fraternité internationale sur le globe ». La proclamation de la République n'était point un acte d'agression contre les autres formes de gouvernement. Tout en rappelant que les circonstances étaient différentes de celles de 1792, il revendiquait cependant pour la France le droit de venir en aide aux nationalités opprimées qui voudraient se débarrasser du joug de l'étranger. Il n'y eut de discussion que sur la manière dont la République déclarait entendre les traités de 1815, si longtemps maudits par l'opinion républicaine. Louis Blanc proposa de les considérer comme non avenus. N'avaient-ils pas été conclus sous la botte de l'ennemi, dans le but hautement proclamé de mettre notre pays aussi bas que possible? La France ne pouvait se considérer comme liée pour toujours par des engagements de cette espèce. Tout en partagant les sentiments de Louis Blanc, les membres du conseil craignirent d'indisposer les gouvernements étrangers. Finalement, les traités de 1815 furent reconnus non comme un *droit*, mais comme un *fait* à modifier d'un accord commun.

Louis Blanc se rallia à ce compromis. Pacifique par principes, il estimait que le socialisme devait être guerrier, tant qu'il resterait en Europe des aristocraties ou des rois. La France, dont le rôle historique est de représenter le mouvement et de le conduire, devait tenir à la disposition de chaque peuple opprimé son épée et le sang de ses enfants. Il comprit pourtant qu'avec les ressources dont elle disposait, la République ne pouvait se lancer dans une aventure. La situation militaire était mauvaise; les généraux ne croyaient pas au succès d'une guerre immédiate. Les peuples eux-mêmes se montraient défiants. Les Allemands se souvenaient encore de l'occupation révolutionnaire de Mayence et de Francfort par les Français; les Italiens avaient déjà pour devise: *Italia fara da se;* la bourgeoisie française détestait la guerre; la classe ouvrière était surtout préoccupée de son émancipation. Accentuer davantage la proclamation de Lamartine, c'eût été jouer dans le sang les destinées de la République et attirer sur la France une troisième invasion.

Le gouvernement fut également unanime à décréter le suffrage universel et, sur la proposition de Louis Blanc, l'abolition de la peine de mort, afin que « fût écartée du berceau de la seconde République l'image des fureurs auxquelles la première avait été condamnée ». Se remémorant cette séance, Lamartine disait plus tard à Henri de Lacretelle parlant de Louis Blanc: « Je n'ai jamais trouvé un grain de cendre dans le foyer de ce cœur compatissant. La flamme éternelle du bien a passé de celui de Beccaria dans le sien. Il faut toujours un sanctuaire à ces lampes-là. Louis Blanc est un admirable écrivain, et s'il hésite parfois comme orateur, c'est parce que le travail de sa conscience lui fait voir plusieurs des faces de la vérité. Mais il est ferme et debout sur les questions suprêmes. Aucun de mes amis ne m'a aidé plus que lui pour l'abolition de la peine de mort. Il a balayé, comme moi, le sol de la République de la silhouette de l'échafaud. Il n'a pas permis qu'une goutte de sang de 93 tombât sur le millésime de 1848! Et c'est par là qu'il est mon frère et que je tends les bras, dans son exil, à ce doux apôtre! S'il y a quelques notes hasardées dans l'esprit de Louis Blanc, elles reviendront toujours justes en retombant sur le timbre de ce cœur d'or. Je le vois toujours à l'Hôtel de Ville. Quand je proposai pour la première fois le décret de l'abolition, il y eut un assentiment unanime chez tous; mais Dupont de l'Eure éleva quelques objections de procédure. La décision fut ajournée. Le lendemain, Louis Blanc revint de bonne heure. Il était frémissant et indigné. Il parcourut notre longue table avec un journal dans la main. Les royalistes donnaient une date au jour où nous ferions revivre la guillotine. Nous tombâmes dans les bras les uns des autres et nous votâmes dans l'enthousiasme du cœur. Louis Blanc votera toujours ainsi (1). »

Mais, au sujet de la question sociale, de graves dissidences allaient se produire.

Pressé au dehors par tout un peuple impatient, Louis Blanc se heurtait dans le conseil à l'hostilité sourde ou déclarée de la majorité. Seul, Albert lui apportait un concours absolu. Ledru-Rollin et Flocon étaient hésitants, ballottés entre la crainte de faire œuvre de réaction en s'unissant aux hommes du *National* et à Lamartine, ou de tout compromettre en suivant Louis Blanc dans une voie qui, selon eux, ne pouvait conduire qu'au communisme ou à l'anarchie. Admirateurs passionnés de la Convention, ils avaient propagé les mots: droit au travail, organisation du travail, comme des formules propres à leur concilier le peuple, mais à la réalisation desquelles ils ne croyaient pas. Ledru-Rollin avait en horreur le communisme.

Arago avait bien posé la question sociale devant le Parlement en 1840, mais les coups de fusil dans la rue l'avaient épouvanté; la société lui paraissait désormais en péril et il se dressait implacablement contre le socialisme. La prépondérance appartenait aux hommes du *National*, dirigés par Armand Marrast, représentant la bourgeoisie libérale. Ils redoutaient la popularité de Louis Blanc, supportaient difficilement la présence d'Albert. Alors que, pour Louis Blanc, la République n'était qu'une étape nécessaire vers le but réel, c'est-à-dire vers la transformation de la société, ils considéraient la réalisation du suffrage universel comme un aboutissement. Peu désireux d'expérimenter des systèmes sociaux, ils n'avaient qu'une ambition: remettre le pouvoir à une Assemblée constituante librement élue. Dupont de l'Eure, âgé de quatre-vingts ans, ne pouvait apporter d'autre force au gouvernement que l'honorabilité de son nom. Marie ne croyait pas à la République; il disait: « Je l'aime trop pour souhaiter qu'elle naisse avant terme ». Quant à Garnier-Pagès, il avait, pendant l'émeute, confié à Odilon Barrot qu'il était complètement favorable à la régence de la duchesse d'Orléans. A peine arrivé au pouvoir, il

(1) *La Cloche*, juillet 1872.

sollicitait le concours de son ami. Crémieux, dans la même journée, avait dicté l'abdication du roi, servi la duchesse d'Orléans, adhéré à la République. Lamartine, dans tout l'éclat de sa renommée, s'efforçait de maintenir l'union. Le peuple sentait confusément que les nouveaux gouvernants n'étaient pas tous dévoués à sa cause. Dans la nuit du 24, il laissa une garde autour du gouvernement, moins pour le protéger que pour le surveiller, et le 25 au matin, en rangs aussi compacts que la veille, il occupait la place de l'Hôtel de Ville.

Il n'entendait pas se laisser frustrer de sa victoire, comme en 1830. La République lui avait été sans cesse représentée par les orateurs et par les publicistes comme le moyen d'obtenir les réformes sociales : il venait les réclamer. Lagrange, qui avait pris le titre de général gouverneur de l'Hôtel de Ville, essaya de fermer les grilles. Il essuya une décharge de coups de fusil et se trouva bientôt débordé. La porte du cabinet où siégeait le gouvernement fut forcée.

Le fusil à la main, se faisant l'interprète de ses camarades qui avaient tant souffert du chômage, un jeune homme réclama en termes impérieux la reconnaissance du droit au travail.

Lamartine veut répondre, il est interrompu brutalement : « Assez de phrases comme cela ! » Louis Blanc se lève, entraîne l'ouvrier, appelé Marche, dans l'embrasure d'une fenêtre et, en quelques mots touchants, tâche de lui faire comprendre la difficulté du problème à résoudre.

« Asseyez-vous là, lui dit-il, prenez une plume et donnez-nous vos idées. — Je ne sais pas écrire. — Qu'à cela ne tienne, je vous servirai de secrétaire, dictez. » L'ouvrier dicta : « Organisation du travail », mais il ne trouva rien au delà. « Vous voyez bien, reprit doucement Louis Blanc mettant fin à son embarras, que l'organisation du travail n'est pas une chose facile. Faites en sorte de ne pas troubler l'ordre, qui est la meilleure garantie du travail, et pour le reste fiez-vous à nous, qui avons à cœur vos intérêts » (1).

Puis il se mit à rédiger devant lui le décret suivant, auquel Ledru-Rollin fit ajouter le dernier alinéa :

« Le Gouvernement provisoire de la République française s'engage à garantir l'existence de l'ouvrier par le travail;

« Il s'engage à garantir du travail à tous les citoyens;

(1) *Revue des Deux Mondes*, avril 1848.

« Il reconnaît que les ouvriers doivent s'associer entre eux pour jouir du bénéfice de leur travail;

« Le Gouvernement provisoire rend aux ouvriers, auxquels il appartient, le million qui va échoir de la liste civile. »

« Je n'ignorais pas, a écrit Louis Blanc, jusqu'à quel point le décret engageait le gouvernement; je savais à merveille qu'il n'était applicable qu'au moyen d'une réforme sociale ayant l'association pour base et pour but ultérieur l'abolition du prolétariat. Mais ce que je voulais, c'est que le pouvoir se trouvât lié par une promesse solennelle et amené de la sorte à mettre activement la main à l'œuvre. »

L'après-midi, vers quatre heures, le gouvernement eut à subir un nouvel assaut. Le porte-parole des manifestants, un jeune ouvrier, demanda, pour marquer nettement la rupture avec le passé, d'abandonner le drapeau tricolore, devenu depuis 1830 le drapeau de la bourgeoisie, de la paix à tout prix, et d'adopter le drapeau des barricades, symbole des misères du peuple.

« La question est très grave, répondit Lamartine, le peuple seul peut la trancher. » Et il descendit sur la place, suivi par ses collègues. Louis Blanc monta sur les épaules d'un garde national. On criait : *Vive le drapeau rouge!* Les esprits étaient surexcités. Un de ses camarades dit à voix basse à M. de Freycinet, en lui montrant Louis Blanc : « S'il fait un signe aux émeutiers, je le tue ».

Cependant, Lamartine parlait et la foule s'apaisait. Quand il eut dit : « Citoyens, le drapeau tricolore a fait le tour du monde avec nos libertés et nos gloires, tandis que le drapeau rouge n'a fait que le tour du Champ-de-Mars baigné par les flots de sang du peuple; vous le repousserez tous avec moi », l'émotion fut à son comble et les drapeaux rouges disparurent.

Dans ses *Mémoires inédits*, Viennet raconte ainsi la scène : « Allons, dit Marie à Lamartine, il faut descendre sur la place. Vous avez aujourd'hui la langue heureuse, essayez encore. — Je veux bien, dit le poète, mais qu'on me donne un compagnon, je n'irai pas seul ». Louis Blanc se dévoue, et ce couple de tribuns, si divers de taille que l'un avait l'air de sortir de la poche de l'autre, descendit bien vite sur la place de Grève. Ce fut l'affaire d'un quart d'heure. Ces messieurs remontèrent. Mais la figure de Lamartine était tellement bouleversée que Marie eut peur d'un revers : « Qu'avez-vous donc, dit-il au grand poète? Avez-vous échoué? — Eh! mon Dieu, non, répondit-il, mais ce diable de Louis Blanc s'est trouvé mal et il m'a fait manquer ma péroraison ». Tout est là pour sa vanité. On sait au reste que son mot sur le bonnet ou le drapeau rouge, qui lui a fait une réputation de sauveur, lui a été soufflé par Marrast, et celui-ci, qui prétend ne rien perdre de sa gloire, a grand soin de s'en donner les gants.

Le soir, un décret maintenant les trois couleurs fut signé.

Blanqui venait d'arriver à Paris. Irrité de la décision prise, il fit placarder pendant la nuit une affiche de protestation se terminant par ces mots : « Le peuple victorieux n'amènera pas son pavillon ».

Le 26 au matin, aux applaudissements de la foule, un drapeau rouge fut placé au-dessus de la grande porte de l'Hôtel de Ville, dans la main de la statue d'Henri IV. Le gouvernement délibéra. Le drapeau tricolore, dit Louis Blanc, porte l'idée d'un compromis entre les couleurs du peuple et la couleur du roi; pourquoi conserver, après la Révolution, la couleur de la royauté? Les distinctions de classes et de pouvoir étaient effacées; pourquoi ne pas adopter un signe éclatant de l'unité de la grande famille française sous un pouvoir unique : la souveraineté du peuple?

« Eh quoi! répliqua Carnot, vous qui avez écrit l'*Histoire de la Révolution*, vous voulez la déchirer! » — « Effacez donc, dit un autre, le chant de *la Marseillaise* ». Ledru-Rollin défendit le drapeau de 93. Lamartine semble avoir hésité.

Le débat se termina par un compromis. Le drapeau national restait le même mais, « comme signe de ralliement et comme souvenir de reconnaissance pour le dernier acte de la révolution populaire, les membres du Gouvernement provisoire et les autres autorités porteraient la rosette rouge, laquelle serait placée aussi à la hampe du drapeau ».

Le 27 mars, le gouvernement décréta l'établissement immédiat d'ateliers nationaux. C'était faire revivre les ateliers de charité, créés à toutes les époques de notre histoire pour occuper la classe indigente et lui permettre de vivre. Après 1830, le gouvernement de Louis-Philippe avait ouvert des ateliers pour les travailleurs. Mais ce n'étaient là que des palliatifs. Le peuple, après sa victoire, estimait qu'il devait obtenir davantage. Le 28, il se porta de nouveau en masse vers l'Hôtel de Ville, très probablement à l'instigation de Louis Blanc. Arrivé trop tard le 24 février pour se voir attribuer un portefeuille, Louis Blanc songeait à faire créer un ministère du Travail, dont il aurait été titulaire, afin de contre-balancer l'influence de Marie, qu'il savait très hostile à ses idées et qui commençait à embrigader les ateliers nationaux.

Les manifestants, qui portaient des bannières avec cette inscription : *Ministère du progrès, Organisation du travail*, envoyèrent une délégation au conseil, qui se trouvait réuni. Louis Blanc demanda que le vœu populaire fût ratifié. La Révolution avait un caractère éminemment social : « Créer un ministère qui fût celui de l'avenir, remplacer par une organisation fraternelle du travail l'abominable anarchie qui couvrait, sous son vaste désordre, l'oppression de la multitude et faisait hypocritement porter à son esclavage les couleurs de la liberté : voilà ce qui était à résoudre. »

Par ses origines et son éducation, Lamartine était très éloigné de Louis Blanc. Organiser le travail suivant les conceptions de son collègue, c'était, pour lui, asservir le capital, donner à l'Etat la fixation souveraine et arbitraire du salaire, supprimer la liberté dans le propriétaire, l'intérêt du travail dans le travailleur et, par conséquent, supprimer le capital, le salaire et le travail d'un coup. C'était rompre toute relation libre des hommes entre eux, sous prétexte de détruire les abus de la concurrence, abolir la propriété et la liberté des capitaux, la société, la famille, l'homme! Soutenu par Dupont de l'Eure, Arago et Marie, il s'opposa avec véhémence à la création demandée. Le Gouvernement provisoire devait se montrer très réservé et se garder de résoudre les questions. Une assemblée nationale allait être convoquée. Il ne fallait pas empiéter sur ses droits. Un ministère du progrès ne se comprenait pas plus qu'un ministère de la routine. Les questions relatives au travail ressortissaient tout naturellement au ministère des travaux publics. A quoi bon ajouter un nouveau rouage au mécanisme déjà si compliqué de l'administration?

Louis Blanc insista, fit valoir des considérations personnelles. « Parmi les membres du Gouvernement provisoire, la plupart dirigeaient un ministère. Les autres, dépourvus d'attributions spéciales, n'étaient-ils pas tenus dans un état d'infériorité vis-à-vis de leurs collègues et ne devaient-ils pas, non pour eux mais pour les principes, exiger une égalité de position? » Les ministres de l'instruction publique, du commerce, des finances, de la guerre protestèrent. Ils avaient plus sujet de se plaindre, puisque, faisant partie du conseil, ils n'étaient pas membres du Gouvernement provisoire. Louis Blanc, piqué, donna immédiatement sa démission, « car, représenter dans un gouvernement autre chose que son idée, c'est la dernière des humiliations, et désirer le pouvoir pour le pouvoir lui-même, c'est être le dernier des hommes ».

Il y eut un moment de stupeur. On connaissait la popularité de Louis Blanc dans les faubourgs; on craignit qu'un soulèvement ne suivît son départ.

François Arago, se faisant l'interprète du conseil, adjura en termes émus son collègue de ne pas persister dans sa résolution. Il lui rappela de vieux souvenirs: « Moi qui vous ai servi de père, dit-il, je vous en conjure, au nom de mes cheveux blancs, renoncez à cette idée de l'organisation du travail, ne vous séparez pas du Gouvernement provisoire. Vous voulez donc nous faire égorger? » Cependant Garnier-Pagès et Marrast s'entretenaient à voix basse: « Au lieu d'un ministère, dit l'un d'eux, créons une commission d'études qui approfondira la chose et fera patienter le peuple. Un ministère implique l'action. Une commission spéciale préparera seulement des matériaux pour l'avenir ».

Louis Blanc persistait dans son refus. Au lieu des moyens d'aboutir, c'était simplement une tribune qu'on lui offrait, pour « faire un cours sur la faim devant le peuple affamé ». Les instances se firent plus pressantes. Marrast offrit un palais. Arago se déclara prêt à siéger dans la commission en qualité de vice-président. Enfin Louis Blanc finit par céder, « uniquement, dit-il, dans la crainte des troubles qui seraient sortis de la persistance de son refus », et il rédigea séance tenante le décret qui instituait une Commission du gouvernement pour les travailleurs. « C'est bien fort, c'est bien fort », dit Marrast en signant. Il ne faisait qu'exprimer à haute voix la pensée de ses collègues. Restait à annoncer la décision prise aux ouvriers. On les fit entrer. Ils interrogèrent des yeux Louis Blanc, qui détourna la tête.

Lamartine prit le premier la parole. « Dût-on le mettre à la bouche d'une pièce de canon, il se refuserait à signer les deux mots associés ensemble: *organisation du travail*, car ce serait la propre misère et la propre condamnation des ouvriers. » Après Lamartine, Louis Blanc se décida à parler, « mais avec quel effort! Son geste, si prompt, auquel le commandement semblait si familier, devint hésitant, presque timide. Son œil sincère se voila. D'une voix mal affermie, il répéta, comme une leçon mal apprise, des considérations d'une politique qui n'était point la sienne et prononça sur lui-même une sentence dont il comprenait toute l'ironie. Les ouvriers, déconcertés, n'en pouvant croire leurs oreilles, se turent. On leur apprit comment on éludait leur vœu; après quoi ils se retirèrent, l'esprit rempli d'incertitudes, se demandant l'un à l'autre le mot de cette énigme » (1).

(1) Daniel STERN : *Hist. de la Révol. de 48*, I, 386. « C'est une femme de grand talent et son *Histoire de la Révolution de 1848* est un fort beau livre », écrivait Louis Blanc à V. Hugo (1853). Lettre inédite, obligeamment communiquée par M. Gustave Simon.

Ainsi le gouvernement, cédant à la pression de l'émeute, convoquait une commission au Luxembourg, mais avec l'espoir d'y voir sombrer la popularité de Louis Blanc.

Contre le Luxembourg, Marie, très hostile au décret qui proclamait le droit au travail, allait, en communauté de sentiment avec la majorité du gouvernement, dresser, comme une machine de guerre, les ateliers nationaux. « Commandés, écrit Lamartine, dirigés, soutenus par des chefs qui avaient la pensée secrète de la partie antisocialiste du gouvernement, les ateliers nationaux contre-balancèrent, jusqu'à l'arrivée de l'Assemblée nationale, les ouvriers sectaires du Luxembourg et les ouvriers séditieux des clubs. Ils scandalisaient, par leur masse et par l'inutilité de leurs travaux, les yeux de Paris, mais ils protégèrent et sauvèrent plusieurs fois Paris à son insu » (1).

Louis Blanc ne cessa toute sa vie de se défendre d'avoir été l'instigateur de ces ateliers: « bêtise épique ». Rien n'était plus éloigné de ses conceptions. Les ateliers nationaux, en effet, admettaient à un même genre de travail les ouvriers de tous corps de métiers, organisés militairement. L'Etat était leur patron. Ils étaient salariés. Dans les ateliers sociaux, tels que les comprenait Louis Blanc, les ouvriers devaient, réunis par profession, travailler, à l'aide de la commandite de l'Etat, pour leur propre compte, en vue d'un bénéfice commun, c'est-à-dire avec l'ardeur de l'intérêt personnel uni à la puissance de l'association et au point d'honneur de l'esprit de corps.

Marie trouva en Emile Thomas, d'opinions bonapartistes, un habile auxiliaire, qui se donna pour tâche de condamner ce système à rester à l'état de théorie, et qui obtint, pour arriver à ses fins, tous les fonds nécessaires. Louis Blanc, au contraire, en butte à la jalousie et à l'hostilité de ses collègues, n'avait ni pouvoir exécutif, ni budget. « Le cerveau, écrit Karl Marx (2), devait à lui tout seul abattre les fondements de la société bourgeoise. Tandis que le Luxembourg cherchait la pierre philosophale, on frappait à l'Hôtel de Ville la monnaie ayant cours. »

---

(1) Lamartine : *Hist. de la Révol. de 48*, II, 99.

(2) Karl Marx : *La lutte des classes en France*. Traduction Remy, 15

IV

LA COMMISSION DU LUXEMBOURG

La première séance de la Commission du gouvernement pour les travailleurs eut lieu le 1er mars, au palais du Luxembourg, à neuf heures du matin. Deux cents ouvriers étaient présents.

Louis Blanc présidait, assisté d'Albert. C'était un spectacle nouveau que ces assises populaires. Il frappa vivement les contemporains. « Les huissiers de l'ex-Chambre, rapporte *l'Illustration*, en grand costume, l'épée au côté, la cravate blanche, le frac noir, dépouillant leur morgue classique, parcouraient un peu inquiets, un peu rouges, un peu mal à l'aise dans leurs splendides ajustements, la salle, non pour maintenir l'ordre qui n'a pas été une fois troublé, mais pour faire placer les nouveaux personnages consulaires qui prenaient possession du prétoire, non en vainqueurs, mais en usufruitiers paisibles, avec le sentiment du droit et du devoir, ainsi qu'il convient à des hommes... »

Autour du Luxembourg, une grande foule de chômeurs attendaient avec anxiété le résultat de la séance.

Debout, devant le siège de l'ex-chancelier, Louis Blanc salua la victoire des ouvriers, appelés pour la première fois à collaborer avec le gouvernement pour régler leur sort. Puis il annonça que la Commission étudierait les questions relatives au travail, ferait droit aux plus urgentes et préparerait pour les autres des solutions à présenter à l'Assemblée nationale.

A peine avait-il terminé, que deux délégués se lèvent et, sur un ton véhément, réclament au nom de la classe ouvrière : 1° la réduction des heures de travail; 2° l'abolition du marchandage.

Louis Blanc, un peu surpris, fit des objections. Réduire les heures de travail, n'était-ce pas porter atteinte aux forces productives, pousser au renchérissement de la vie, resserrer la consommation et courir le risque d'assurer aux produits du dehors, sur notre propre marché, une supériorité préjudiciable à l'ouvrier lui-même. La question était grave. Mieux valait attendre, en reprenant le travail, que toutes les industries eussent pu se faire représenter. De violentes rumeurs éclatèrent. A ce moment, Arago entra. Il joignit ses efforts à ceux de Louis Blanc. Les ouvriers se calmèrent sur la promesse que les principaux industriels parisiens seraient convoqués pour le lendemain. Ceux-ci répondirent en grand nombre à l'appel de Louis Blanc, qui réussit à obtenir d'eux la suppression du livret obligatoire pour les ouvriers, la diminution d'une heure sur la journée de travail, qui était généralement de onze heures à Paris et de douze heures en province, l'interdiction du marchandage. Toutefois, le travail à la pièce, avantageux pour l'ouvrier et pour le patron, fut maintenu.

Le décret relatif à la diminution des heures de travail, signé le 2 mars, non sans de vives discussions, par le gouvernement, eut un énorme retentissement et accrut encore la popularité de Louis Blanc. C'était la première fois, depuis la grande Révolution, que l'Etat intervenait pour protéger les ouvriers adultes. Jusqu'ici le législateur ne s'était intéressé qu'aux enfants, indignement exploités, et encore avec combien de réserves. Il avait fallu attendre jusqu'en 1847 pour obtenir une protection un peu plus efficace et l'application aux femmes, comme aux enfants, d'une réglementation spéciale des heures de travail. Les ouvriers témoignèrent leur joie. Pourtant le décret fut loin de leur apporter les bienfaits qu'ils en espéraient. On souleva des difficultés. Pourquoi établir une différence entre les ouvriers de Paris et ceux de la province? Comment interpréter la diminution d'une heure à Paris, où nombreux étaient ceux qui en travaillaient douze? Le gouvernement dut faire connaître officiellement que la limite de dix heures serait imposée. Les journaux conservateurs et les partisans du *laissez faire* redoublèrent leurs attaques, si bien que, malgré les notes de Louis Blanc et d'Albert au *Moniteur*, le décret ne fut pas exécuté. Il fallut songer à sévir. Le 21, sur la proposition de Louis Blanc, le gouvernement édicta des peines variant de l'amende à la prison pour toute exploitation de l'ouvrier par voie de marchandage et contre tout chef d'atelier qui emploierait des ouvriers plus de dix heures.

Entre temps furent signés et bien accueillis des décrets créant dans chaque mairie un bureau officiel chargé de rapprocher l'offre de la demande et réglant le travail dans les prisons et les communautés religieuses, qui faisaient à l'industrie libre une concurrence meurtrière.

En attendant que les délégués fussent régulièrement désignés, Louis Blanc convoqua, le 3 mars, un certain nombre d'hommes compétents pour leur soumettre ses projets. A son appel répondirent Vidal et Pecqueur, hostiles au communisme, partisans résolus de l'association unique et universelle, de la socialisation du sol et des moyens de production; Victor Considérant; Toussenel, ancien rédacteur de *la Démocratie pacifique*, représentant le fouriérisme; Duverger, suppléant à la Faculté de droit de Paris; Dupoty, ancien collaborateur du *Réformateur*, puis rédacteur en chef du *Journal du Peuple;* Dupont White, avocat, secrétaire général au Ministère de la Justice, qui avait publié en 1846 un ouvrage intitulé *Essais sur les relations du travail et du capital*, et qui considérait l'Etat comme le grand initiateur du progrès et le seul en puissance de remédier aux maux de la concurrence; Jean Reynaud et Cazeaux, représentant le saint-simonisme; Wolowski, révolutionnaire polonais naturalisé français, fondateur de la *Revue de législation et de jurisprudence*, libre-échangiste; Le Play, inspecteur à l'Ecole des Mines, donnant pour bases à l'économie sociale la religion, la famille et la propriété; Malarmet, rédacteur du journal *la Fraternité;* Pascal, rédacteur du journal *l'Atelier*. Enfantin et Emile de Girardin ne répondirent pas à la convocation, Pierre Leroux, absent, s'excusa, Cabet s'abstint, Proudhon fut passé sous silence; il y avait en effet antipathie profonde entre Louis Blanc et lui. Proudhon ne pardonnait pas à l'historien de la Révolution française d'avoir révélé que Brissot de Warville était l'inventeur du mot fameux : « la propriété c'est le vol ». Il affirmait que Louis Blanc, grignoteur de croûtes politiques, n'avait rien dans sa pannetière; que discuter son système, « c'était argumenter sur les dimensions, la pesanteur d'un point mathématique » (1). Il déniait au gouvernement toute compétence pour accomplir la révolution sociale. L'Etat ne pouvait être ni banquier, ni assureur, encore moins entrepositaire. L'association forcée détruirait la liberté corporative en même temps que la liberté individuelle ; l'association libre ne donnerait de garantie ni à la société, ni à l'associé. Qui pourrait affirmer, en effet, que l'associé travaillerait *selon sa capacité* et que la société le rémunérerait *suivant ses besoins?*

---

(1) Louis Blanc, de son côté, écrivait : « Proudhon est un de ces hommes qui se font une perruque avec un cheveu et se drapent dans une ficelle. »

C'est à ce comité restreint, que le 5 mars, Louis Blanc proposa de fonder, au moyen d'un emprunt d'Etat, dans les quatre quartiers les plus populeux de Paris, quatre établissements d'un million, destinés à recevoir chacun environ quatre cents ménages d'ouvriers, avec un appartement distinct pour chaque famille, et comprenant salle de lecture, crèche, salle d'asile, école, cours, jardins, bains, etc.

Le comité donna son adhésion au projet, dont Louis Blanc fut chargé de demander la réalisation au gouvernement; mais « la succession rapide des événements ayant bientôt changé la face de la situation, cette proposition, comme tant d'autres, fut écartée ».

Cependant des difficultés s'élevaient au sujet de la désignation des délégués à la Commission du Luxembourg. Les discussions, assez vives, s'éternisaient. Louis Blanc et Albert durent prêcher le calme; le 6 mars, ils arrêtèrent les dispositions suivantes :

« 1° Chaque profession nommera trois délégués;

2° Autant que possible, les professions qui se tiennent de près s'entendront pour nommer les mêmes délégués et donner ainsi un premier exemple de fraternelle union ;

« 3° Les noms des délégués seront imprimés dans les journaux comme moyen de vérification. »

La réunion plénière eut lieu le 10. Deux cent cinquante délégués étaient présents.

Louis Blanc ne dissimula pas les difficultés à résoudre. « Le mal, dit-il, forme comme une chaîne dont il n'est pas possible d'ébranler un anneau sans que toute la chaîne s'agite. » Ce qu'il fallait chercher à réaliser, c'était l'association. Mais il eut soin de rappeler que la Commission n'était qu'une commission d'étude et qu'il appartiendrait à l'Assemblée nationale, « vivant résumé, grâce au suffrage universel, de la société tout entière, de discuter et de réaliser les projets arrêtés ». Afin d'aboutir plus vite, l'Assemblée décida de nommer une commission de dix membres, dont les noms furent tirés au sort.

Après avoir pris contact avec les ouvriers, Louis Blanc, convaincu de la solidarité de tous les intérêts, entra en relation avec les chefs d'industrie. La réunion eut lieu le 17, à midi, au palais du Luxembourg. Deux cent trente et un délégués patronaux, désignés par soixante-dix-sept corps de métiers appartenant pour la plus grande partie à la petite industrie, étaient présents. Louis Blanc se défendit de parler comme le représentant exclusif d'une faction ou d'une classe, critiqua la théorie du laissez faire et célébra les bienfaits de l'association. La réunion apprécia la modération de son langage et la courtoisie de son attitude.

En relation avec le capital et le travail, Louis Blanc s'employa à faire cesser l'agitation des ateliers contre les ouvriers étrangers et à apaiser les conflits. Successivement comparurent devant lui: les ouvriers boulangers, les paveurs, les débardeurs, les cochers, les chapeliers, les maréchaux, les plombiers-zingueurs, les mécaniciens, les scieurs de pierre, les ouvriers en papiers peints, les entrepreneurs de vidange, les ouvriers couvreurs, les blanchisseurs de la banlieue de Paris. Chaque fois, il réussit à concilier les intérêts opposés.

Dans les départements, les commissaires de la République suivaient son exemple. A Marseille, Emile Ollivier établissait une commission consultative ouvrière. A Lyon siégeait, dans le palais municipal Saint-Pierre, un véritable petit Luxembourg, subventionné par le conseil général du Rhône. Les délégués pris dans les divers corps d'état arbitraient les conflits locaux, discutaient toutes les questions de salaire, de durée de travail et d'association entre les travailleurs. A Lille, Delescluze présidait des réunions où il s'efforçait de rétablir « le bon accord des maîtres et des ouvriers ». Au Creusot, à Anzin, dans d'autres villes, les mêmes efforts de conciliation étaient tentés.

Encouragé par ces premiers succès, Louis Blanc essaya, quoique dépourvu de moyens financiers, de mettre en pratique les idées de son ouvrage: *Organisation du travail*. Les circonstances semblaient se prêter à la création, sans ressources spéciales, d'une association. Par suite de l'abolition de la contrainte par corps, un local était libre: la prison de Clichy. Du travail pouvait être donné: la confection des uniformes de la garde nationale offerts par l'Etat aux citoyens trop pauvres pour en faire la dépense. Louis Blanc fit appeler un ouvrier tailleur, Bérard, très estimé de ses camarades, et lui demanda si, dans sa profession, une association coopérative était possible en dehors même de l'intervention de l'Etat.

Sur la réponse affirmative de Bérard, une association d'ouvriers tailleurs fut installée dans l'ancienne prison de Clichy, et on lui commanda: pour la garde nationale sédentaire, 100.000 tuniques à 8 francs et 100.000 pantalons à 3 francs, le drap étant fourni; pour la garde nationale mobile, 10.180 tuniques à 11 francs et 10.180 pantalons à 3 francs — 11.600 francs furent avancés par des maîtres tailleurs, moins pour aider à l'essai d'une association que pour se liguer avec les ouvriers contre les confectionneurs qui voulaient se faire adjuger la commande.

Trois délégués du Luxembourg, Frossard, Leclerc et Bérard, se chargèrent d'organiser l'association. Fidèle à la pensée de Louis Blanc, ils la déclarèrent ouverte à tous, quitte à réduire, si le travail manquait, la journée à quatre heures. Les travaux seraient exécutés aux conditions suivantes:

Egalité absolue des salaires (2 francs par jour pour dix heures).

Partage égal des bénéfices, après le prélèvement d'une somme destinée à soulager les veuves, orphelins et malades, et à constituer un capital collectif et indivisible dont l'association se servirait pour se perpétuer et s'étendre.

Le travail commença dans les premiers jours d'avril. Les ouvriers, au nombre de 50 au début, étaient 1.600 au mois de mai et atteignirent le chiffre de 2.000. Dans un esprit de fraternité, ils acceptèrent toutes les couturières sans ouvrage que leur adressaient les mairies. Un jury élu veillait au bon ordre, avec pouvoir d'exclusion. Trois délégués également élus représentaient l'administration et géraient l'association conjointement avec une commission administrative. Leurs actes étaient à leur tour contrôlés par une commission d'examen dont faisait partie un délégué du Luxembourg.

Malgré l'inexpérience des administrateurs et la confusion inévitable du début, la tentative réussit. Le 29 avril, en réponse aux attaques de Lamennais, rédacteur en chef du *Peuple constituant*, Bérard pouvait écrire : « Après vingt-cinq jours seulement de travail, l'association a réalisé un bénéfice de 734 fr. 26, déduction faite de tous les frais indispensables et de l'achat d'un matériel d'au moins 1.100 francs, ce qui résulte de notre inventaire arrêté le 25 avril et dressé avec la plus incontestable exactitude ».

A l'exemple des tailleurs de Clichy, les selliers se constituèrent en association. Louis Blanc leur fit adjuger, malgré l'hostilité des généraux, une partie des selles qui se confectionnaient à l'établissement militaire de Saumur. Les fileurs et les pasementiers se groupèrent à leur tour; Louis Blanc leur fit donner par le maire de Paris une commande de cent mille épaulettes et obtint pour eux, du Comptoir d'Escompte, un prêt de 12.000 francs qui permit à la nouvelle association de faire ses premiers pas. A Lyon, les ouvriers en soie, constitués suivant les mêmes principes, reçurent des commandes d'écharpes et de drapeaux.

En même temps qu'il popularisait l'idée d'association et lui donnait une impulsion si vigoureuse, Louis Blanc, secondé par Vidal et Pecqueur, condensait en un projet de loi « des mesures d'un caractère essentiellement pratique, cadrant avec les exigences du moment, modifiant l'organisation économique sans l'ébranler ». Il y demandait la création d'un ministère du progrès, chargé d'amener graduellement l'abolition du prolétariat, et constituait « le budget des travailleurs »: 1° par le bénéfice de l'exploitation des chemins de fer et des mines rachetées au moyen de rentes sur l'Etat; 2° par les bénéfices de la Banque de France transformée en Banque nationale et par le produit des droits payés pour l'entrepôt des marchandises dans les magasins de l'Etat; 3° par le bénéfice du monopole des assurances.

L'Etat se trouve en droit de nationaliser la Banque de France, qui a violé ses statuts en ne remboursant pas les billets à bureau ouvert. Il l'obligera à établir la balance entre l'actif et le passif, paiera aux actionnaires la différence et prendra à son compte la suite des opérations.

Sous le contrôle des représentants de la nation, la Banque sera indépendante du pouvoir exécutif et de la trésorerie. Elle aura des succursales dans les départements, déclarera les billets monnaie légale et les garantira par des valeurs facilement appréciables et solides. Les forêts et autres propriétés nationales, d'une valeur vénale de 800 milions et rapportant un revenu de 30 à 35 millions, sont un excellent gage sur lequel 600 millions pourront, en toute sécurité, être avancés à l'Etat.

Les banques privées ne seront pas supprimées. Endossant les traites de leurs clients, elles joueront vis-à-vis de la Banque nationale le rôle d'assureur et continueront à prélever une commission légitime.

La Banque fera à bas prix l'escompte des effets de commerce, prêtera à intérêt sur dépôt de valeurs et de titres de rente, sur les récépissés des entrepôts, jusqu'à concurrence des deux tiers de la valeur courante des marchandises déposées.

L'Etat doit devenir le grand dispensateur du crédit, seul il peut représenter les intérêts généraux. « Il marque de son coin les espèces métalliques, il doit marquer de son sceau les billets de crédit. » La monnaie, tout à la fois signe et réalité, est la monnaie des sociétés anormales basées sur la méfiance et l'antagonisme. La monnaie des sociétés normales, peu coûteuse, et qui peut être multipliée en raison des besoins et mise à bas prix au service des travailleurs, est le papier. Le véritable crédit est le crédit personnel et moral.

Toutefois, puisque le crédit personnel et moral ne peut être créé qu'avec l'association, il faut fonder le crédit réel. On y parviendra en créant, sous la direction de fonctionnaires responsables, des entrepôts ou bazars. Les producteurs et manufacturiers y seront admis à déposer leurs marchandises et leurs denrées. Ils recevront, en échange, des récépissés ayant une valeur négociable et pouvant faire office de papier-monnaie: papier-monnaie parfaitement garanti, puisqu'il aura pour gage une marchandise déterminée et expertisée par l'Etat. Pour se couvrir de ses frais, l'Etat percevra un droit d'entrepôt fixé par un tarif. Chacun pourra s'approvisionner dans ces bazars ou entrepôts. Ainsi disparaîtra le bénéfice prélevé par les intermédiaires au détriment du producteur et du consommateur. Pas plus que pour les banques, Louis Blanc ne demande un monopole pour les bazars d'Etat. A côté d'eux, les maisons de commerce pourront continuer leurs opérations.

L'assurance deviendra obligatoire. L'Etat assurera contre l'incendie, la grêle, l'épizootie, l'inondation, la gelée, etc. L'évaluation des objets à assurer sera faite d'après le rôle des contributions foncière, personnelle et mobilière. Les percepteurs traiteront directement avec les contribuables, d'après un tarif fixé par une loi. L'Etat entrera en concurrence avec les compagnies libres. Comme ses tarifs seront réduits et qu'on trouvera, en s'adressant à lui, économie et complément de sécurité, les compagnies privées auront bientôt perdu leur clientèle. Elles n'ont pas à être indemnisées. « Il serait étrange que l'Etat fût obligé de racheter des concessions faites à titre gratuit, des concessions qui ont rapporté des profits énormes et qui n'ont coûté aucune avance, aucun déboursé. » On utilisera l'activité et les connaissances des employés subalternes et des administrateurs.

Le budget ainsi établi, avec les recettes, l'Etat paiera l'intérêt et l'amortissement des sommes nécessitées par les opérations précédentes, puis commanditera, avec le reste, les associations ouvrières et les colonies agricoles constituées suivant les principes d'une fraternelle solidarité. Ainsi l'ouvrier s'élèvera « du rang de salarié à la dignité de propriétaire associé » .

« Il ne s'agit de violenter personne, concluait Louis Blanc. L'Etat donnerait son modèle; à côté vivraient les associations privées, le système économique actuel. Mais telle est la force d'élasticité que nous croyons au nôtre, qu'en peu de temps, c'est notre ferme croyance, il serait étendu sur toute la société, attirant dans son sein les systèmes rivaux par l'irrésistible attrait de sa puissance. Ce serait la pierre jetée dans l'eau et traçant des cercles qui naissent l'un de l'autre en s'agrandissant toujours. »

Telle fut l'œuvre de Louis Blanc à la Commission du gouvernement pour les travailleurs. Tant d'anxiétés, de veilles et de luttes ne devaient aboutir qu'à un médiocre résultat. Et Louis Blanc put se demander avec amertume s'il n'avait pas joué un rôle de dupe, envoyé uniquement au Luxembourg pour contenir, par sa parole, les mouvements du peuple.

Au lendemain des journées de juin, les associations qu'il était parvenu à constituer étaient condamnées à disparaître. Cependant, à Lyon, l'association générale des tailleurs de pierre du Rhône, l'association fraternelle des ouvriers menuisiers ; à Paris, la société générale des ouvriers de l'industrie du bronze, l'association des cuisiniers de La Chapelle restèrent fidèles à la doctrine du Luxembourg et continuèrent à en appliquer les préceptes. Mais c'était là l'exception.

De l'exil, Louis Blanc tenta de sauvegarder son œuvre. « L'essentiel, écrivait-il à Lefaure, c'est que votre grande famille du Luxembourg ne se disperse pas et maintienne sa fraternelle union. Il faut que les délégués du Luxembourg continuent à être ce que la Révolution de février les a faits, c'est-à-dire l'intelligente, pacifique et courageuse avant-garde des travailleurs. Quant à moi, soyez-en sûrs, en aucun temps, ni en aucun lieu, je ne vous manquerai » (1). Il demanda aux ouvriers de constituer un comité central des associations basées sur la fraternité, où toutes seraient représentées, avec pour mission « de centraliser les efforts individuels, de traiter les grandes questions de la production et de la répartition, d'aider à la formation des associations qui se créent, au développement de celles qui existent ; de contrôler les rapports mutuels des associations pour l'échange des produits, les prêts, les avances, les adjudications, les bons d'échange et de circulation, etc. ; de s'occuper des entrepôts, bazars, cités ouvrières, caisses de retraite, maisons d'asile ; de créer enfin des débouchés aux produits ».

Le gouvernement prit ombrage. On découvrit dans les papiers du comité une lettre de Louis Blanc ; c'était la preuve cherchée que ses membres étaient directeurs d'une société politique. L'organisateur, Delbrouck, fut condamné à quinze mois d'emprisonnement, 500 francs d'amende et cinq ans de privation des droits civils.

« Fille aînée du Luxembourg portant au front la marque du péché originel », l'association des tailleurs de Clichy fut la première visée. Dès le mois de juillet, prétextant sa participation aux journées de juin, alors que

(1) Lettre inédite du 3 novembre 1848, communiquée par Mme Lauth-Sand.

douze ouvriers seulement sur seize cents avaient manqué à l'appel du 23, l'administration cassait les marchés qu'elle avait passés et qui, jusque-là, avaient été scrupuleusement exécutés. L'atelier liquida. Il avait dépensé en tout 370.810 francs et payé tout ce qu'il devait. Quelques tailleurs restés unis louèrent pour 6.000 francs, en mars 1849, un local rue Saint-Denis. Au prix de multiples privations, ils portèrent le capital de la nouvelle association, qui s'intitula *le Travail*, à 200.000 francs, divisés en 4.000 actions de 50 francs. Ils renoncèrent à l'égalité des salaires. « Nous nous sommes soumis pendant dix-huit mois, disaient-ils, pour consacrer le principe, mais l'épreuve est faite et nous n'avons nulle envie d'y revenir. Maintenant chacun de nous est rétribué selon le travail qu'il donne ou l'emploi qu'il remplit, c'est de l'égalité vraie et du droit strict. » Réduite à quarante membres, l'association liquida à l'amiable, au cours de l'année 1851. Avec elle mourut Bérard, qui en était resté l'âme.

Le marché conclu avec les ouvriers fileurs fut également rompu par la mairie qui refusa toute indemnité pour les cinquante mille paires d'épaulettes restant à livrer.

L'inspiration de Corbon, ancien rédacteur de *l'Atelier*, se substitua peu à peu à celle de Louis Blanc, et la plupart des associations se constituèrent sous la forme commerciale. Le 5 juillet, une proposition de Michel Alcan, amendée par le comité du travail, fut adoptée par l'Assemblée. Une somme de 3 millions devait être répartie, sous forme de prêts, aux associations industrielles ou agricoles formées entre ouvriers et patrons ou entre ouvriers. Dans son rapport du 4 juillet, tout en manifestant la conviction que les salariés passeraient à l'état d'associés volontaires, Corbon considérait l'aide de l'Etat comme un appoint secondaire: « Les salariés devaient compter surtout sur eux-mêmes ». On était loin de la conception de Louis Blanc.

Les demandes de prêt furent nombreuses: 500 en 1848, 100 en 1849. Les tailleurs de Clichy se heurtèrent à un refus. L'Etat prêtait son argent à 6 %; il y eut des protestations. Louis Blanc invita les associations à se solidariser pour obliger l'Etat à remplir son devoir: « Le devoir de fournir le crédit gratuit ». Cet appel ne pouvait être entendu, les associations déclinaient. La production agricole leur avait entièrement échappé. Pénétrant dans la grande industrie (mécaniciens, typographes, tisseurs, constructeurs de navires, etc.), elles s'étaient multipliées surtout dans les villes parmi les métiers qui n'exigent qu'un petit capital (ébénistes, peintres en bâtiments, tailleurs de limes, cuisiniers, ferblantiers, coiffeurs, lunetiers, blanchisseuses, casquettières, chemisières, corsetières, lingères). En 1850, d'après l'enquête de la Chambre de commerce, il n'y avait à Paris, en dehors des tailleurs de Clichy, que 90 associations comprenant en tout 612 membres. Sur ces 90 associations, 3 faisaient de bonnes affaires, 13 d'assez bonnes; le reste végétait. Constituées en nom collectif, elles payaient des salaires, se partageaient des bénéfices, constituaient un capital d'exploitation. C'étaient de véritables associations commerciales d'un type rapproché de l'ordre capitaliste et, par conséquent, à l'antipode de la doctrine du Luxembourg.

Le projet de loi que Louis Blanc avait préparé ne devait jamais venir en discussion devant l'Assemblée. Il n'avait pourtant rien de chimérique. La plupart des idées qui l'avaient inspiré ont été reprises depuis, dans leurs programmes, par des hommes qui ont siégé dans les conseils du gouvernement. Fonder des coopératives de production industrielles ou agricoles avec la commandite de l'Etat, ouvrir des bazars administratifs, racheter les chemins de fer, instituer une banque nationale, monopoliser les assurances, construire des maisons ouvrières, grossir en un mot le rôle de l'Etat sans porter atteinte aux initiatives individuelles, rien de subversif dans un pareil programme. « Deux grandes idées, déclarait Louis Blanc, ont seules puissance aujourd'hui de réédifier et d'enrichir: d'une part, l'*association*, principe de toute force et de toute économie; d'autre part, l'*intervention désintéressée de l'Etat*, principe de tout ordre, de toute justice distributive et de toute unité ». C'était définir avec netteté et prévoir avec une singulière clairvoyance les caractères de l'évolution politique et économique de ces dernières années.

V

LES GRANDES JOURNÉES DE LA RÉVOLUTION DE 48

Louis Blanc est le héros heureux ou malheureux des troix grandes journées de la Révolution de 48. Porté par le peuple au pouvoir, il a besoin du peuple pour renforcer sa voix dans le conseil, où il se heurte à une majorité hostile. Le 17 mars, il triomphe, victoire morale sans lendemain ; le 16 avril, il assiste à l'écroulement de ses projets ; le 15 mai, l'émeute, qu'il désapprouve, entraîne sa condamnation à l'exil.

La manifestation du 17 mars fut organisée par les ouvriers de Paris pour demander l'ajournement des élections, tant de la garde nationale que de l'Assemblée constituante, et l'éloignement des troupes. Louis Blanc considérait la présence d'une armée dans la capitale comme un péril pour la liberté. Au sujet de la date des élections, le 13 mars, il fit part au conseil des réclamations qu'il avait reçues. Les citoyens n'étaient pas encore tous inscrits dans les mairies. Les nouveaux gardes nationaux n'avaient pas eu le temps de se connaître ; il était à craindre que seuls les anciens officiers fussent réélus. Si le gouvernement persistait à vouloir précipiter les élections, il devait s'attendre à une protestation solennelle de cent mille citoyens. Ces paroles provoquèrent des protestations. « Ce n'est pas une menace, s'empressa d'ajouter Louis Blanc, mais un simple avertissement. » Courtais et Guinard interrogés répondirent que ceux qui n'étaient pas inscrits n'avaient qu'à s'en prendre à eux-mêmes. Au surplus, les cadres avaient doublé. Rien ne s'opposait donc à ce que les élections eussent lieu le 18. On passa outre. Pour donner satisfaction au sentiment populaire, le conseil supprima les compagnies d'élite de la garde nationale. Le 14,

Louis Blanc entretint ses collègues de la manifestation proposée et les adjura, pour l'éviter, de voter l'ajournement. Sa proposition fut repoussée par 8 voix contre 3. Le lendemain, il revint à la charge et obtint un délai d'une semaine, Marrast ayant fait observer que la fusion des compagnies d'élite rendait impossible l'élection le 18.

Poussés par les journaux conservateurs, les gardes nationaux se présentèrent le 16 devant l'Hôtel de Ville pour réclamer le rétablissement des compagnies d'élite et protester contre la politique de Ledru-Rollin. Ils durent se disperser sous les railleries des ouvriers accourus des faubourgs.

Le soir, Lamartine donna lecture au conseil d'un projet de proclamation à la gloire du peuple et du suffrage universel. Il se prononçait pour des élections immédiates.

Louis Blanc développa en réponse ses théories sur l'organisation du travail et la création d'un ministère du progrès. « L'ajournement des élections était indispensable (1). Dans l'intervalle, la France ferait son éducation républicaine, le gouvernement ouvrirait les voies nouvelles et changerait tous les fonctionnaires publics ». Lamartine répliqua avec chaleur que s'imposer à la France serait « une usurpation de la souveraineté du peuple ». Louis Blanc protesta. Il voulait non pas une dictature d'oppression, mais une dictature de progrès. « Il respectait la souveraineté du peuple, il en repoussait le mensonge. Si les élections n'étaient pas retardées, elles seraient réactionnaires assurément. Alors on se trouverait à la tête d'une majorité douteuse en face d'un peuple exaspéré. Toutes les réserves du gouvernement n'auraient abouti qu'à jeter l'Assemblée nationale dans un incendie que rien ne saurait éteindre, et l'on aurait un 18 brumaire populaire. »

Garnier-Pagès s'éleva contre les paroles de Louis Blanc : « L'ajournement était une erreur des clubs ; plus tôt les élections seraient faites, plus elles seraient empreintes du sentiment révolutionnaire ».

Finalement la motion de Louis Blanc fut repoussée, sur la menace de démission de Lamartine et de Dupont de l'Eure.

En présence de ce vote, 15 délégués des clubs et 15 délégués du Luxembourg décidèrent de lancer un appel au peuple. Le 17 au matin, Louis Blanc exhorta quelques-uns de ses disciples « à conduire la manifestation de manière

---

(1) Pour Blanqui, l'appel précipité au suffrage universel était une trahison républicaine.

à honorer pour jamais la sagesse du peuple ». Puis il se rendit à l'Hôtel de Ville, où il retrouva ses collègues un peu inquiets.

A midi, les manifestants apparurent à l'une des extrémités de la place de Grève, ayant à leur tête Blanqui, Flotte, Barbès, Sobrier, Cabet, Raspail. « Ils marchaient en silence, semblables à des hommes qui vont accomplir un acte calme et sain de patriotisme et qui se surveillent les uns les autres pour édifier l'œil de leur pays » (1).

Le flot succédait au flot ; bientôt la place ne fut plus qu'une mer humaine. Alors *la Marseillaise* et le *Chant des Girondins* s'envolèrent de toutes les poitrines, ponctués des cris répétés de: *Vive Louis Blanc! Vive Ledru-Rollin!* Parmi les manifestants, il devint clair que si les uns, suivant l'inspiration de Louis Blanc, ne songeaient qu'à renforcer la minorité, les autres, à la suite de Blanqui, projetaient d'épurer le gouvernement.

Une délégation pénétra dans l'Hôtel de Ville. Au nom du peuple de Paris, le citoyen Gérard réclama l'éloignement des troupes, l'ajournement des élections au 5 avril pour la garde nationale, au 31 mai pour l'Assemblée.

A ce moment, Louis Blanc crut voir autour de Blanqui « des figures inconnues, dont l'expression avait quelque chose de sinistre » (2). Il craignit que Lamartine, dont il devinait l'irritation contenue, ne déchaînât, par une imprudence de parole, une action brutale des blanquistes contre le gouvernement. Il était d'accord avec Cabet et Barbès pour s'en tenir à une pression énergique. On l'accusait d'aspirer à la dictature. Il voulut dégager sa responsabilité et parla le premier en homme, écrit Lamartine, qui s'identifie complètement à l'esprit de ses collègues: « Le gouvernement ne pouvait céder à la menace. Son plus ferme désir était de marcher avec le peuple, de vivre pour lui et, s'il le fallait, de mourir pour lui ».

Une voix interrompit sèchement: « Soyez persuadé que, de son côté, le peuple travailleur mourra pour vous, tant que vous servirez ses droits ».

« Nous ne sortirons pas d'ici sans avoir une réponse à transmettre au peuple », s'écria avec violence un manifestant.

Il y eut un moment de tumulte et de désarroi. Mais Cabet et Sobrier

(1) LAMARTINE : *Hist. de la Révolution de 48*, II, 174.

(2) Louis BLANC : *Hist. de la Révolution de 48*, I, 310. « C'était apparemment, écrit plaisamment Proudhon, les mêmes qui furent remarquées depuis par les honnêtes et les modérés, au 15 mai et dans les journées de juin. Les hommes de gouvernement sont sujets à de singulières hallucinations. » *Les Confessions d'un révolutionnaire*, 73.

s'interposèrent: « Les délégués, dit Sobrier, ont une confiance entière dans le gouvernement. — Pas dans tous ! » interrompirent quelques-uns.

Lamartine se sentit visé. Il confirma « avec autant de dignité que de convenance » les paroles de Louis Blanc et de Ledru-Rollin. « Prenez garde, conclut-il, à des réunions de ce genre, quelque belles qu'elles soient. Les 18 brumaire du peuple pourraient amener contre son gré les 18 brumaire du despotisme ! » Cédant au désir de la foule, le gouvernement descendit sur la place. Dans le grand escalier, Louis Blanc fut accosté par Flotte, partisan de Blanqui, qui, blême de colère, lui jeta à la face: « Tu es donc un traître, toi aussi ! » Louis Blanc ne répondit pas et rejoignit ses collègues.

Les manifestants défilèrent devant le gouvernement jusqu'à la nuit, les uns se dirigeant en pèlerinage vers la colonne de la Bastille, d'autres vers le ministère de l'Intérieur. Le conseil se réunit le soir, à 8 heures, au Petit-Luxembourg. Après une vive discussion, il maintint, par sept voix contre trois, la date fixée pour les élections de la garde nationale. Louis Blanc et Albert offrirent leur démission, mais la retirèrent sur l'intervention pressante de Ledru-Rollin. Marrast proposa, ce qui fut adopté, de consulter les délégués du Luxembourg. Le lendemain, Barbès soutint qu'un délai de huit jours était nécessaire et obtint le renvoi au 5 avril.

Louis Blanc avait eu les honneurs de la journée du 17. Pourtant quelque amertume était mêlée à son triomphe. Ledru-Rollin avait eu une part d'acclamations égale à la sienne. Les résultats de la manifestation étaient médiocres. Rien n'avait été décidé au sujet de la convocation de l'Assemblée et de l'éloignement des troupes. Dans sa brutale apostrophe, ce n'était pas son seul sentiment que Flotte avait exprimé.

Interprète du malaise qui pesait ce jour-là sur une grande partie de la foule, Proudhon appelle le 17 mars la réaction de Louis Blanc.

« Quoi ! écrit-il, voici un homme convaincu que la dictature est nécessaire pour faire le bien du peuple ; que les hommes du pouvoir, ses collègues, sont hostiles au progrès ; que la Révolution est en péril si on ne réussit pas à les remplacer. Il sait que l'occasion est rare, qu'une fois échappée elle ne revient plus ; qu'un seul instant lui est donné pour frapper un coup décisif ; et, quand arrive ce moment, il en profite juste pour refouler ceux qui lui apportent leur dévouement et leurs bras ; il se détourne de leurs sinistres figures. Et vous ne croyez pas qu'il y avait dans cet homme quelque chose qui, à son insu, parlait plus haut que ses convictions ? »

Louis Blanc n'avait jamais songé à renverser ses collègues. Chacun d'eux lui paraissait à sa place et appelé à rendre, dans sa sphère, les plus grands services. Il disait un jour à Lamartine : « Nous sommes l'un et l'autre dans cette situation singulière que vous êtes responsable du progrès et que je suis responsable de l'ordre. »

Se débarrasser de la fraction modérée qui ramenait la bourgeoisie et rassurait les départements encore monarchistes, c'eût été, selon lui, « ouvrir une brèche par laquelle se seraient précipitées, avides et frémissantes, toutes les ambitions », provoquer une nouvelle lutte sanglante, en un mot renverser la République. Mais il s'était réjoui du succès de la manifestation qui, en accroissant son prestige, lui avait donné plus de force pour vaincre l'hostilité de ses collègues aux réformes sociales. Ne s'était-il pas fixé pour but de profiter de la secousse imprimée par chacun des mouvements du peuple « aux âmes vacillantes » pour faire, avec les membres de la majorité et par eux, quoique malgré eux, la besogne révolutionnaire ? » Au lendemain du 17 mars, écrit-il, il y avait bien toujours sept votants d'un côté, quatre de l'autre ; mais, derrière les quatre, le souvenir du 17 mars faisait apparaître un cinquième votant : le peuple. » Ce cinquième votant hantera désormais le conseil. Lamartine a dévoilé quel était le sentiment des membres de la majorité du gouvernement devant la grande armée populaire : « Ils ne se déguisèrent pas à eux-mêmes, écrit-il, le sens de cette journée et ils commencèrent à se défier d'une influence qui avait tout et qui pouvait tout. Leur physionomie affectait la satisfaction et la reconnaissance, pendant que leur âme était profondément ulcérée de l'audace et du succès de quelques meneurs. »

La défiance s'accentua au sein du conseil contre le premier ouvrier de France. Le lendemain même de la manifestation, Carnot, ministre de l'Instruction publique, autorisa l'envoi aux bibliothèques et aux écoles d'un livre dirigé contre les idées de Louis Blanc (1).

Toutefois, l'abolition de l'impôt sur les boissons fut votée et le gouvernement, par une visite officielle, témoigna de son intérêt à la Commission du Luxembourg. Mais c'étaient là des manifestations de surface. La majorité préparait sa revanche. Lamartine déployait toute sa séduction à détacher Ledru-Rollin et Flocon de Louis Blanc ; il eut des entrevues avec Blanqui,

(1) Ce livre était intitulé : *Code manuel des ouvriers, leurs droits, leurs devoirs et leurs intérêts.*

Lamennais, Raspail et Cabet. A l'Hôtel de Ville, Marrast se concertait avec les généraux Bedeau et Changarnier, tenait en haleine les ouvriers des ateliers nationaux et laissait croire aux gardes mobiles, pour les exciter contre Louis Blanc, que le retard dans la livraison de leurs uniformes était dû aux tailleurs de Clichy.

Sentant vaguement un point d'appui dans le gouvernement, la réaction redoubla ses attaques.

Louis Blanc avait parlé en faveur du drapeau rouge. On accolait à son nom, comme une flétrissure, l'épithète de républicain rouge. On l'accusait d'ameuter les clubs, alors qu'il ne faisait partie d'aucun, de prêcher la haine entre les classes, d'être au fond des complots de Blanqui, qu'il ne connaissait pas. On le représentait comme vivant fastueusement au Luxembourg. On donnait les menus de ses soupers fins, servis sur le plus beau cachemire de la duchesse d'Orléans (côtelette de chevreuil à la purée d'ananas), alors qu'il déjeunait modestement à 2 fr. 50. Il nageait dans l'opulence et, possesseur de maisons au faubourg Saint-Germain, refusait d'y loger des ouvriers pour n'avoir que des gens riches comme locataires. On l'accusait de parler de l'organisation du travail pour assurer la vente de son livre, alors qu'il en avait offert gratuitement sept mille exemplaires à l'industrie fraternelle des ouvriers typographes. Les philosophes sociaux entraient dans la lutte. Enfantin parlait d'enterrer les alchimistes du Luxembourg dans leur alambic d'organisation du travail. Michel Chevalier, Louis Reybaud, Wolowski défendaient âprement la liberté. Victor Considérant, dans *la Démocratie pacifique*, Lamennais dans *le Peuple constituant*, discutaient les « divagations du Luxembourg ».

Louis Blanc dut songer à se défendre. Déjà bien isolé, il eut le tort de ne rien répondre à Proudhon qui lui avait demandé de faire accueillir par le gouvernement provisoire son projet d'organisation de crédit.

L'atmosphère semblait favorable à une nouvelle démonstration populaire. Les espérances éveillées par le 17 mars ne s'étaient pas réalisées, d'où un grand mécontentement dans la masse, mécontentement qui s'accrut encore lorsque, le 5 avril, seuls les modérés furent élus officiers de la garde nationale. Il fallut réserver quatorze places d'officiers d'état-major aux ouvriers. L'élection fut fixée au 16 avril. Louis Blanc prit l'initiative de convoquer ce jour-là les corporations au Champ-de-Mars. Après le scrutin, les ouvriers se rendraient en cortège à l'Hôtel de Ville pour remettre au gouvernement un don patriotique et une pétition relative à l'organisation du travail.

Louis Blanc espérait faire plier la majorité.

Le 14, il annonça à ses collègues le but de la manifestation, qui était d'appeler l'attention du gouvernement sur la nécessité morale de s'occuper des questions sociales, sans lesquelles la République risquait de n'être qu'un vain mot. Il ajouta que, pas plus qu'au 17 mars, l'ordre ne serait troublé. Le cri poussé par les ouvriers, sans distinction de majorité ou de minorité, serait : « Vive le Gouvernement provisoire ! »

Cette communication fut accueillie avec froideur. Le lendemain, dans un conseil tenu au ministère des Finances, Louis Blanc renouvela l'assurance que la manifestation serait pacifique. Ledru-Rollin signala les menées de Blanqui et proposa son arrestation, ce qui fut rejeté. On échangea des vues. Le gouvernement ne se refusait pas à expérimenter les systèmes ; mais prescrire au hasard à la société des errements nouveaux, n'était-ce pas vouloir l'impraticable et tenter une folie? Le débat se poursuivit, confus, et la séance fut levée sans qu'aucune résolution fût prise.

La majorité du gouvernement redoutait la prépondérance qu'une nouvelle manifestation populaire allait donner à Louis Blanc, à qui elle attribuait « l'ambition d'exercer sur les ouvriers une influence directe, souveraine, et d'entourer son nom du prestige de cette popularité qui, seule force réelle aux époques révolutionnaires, avait livré à Danton et à Robespierre la puissance suprême, et qui pouvait la donner encore » (1).

Lamartine résolut, avec Marrast et Marie, « de remuer ciel et terre pour prévenir l'effet moral d'une aussi décisive démarche ». Bientôt, grâce à son action — il disposait de 150.000 francs de fonds secrets — les chefs d'industrie, les marchands, les logeurs, la jeunesse des Ecoles, la garde nationale se crurent sous la menace d'un complot communiste dont Blanqui et Cabet seraient les bénéficiaires.

Ledru-Rollin, troublé par les instances de ses amis Caussidière, Barbès et Flocon, hésitait sur la conduite à tenir. Lamartine, aidé de Favre, Landrin et Carteret, vint à bout de ses dernières résistances. Le 16 au matin, il donna l'ordre de battre le rappel pour noyer l'émeute dans un grand mouvement de la garde nationale.

En arrivant sur la place de l'Hôtel-de-Ville, tout hérissée de baïonnettes, Louis Blanc et Albert furent atterrés. Ils se mirent aussitôt à la recherche de

(1) Garnier-Pagès : *Hist. de la Révol. de 48*. VI, 188.

Lamartine, qu'ils trouvèrent dans la salle du conseil, occupé à écrire. Louis Blanc protesta avec énergie contre l'omnipotence de ceux qui, de leur propre autorité, avaient fait battre le rappel. Lamartine, énervé, répondit avec humeur.

Cependant, une grande clameur s'élevait au dehors. Les corporations ouvrières, qui avaient suivi les quais, arrivaient en bon ordre sur la place. La garde nationale leur barra le passage. Après maints pourparlers, quelques délégués furent autorisés à se rendre à l'Hôtel de Ville. Furieux, ils réclamèrent à grands cris Louis Blanc et lui témoignèrent leur indignation d'être reçus comme des factieux.

Louis Blanc s'efforça de calmer la délégation. Il y avait malentendu. Le gouvernement provisoire avait été averti que des forcenés devaient se mêler au mouvement pour le faire aboutir au désordre : c'est contre ceux-là que le rappel avait été ordonné.

Une voix interrompit : « Alors pourquoi ne pas nous laisser défiler devant l'Hôtel de Ville ?

— Qu'à cela ne tienne », répliqua Louis Blanc.

Et il donna au colonel Rey l'ordre de frayer un chemin à travers la garde nationale.

Le gouvernement provisoire se plaça aux fenêtres de l'Hôtel de Ville. « Louis Blanc, écrit George Sand, qui se trouvait dans la foule, avait une belle tenue de Saint-Just. Ledru-Rollin se montrait peu et faisait contre mauvaise fortune bon cœur. Lamartine triomphait sur toute la ligne. Garnier-Pagès faisait une mine de jésuite. Crémieux et Pagnerre étaient prodigues de leurs hideuses boules et saluaient royalement la populace. Les pauvres ouvriers étaient refoulés derrière la garde bourgeoise, le long des murs, au fond de la place. Enfin on leur ouvrit, au milieu des rangs, un petit passage, si étroit que, de quatre par quatre qu'ils étaient, ils furent forcés de se mettre deux par deux, et on leur permit d'arriver le long de la grille, c'est-à-dire devant cent mille baïonnettes et fusils chargés. »

En passant devant le gouvernement, ils agitaient leur chapeau. Mais bientôt, de tous les points de la place, des cris se firent entendre : « A bas Louis Blanc ! A bas les communistes ! »

Excités par les clameurs, des maires, des officiers de la garde nationale pressaient Marrast de faire arrêter Louis Blanc. N'était-il pas l'auteur du mouvement ? Ne préconisait-il pas la spoliation de la bourgeoisie ? Marrast refusa. Aux rares républicains qui demandaient aussi l'arrestation, il répondit : « Vous ne voyez donc pas, derrière la garde nationale, les dynastiques de toutes les nuances ? Gardons-nous de les faire profiter d'un succès qui ne tient qu'à une querelle de famille. M. Louis Blanc est un frère politique, rival seulement de circonstance. Les autres sont nos ennemis éternels. Nous avons été obligés de vaincre pour nous défendre, mais la victoire est pleine de dangers. Nous n'avons plus à rassurer la garde nationale, mais le peuple. »

Louis Blanc venait d'assister à son écroulement. En vain, le 17 avril, les délégués du Luxembourg vinrent porter à l'Hôtel de Ville une protestation affirmant la pureté de leur intention, niant avec indignation que Louis Blanc et Albert les avaient encouragés à scinder violemment le gouvernement provisoire. Inutile démarche. Le coup était porté. Les partis vaincus redressèrent la tête. « C'est à partir du 16 avril, écrit Proudhon, que le socialisme est devenu particulièrement odieux au pays. Le socialisme existait depuis juillet. Depuis juillet, saint-simoniens, phalanstériens, communistes, humanitaires et autres entretenaient le public de leurs innocentes rêveries, et ni M. Thiers ni M. Guizot n'avaient daigné s'en occuper. Ils ne craignaient point alors le socialisme, et ils avaient raison de ne pas le craindre tant qu'il n'était pas question de l'appliquer aux frais de l'Etat et par autorité publique. Après le 16 avril, le socialisme souleva contre lui toutes les colères ; on l'avait vu, minorité imperceptible, toucher au gouvernement ! »

Louis Blanc essaya de réagir. Le 17, au conseil, il démentit les bruits colportés contre le Luxembourg et réclama une enquête sur les événements de la veille. Il prétendit que la garde nationale avait été choisie homme par homme. « Non, répliqua Lamartine, c'est le tambour qui a choisi. » L'enquête fut votée mais ne devait pas aboutir. A la même séance, Louis Blanc fit strictement réglementer le droit de battre le rappel et rédigea une proclamation, qui fut signée de tous ses collègues, « désapprouvant de la manière la plus formelle tout cri provocateur, tout appel à la division entre les citoyens, toute atteinte portée à l'indépendance des opinions pacifiques. »

Sur sa demande, le gouvernement fit placarder deux décrets supprimant les droits d'octroi sur la viande de boucherie et annonçant une modification des droits d'octroi sur les vins. L'inamovibilité de la magistrature fut déclarée incompatible avec le gouvernement républicain. Plusieurs magistrats furent destitués ; des généraux et des colonels mis à la retraite. Des félicitations furent votées aux clubs, « qui sont pour la République un besoin et pour les citoyens un droit ». Une nouvelle discussion eut même lieu sur le drapeau rouge. Mais les décisions fondamentales antérieurement prises au sujet de l'éloignement des troupes et de la date des élections ne furent pas rapportées.

La manifestation du 16 avril avait été inopportune; à la veille des élections, elle avait effrayé, sans résultats tangibles, les bourgeois et les paysans, et consacré définitivement la prépondérance de la majorité du gouvernement. Cette majorité atteignait enfin son but. Ayant mis Louis Blanc dans l'impossibilité de réformer dictatorialement la société, elle allait remettre à une Assemblée nationale, qu'elle souhaitait d'opinion modérée, la solution des problèmes politiques et sociaux. Louis Blanc allait être le grand vaincu de la consultation électorale du 23 avril, et le dernier sursaut du parti révolutionnaire allait consommer sa défaite.

En vue des élections, Louis Blanc avait fondé la Société centrale des ouvriers de la Seine. Sur les trente-quatre représentants que devait élire Paris, les ouvriers demandaient vingt-quatre sièges. Il leur en proposa vingt, se refusant toutefois, étant membre du gouvernement, à faire un choix et à assister à tout débat électoral. Chaque corporation présenta un candidat, qui fut entendu par une commission siégeant, non pas au Luxembourg, mais au domicile particulier de Dumas, professeur de chimie à la Sorbonne.

Les dix-sept délégués, réunis en assemblée générale, arrêtèrent leur liste définitive, sur laquelle figurèrent : Louis Blanc, Albert, Ledru-Rollin, Flocon, Caussidière, Pierre Leroux, Barbès, Raspail, etc. S'enfermant dans un particularisme étroit, ils tinrent à l'écart les associations du vieux compagnonnage, Blanqui, Cabet, Proudhon, Lamennais, Béranger, et diminuèrent ainsi leurs chances, déjà bien faibles.

De son côté, la majorité du gouvernement ne demeurait pas inactive. Marrast et Marie organisaient à Saint-Maur, pour la veille même des élections, une revue des ouvriers des ateliers nationaux, préalablement nantis d'une paye supplémentaire. Louis Blanc protesta au conseil, et le projet fut abandonné. La mairie fit imprimer sur papier rose, à un million d'exemplaires, une liste d'où étaient exclus Louis Blanc, Albert, Flocon et Ledru-Rollin, et qui fut distribuée par les ouvriers des ateliers nationaux à raison de 5 francs par jour.

Les événements du 16 avril étaient perfidement exploités. On insinuait que Louis Blanc, dans son impatient désir de bouleverser l'édifice social, avait bassement conspiré contre ses collègues du gouvernement. Dans certains départements, on annonça même qu'il avait été tué, place de l'Hôtel-de-Ville,

Phot. Hachette

LAMARTINE
Portrait peint par PHILLIPS
Musée du Louvre

à la tête des révoltés. On exploitait contre la République l'impôt extraordinaire de quarante-cinq centimes par franc additionnel aux contributions directes à l'adoption duquel Louis Blanc s'était en vain opposé, proposant, à défaut d'une taxe sur le revenu, rejetée comme inquisitoriale et entraînant de trop longs délais, le dégrèvement des petits contribuables. Enfin on répandait avec d'effrayants commentaires l'article où George Sand appelait de tous ses vœux, si la vérité sociale ne triomphait pas, de nouvelles barricades, et n'hésitait pas à prendre, au nom du gouvernement, un engagement de neutralité dans la future guerre civile.

Les élections eurent lieu dans le calme. Lamartine arriva le premier dans le département de la Seine avec 259.000 voix; Louis Blanc venait le vingt-septième avec 120.140, six rangs après Albert, qui en obtenait 133.041. Un seul des ouvriers porté sur la liste du Luxembourg était élu: Agricol Perdiguier. Dans les départements, la défaite se transformait en déroute. Les partis avancés, vivement émus, se répandirent en ardentes récriminations : « Nous comptions sur de bien mauvaises élections, écrivait *la Réforme*, mais l'événement, il faut l'avouer, a dépassé notre attente ». Des tentatives de soulèvement se produisirent. A Limoges, la *Société populaire* établit la dictature d'un comité provisoire. A Rouen, le sang coula. Louis Blanc demanda que les généraux qui y commandaient fussent immédiatement rappelés à Paris. Il eut à ce sujet une altercation violente avec le ministre de la guerre Arago.

Le 5, le club de la Révolution vota une motion « invitant les membres du Gouvernement provisoire à conserver, par mesure dictatoriale, l'exercice du pouvoir exécutif jusqu'à ce qu'ils aient vu l'Assemblée nationale à l'œuvre et qu'ils se soient rendu compte si réellement elle méritait la confiance des vieux républicains ». Blanqui et Barbès furent menaçants: « Si vous insistez..., vous trouverez à l'avant-garde, au jour de la lutte, nos sections organisées, et ce n'est plus de pardon que vos frères vous parleront, mais de justice ». Enfin Proudhon écrivait, le 29 avril: « La cause du prolétariat, dénoncée avec tant d'éclat, dans les barricades de février, vient d'être perdue en première instance dans les élections d'avril. Que MM. Blanc et Ledru-Rollin se pardonnent à eux-mêmes, comme nous leur pardonnons. Ils ont laissé ruiner la France et vendre le prolétariat. Mais ils sont à bas: par conséquent ils sont des nôtres ».

A la Commission du gouvernement pour les travailleurs, le 29 avril, Louis Blanc ne put contenir sa tristesse. Les paroles amères de Campanella montèrent à ses lèvres: « Le peuple se frappe, il s'enchaîne de ses propres mains. Tout ce qui est entre le ciel et la terre est à lui, mais il l'ignore, et si quelqu'un l'en avertit, il le terrasse et le tue ».

L'Assemblée nationale, qui se réunit le 4 mai, allait justifier les inquiétudes des républicains. Comptant parmi ses membres des hommes comme Berryer, Odilon Barrot, Dupin, Rémusat, Duvergier de Hauranne, Montalembert, elle manifesta ses sentiments en appelant à la présidence Buchez, et à la vice-présidence le procureur général Sénart, qui avait requis avec véhémence contre les insurgés de Rouen. Elle rendit hommage au Gouvernement provisoire, mais décida de ne pas le maintenir en fonctions et d'élire une commission exécutive de cinq membres. Après de vives discussions, le choix des représentants se porta sur Arago, Garnier-Pagès, Marie, Lamartine et Ledru-Rollin.

Les socialistes étaient bannis. On avait même voulu se débarrasser de Ledru-Rollin; mais Lamartine, sans souci de compromettre sa popularité, s'était solidarisé avec son collègue. « C'était, écrit Louis Blanc, le Gouvernement provisoire moins l'idée du travail; c'était la Révolution de février moins ce qui était toute la révolution: le peuple. » A la suite de cette décision, il donna sa démission de président de la Commission du Luxembourg: « A quoi, en effet, aurait-elle désormais servi, puisqu'elle aurait été soumise à une pentarchie hostile? » Résolu toutefois à tenter un dernier effort, il demanda le 10 mai, devant une assemblée houleuse, la création d'un ministre du progrès. Un peu énervé, il indisposa l'auditoire en se présentant comme plus soucieux que personne des intérêts des travailleurs. Dans un silence relatif, il proclama nécessaire la création de ce ministère, en raison de la situation critique des entrepreneurs et des ouvriers. Et il conclut par ces paroles prophétiques: « On disait, avant la Révolution de Février: « Prenez garde à la révolu-« tion du mépris »! Eh bien, c'est à vous à rendre impossible, et cela se peut, la révolution de la faim »!

Par une étrange ironie, ce fut un membre de la Commission des travailleurs du Luxembourg, un ouvrier catholique, horloger de son état, nommé Peupin, qui vint combattre le projet. Il fit sonner bien haut qu'il était ouvrier, lui, et déclara, au milieu des *rires universels*, que la Commission du Luxembourg n'était pas coupable, « attendu qu'on n'est pas coupable quand on n'a rien fait ». Du reste, le ministère des travaux publics, bien dirigé, répondait aux nécessités signalées par Louis Blanc. L'Assemblée n'avait qu'à voter une enquête sur la situation des travailleurs.

Louis Blanc demanda la parole pour répondre. Elle lui fut refusée. A la presque unanimité, l'Assemblée décida qu'il ne serait pas créé de ministère du Travail et nomma une commission d'enquête de trente-six membres hostiles à ses idées.

Louis Blanc sortit de la séance exaspéré. Voilà donc à quoi aboutissaient tous ses efforts: à une commission dont les conclusions se feraient longtemps attendre. Le soir, une grosse émotion se manifesta dans les clubs. Pour marquer leur mécontentement et leur solidarité avec Louis Blanc, les ouvriers décidèrent de s'abstenir en masse d'assister à la fête de la Concorde, organisée par le gouvernement.

L'effervescence continua, entretenue par la nouvelle des événements de Pologne. Les Polonais venaient de succomber dans le grand-duché de Posen. Le 13, quelques milliers de manifestants parcoururent en cortège les boulevards et apportèrent au Palais-Bourbon leurs protestations contre l'inertie du gouvernement. Cette manifestation eut du succès, et l'idée en vint d'en organiser une plus grandiose pour le surlendemain. Les révolutionnaires décidèrent d'y participer, afin de protester contre l'ostracisme dont Louis Blanc et Albert étaient victimes, et de donner un avertissement à l'Assemblée.

Louis Blanc, mis au courant des préparatifs, fit part de ses inquiétudes à Barbès et aux autres représentants, réunis chez lui pour examiner le projet de constitution qui venait d'être distribué. Servir la liberté en Pologne, ne serait-ce pas la compromettre en France? Il ne fallait pas donner à la réaction la joie de pouvoir dire qu'il n'y avait pas de crédit, pas de tranquillité possible en République. Permettre à la foule de violer l'enceinte de l'Assemblée nationale conduirait au chaos.

Il adjura Barbès de donner à son club le mot d'ordre de s'abstenir. Barbès promit. Mais il était déjà trop tard: les membres du club centralisateur, qui avait à sa tête Hubert, avaient annoncé la manifestation.

Le 15 mai, Wolowski développait son interpellation sur les affaires de Pologne, lorsque, par les fenêtres ouvertes, un grand cri semblant venir du ciel tomba sur l'Assemblé inquiète.

Tout à coup les tribunes publiques sont envahies. Des groupes de manifestants se laissent glisser dans la partie réservée aux représentants. La salle des séances est bientôt complètement submergée. Le président, debout, s'enroue à réclamer le silence et agite sans répit sa sonnette. Dans les couloirs, on demande à grands cris Louis Blanc. Un représentant, Huot, se livrant péniblement passage jusqu'à son collègue, le supplie d'intervenir : « Ma place est ici, répond Louis Blanc avec énergie, je ne veux pas quitter mon banc ». La foule s'étonne. Pourquoi Louis Blanc ne vient-il pas ? L'aurait-on arrêté ? Les esprits commencent à s'échauffer. Lucien Murat s'écrie : « Eh quoi ! pouvant peut-être calmer l'agitation, vous refusez d'essayer, et si le sang coule » !

Louis Blanc se lève enfin. « Croyez-vous utile, demande-t-il à Buchez, que je parle au peuple, et, dans ce cas, m'autorisez-vous à le faire au nom de l'Assemblée? » Après un long silence embarrassé, Buchez répond : « Comme président, je ne puis vous donner cette autorisation, car la séance est interrompue; mais, comme citoyen, je vous engage à faire tout ce que votre conscience vous suggérera ».

Louis Blanc insiste. Il veut une réponse catégorique. « Eh bien, dit le vice-président Corbon, le bureau vous y autorise. »

Alors Louis Blanc, longuement acclamé, monte sur le bureau du secrétaire, demande le silence, afin que la pétition soit lue et qu'on ne puisse pas dire que le peuple, en pénétrant dans l'Assemblée, ait violé par ses cris sa propre souveraineté.

Raspail donne lecture de la pétition. Barbès, qui jusqu'à ce moment était demeuré pâle à son banc, tortillant nerveusement sa moustache, se lève et s'associe avec force aux vœux exprimés.

Blanqui, ganté de noir, lui succède. On l'écoute, tant qu'il parle de la Pologne; mais quand il fait allusion aux hommes qui ont « pour ainsi dire été systématiquement écartés des conseils du gouvernement », des cris s'élèvent pour le rappeler à la question: « La Pologne! la Pologne! » et il doit descendre de la tribune.

Au dehors, la foule s'accroît sans cesse. Louis Blanc, entraîné hors de la salle, monte sur le rebord d'une fenêtre donnant sur la place de Bourgogne. Un drapeau à la main, encadré d'Albert et de Barbès, il affirme la légitimité des vœux portant sur une plus équitable répartition du travail, sur l'extinction graduelle de la misère; exalte la générosité du peuple, qui oublie ses propres douleurs pour s'occuper des souffrances d'un peuple ami; il conjure une dernière fois la foule de laisser l'Assemblée à toute la liberté de ses délibérations et veut se retirer. Mais il est désormais prisonnier de ses admirateurs, qui l'étourdissent de vivats, l'entraînent dans la salle des Pas-Perdus et lui demandent de parler encore. Debout sur une chaise, il évoque la force invincible de la Révolution de février qui, par sa modération et sa sagesse, renversa les trônes, et crie: « Vive la République universelle! » Alors l'enthousiasme se déchaîne, la foule se précipite sur son orateur favori. En vain Louis Blanc résiste, essaie de lui échapper: on le saisit, on le soulève, on le porte en triomphe. Juché sur de solides épaules, il fait une rentrée sensationnelle dans la salle des séances au milieu des cris répétés de: « Vive Louis Blanc! » Des tribunes, qui fléchissent sous le poids des assistants, partent des bravos et des applaudissements frénétiques. Louis Blanc, gêné, rouge de confusion, s'efforçait de descendre de son piédestal vivant. « Il se pliait et se tordait de tous les côtés, écrit Tocqueville, sans pouvoir glisser d'entre leurs mains, tout en parlant d'une voix étranglée et stridente. Il me faisait l'effet d'un serpent auquel on pince la queue. » Enfin la promenade se termine. Baigné de sueur, les cheveux en désordre, le malheureux triomphateur tombe épuisé de fatigue sur les bancs extrêmes de l'amphithéâtre.

Un ouvrier s'approche de lui: « Vous n'avez plus de voix, lui dit-il, mais si vous voulez écrire sur un morceau de papier qu'une dernière fois vous conjurez la foule de se retirer, peut-être parviendrai-je à lire ce papier d'une voix assez forte pour être entendue ».

Louis Blanc prit une plume et écrivit ces mots : « Au nom de la patrie républicaine, au nom de la souveraineté du peuple, je vous adjure de... » Mais ici Huber, revenu de l'évanouissement que lui avait causé la chaleur, cria d'une voix puissante: « Au nom du peuple, trompé par ses représentants, l'Assemblée nationale est dissoute! »

Louis Blanc, découragé, laissa tomber sa plume. Cependant Barbès et Flotte blâmaient Huber. Flotte s'écriait: « Non, l'Assemblée n'est pas dissoute; crions *Vive l'Assemblée!* » Le président Buchez fut arraché de son fauteuil, et les membres d'un nouveau gouvernement proclamés: Barbès, Louis Blanc, Ledru-Rollin, Flocon, Caussidière, Albert.

Tout à coup, des roulements de tambour tombèrent comme une douche froide sur les passions déchaînées. Il y eut un lourd silence suivi des cris: « La garde mobile! la garde mobile! » puis une ruée générale vers les portes.

C'était en effet la garde mobile. Le président avait donné l'ordre de battre le rappel.

Tandis que Louis Blanc, entraîné par des amis chez un négociant près de l'Ecole de Médecine, se demandait s'il irait ou non à l'Hôtel de Ville, et se décidait finalement à rentrer chez lui, Barbès et Albert proclamaient sur la place de Grève un décret les investissant du pouvoir, ainsi que Louis Blanc,

Ledru-Rollin, Raspail, Pierre Leroux et Thoré. Leur dictature fut de courte durée. Lamartine et Ledru-Rollin, accompagnés du général Foucher et des gardes nationaux, se rendirent à l'Hôtel de Ville; Barbès et Albert, appréhendés, furent conduits, la nuit, sous bonne escorte, au donjon de Vincennes.

Louis Blanc ignorait ces événements. En arrivant chez lui, on lui apprit que l'Assemblée avait repris séance. Il s'y rendit.

Injurié et frappé par les gardes nationaux, il entra dans la salle des séances au moment où l'Assemblée venait de voter le maintien en état d'arrestation du général Courtais, de Barbès et d'Albert. Des voix s'élevèrent : « Laissez parler Louis Blanc ».

Il se précipita à la tribune, les vêtements en lambeaux, souillés de poussière, le visage tuméfié, les cheveux en désordre. Dans son trouble, il ne songea pas à faire apporter l'escabeau sur lequel il avait coutume de grimper afin de déborder d'une façon suffisante la tribune. Des huées s'élevèrent. Au milieu du tumulte, interrompu à chaque phrase par des clameurs et des injures, il affirma sur l'honneur avoir tout ignoré de ce qui devait se passer. Homme du droit, il n'avait jamais été l'homme de la violence. Courageusement, il prit la défense de Barbès, affirma n'être pas allé à l'Hôtel de Ville, et, à bout de forces, le tumulte croissant, il descendit de la tribune.

Quelques jours plus tard, Portalis, procureur général, et Landrin, procureur de la République, demandèrent l'autorisation de poursuivre Louis Blanc comme présumé coupable « d'avoir pris part à l'envahissement et à l'oppression de l'Assemblée, avec, pour but, soit de détruire, soit de changer le gouvernement, crime prévu par l'article 87 du code pénal ». Cette demande avait été déposée avec l'assentiment de la commission exécutive, que les deux magistrats avaient un peu violentée en la menaçant, sous prétexte d'entrave à la justice, d'une démission rententissante.

Louis Blanc se défendit d'avoir à se justifier. On engageait l'Assemblée dans une voie au bout de laquelle il y aurait le système des épurations et des haines implacables. Il rappela son rôle pendant la journée du 15 mai, son immobilité à son banc d'abord, et puis, avec l'assentiment du président, ses exhortations au peuple.

« Non, conclut-il, je n'ai pas voulu la dissolution de l'Assemblée; non, je n'ai rien fait pour amener le peuple ici; oui, j'ai tout fait pour l'engager à se retirer, par respect pour le principe du suffrage universel. Vouloir que l'Assemblée fût dissoute lorsqu'elle représente le principe du suffrage universel, ce serait ôter toute espèce de base au droit politique, au droit public, et nous précipiter de l'ordre dans l'anarchie. »

Une vive agitation suivit ces paroles.

Au nom du gouvernement, Crémieux invita l'Assemblée à se retirer dans ses bureaux pour nommer une commission chargée d'examiner, avec modération et sagesse, l'opportunité des poursuites. « Les poursuites, dit-il, on ne demande pas que vous les ordonniez de nécessité; on demande que vous examiniez si elles doivent être ordonnées. »

L'Assemblée, entrant dans les vues du ministre, nomma une commission de dix-huit membres: Leblond, Dubruel, Avond, Woirhaye, Freslon, Bac, Vogué, Douesnel, Abbatucci, Langlais, Bonjean, Favre, Roger, Favreau, Porion, Renouard, Denjoy, Jouin.

Le lendemain, Louis Blanc fit distribuer à ses collègues un mémoire où, justifiant sa conduite au 15 mai, il niait sa participation à la création des ateliers nationaux et retraçait l'œuvre du Luxembourg.

Barbès revendiqua, par lettre adressée au président, la phrase reprochée à Louis Blanc: « Je vous félicite d'avoir reconquis le droit d'apporter vos pétitions à la Chambre; désormais on ne pourra plus vous le contester ».

Ainsi était ruinée une partie de l'accusation. Si Louis Blanc réussissait à prouver qu'il n'était pas, le 15 mai, à l'Hôtel de Ville, comme l'avait affirmé, dans des conversations particulières, Armand Marrast, que resterait-il contre lui ?

La commission, par 15 voix contre 3, s'était prononcée pour les poursuites et avait nommé Jules Favre rapporteur. Celui-ci monta à la tribune sur l'effet produit par la lecture de la lettre de Barbès. Son discours, perfide, assaisonné de restrictions élogieuses, fut spirituellement comparé par Ribeyrolles à une jatte de lait empoisonné. Jules Favre ne pardonnait pas à Louis Blanc d'avoir, dans l'*Histoire de dix ans*, révélé son attitude lors du procès d'avril.

D'une voix basse, l'air accablé, il rendit hommage au labeur de la commission, à son impartialité.

« Quel esprit sensé pourrait admettre, dit-il, qu'on eût choisi comme victime de je ne sais quel système haineux un homme déjà considérable par ses travaux d'histoire, en relation de familiarités, en communauté d'opinions avec ceux qui le signalent aujourd'hui; un homme qui a partagé le dévouement, les sacrifices, les périls de ce Gouvernement provisoire dont vous avez proclamé les incontestables services; un homme enfin qui, attaqué dans ses théories, n'en a pas moins été constamment respecté et honoré pour les sentiments généreux que ses erreurs économiques n'ont point effacés.

« Nous croirions, poursuivit-il, trahir ses intérêts les plus chers en même temps que déconsidérer la représentation nationale si, entraînés par de lâches considérations, nous condamnions l'élu du peuple, un instant soupçonné, à subir le triste bénéfice d'une inviolabilité qui étoufferait la lumière. »

Et il déposa un projet de décret autorisant les poursuites. C'était, par l'invocation du secret de la procédure, se dérober à toute explication et demander que l'accusé fût livré sans discussion à la justice. L'Assemblée ne fut pas dupe de ce stratagème.

Mathieu de la Drôme et Laurent de l'Ardèche se refusèrent à subordonner leur propre raison à la raison de la commission. Laurent de l'Ardèche releva toute la perfidie élégante du réquisitoire de Jules Favre: « Le citoyen Louis Blanc, dit-il, a été plus heureux que les accusés du 31 mai 1793; il a été, lui aussi, orné de fleurs et de bandelettes; il a pu jouir de l'avantage des anciens et, de sa place, il s'est vu poussé doucereusement vers le banc des plus grands criminels, avec toutes les formes de bienveillance et d'exquise urbanité que la civilisation moderne comporte. Je crois être fidèle historien de ce qui s'est passé à la séance d'hier ».

Après Laurent de l'Ardèche, un membre de la commission critiqua l'œuvre de la commission. Puis le citoyen Bac protesta « contre ces inculpations mystérieuses, qui paraissent énormes dans l'obscurité dont on les enveloppe, alors qu'elles ne sont que misérables ».

Enfin Louis Blanc affirma par serment n'avoir pas mis les pieds à l'Hôtel de Ville et somma celui qui croirait avoir le droit de le démentir de venir à la tribune opposer son serment au sien. C'était viser Marrast. Celui-ci, malgré les regards dirigés vers lui, ne se décida à répondre que sur interpellation directe du représentant Raynal. Il déclara d'un ton rogue qu'il avait d'abord cru à la présence de Louis Blanc à l'Hôtel de Ville le 15 mai; mais que, depuis, une sérieuse enquête l'avait convaincu du contraire.

On passa au vote. Les conclusions de la commission furent rejetées par 369 voix contre 337, sur 706 votants. Dans la majorité figuraient les ministres, sauf Bastide et les membres de la commission exécutive, qui avaient pourtant autorisé les poursuites.

Jules Favre, Portalis et Landrin donnèrent leur démission.

A la séance du 5 juin, Jules Favre dénonça avec véhémence la duplicité

Phot. Hachette

BARBÈS
Lithographie de Basset
Bibliothèque Nationale, Estampes

et la faiblesse du gouvernement. S'attaquant particulièrement au ministre de la justice, il lui reprocha d'avoir désavoué le procureur général et le procureur de la République, après les avoir poussés à requérir. Crémieux nia avoir pris parti dans la question. Mais Portalis et Landrin, tous deux membres de l'Assemblée, ayant confirmé les paroles de Jules Favre, le garde des sceaux dut donner sa démission.

Louis Blanc échappait à ses ennemis. Malgré la réserve qu'il s'était imposée depuis le 15 mai (1), ils ne désarmèrent pas et, au lendemain des journées sanglantes de juin provoquées par la fermeture brutale des ateliers nationaux, dont le parti de l'ordre n'avait plus besoin pour contre-balancer l'influence du Luxembourg, au lendemain de cette insurrection de la faim que Louis Blanc avait prévue, et pendant laquelle, le 25, il avait failli être la victime d'un lâche attentat, on l'engloba dans les poursuites (ne passait-il pas pour être le créateur des ateliers nationaux?) « avec l'espoir d'amener la Chambre à se déjuger, sous l'empire de la colère, dans l'asservissement de la peur »? Une commission de quinze membres avait été nommée, le 26, par les bureaux de l'Assemblée, avec mission de rechercher, par voie d'enquête et par tous autres moyens qui lui paraîtraient utiles et nécessaires, les causes de l'insurrection qui, depuis trois jours, ensanglantait Paris. La même commission était autorisée à étendre ses investigations sur l'attentat du 15 mai.

L'Assemblée désigna comme commissaires: Pougeard, Waldeck-Rousseau, de Larcy, Delespaul, Woirhaye, Landrin, Odilon Barrot, de Beaumont, Goudchaux, Flandin, Bauchart, de Mornay, Dahirel, Lanjuinais, Latrade.

Outrepassant leurs pouvoirs, les commissaires décidèrent de faire remonter leur enquête aux premiers jours de la République et, comme pour marquer dans quel esprit ils allaient commencer leurs travaux, ils appelèrent à la présidence Odilon Barrot, « ministre *in extremis* de la monarchie », et nommèrent comme rapporteur Quentin-Bauchart, jeune député de l'Aisne, ancien chef de l'opposition dynastique dans les Chambres de la Monarchie de Juillet, futur conseiller d'Etat de l'Empire. Nul ne fut à l'abri de leur assignation, ni les anciens membres du Gouvernement provisoire, ni la commission exécutive, ni les ministres. A la fin de son enquête, la commission, s'arrogeant des pou-

(1) Il intervint cependant les 26 mai et 13 juin, lorsqu'il fut question de maintenir en exil les fils de Louis-Philippe et de proscrire Louis Bonaparte, élu représentant par la Charente-Inférieure. Il déclara voter contre ces lois de proscription qui, « à l'injustice, donnaient pour excuse la peur ».

voirs de juge d'instruction, fit appeler Corne, procureur général, et interrogea le général Cavaignac sur l'opportunité des poursuites contre Louis Blanc et Caussidière. Le général répondit qu'il n'entraverait pas l'action de la justice. Mais Corne se montra hésitant. La commission décida alors de passer outre et déposa son rapport à l'Assemblée, laissant au ministère public le soin d'intervenir au cours des débats.

La discussion s'ouvrit le 4 août. Avec une voix et un geste de procureur général, Quentin-Bauchart donna lecture de son rapport, où il attaquait violemment Ledru-Rollin, Caussidière et Louis Blanc, en réalité, à travers eux, la Révolution elle-même :

« La pensée des factieux, dit-il, a toujours été dirigée vers un même but: 17 mars, manifestation populaire; 16 avril, complot; 15 mai, attentat; 23 juin, insurrection. »

S'appuyant sur la déposition d'Arago, il essaya de prouver, par des extraits habilement découpés des discours de Louis Blanc, que les théories du Luxembourg, en éveillant des espérances impossibles à satisfaire, étaient à la source de tous ces événements. Louis Blanc avait juré la perte de l'ordre social, fait appel à l'insurrection. Le 15 mai, il avait encouragé de la voix et du geste les factieux; le lieutenant-colonel Vatrin l'avait vu à l'Hôtel de Ville (1); le 23 juin enfin, à la veille de l'émeute, il avait fait une visite aux ateliers nationaux à Clichy.

Abandonnant Louis Blanc, le rapporteur incrimina à leur tour Ledru-Rollin et Caussidière. Son rapport, mal lu, insuffisamment étayé par des documents, produisit une impression médiocre.

Ledru-Rollin et Louis Blanc protestèrent le jour même. Louis Blanc démasqua l'hypocrisie de l'accusation. Le procès était en réalité intenté à la Révolution et à la République. Eh bien! il se reconnaissait hautement complice ardent et convaincu de la Révolution de Février. Mais quand il voulut réfuter les accusations portées contre lui, l'Assemblée éclata en murmures, et il dut descendre de la tribune.

Le débat ne revint que le 25 août devant l'Assemblée. En prévision de troubles, les troupes avaient été consignées. Armand Marrast présidait. Ouverte à midi, la séance, levée à cinq heures vingt-cinq, fut reprise à sept heures trois quarts et dura toute la nuit.

(1) Au procès de Bourges, ce même Vatrin déclara qu'il croyait avoir vu Louis Blanc, mais qu'ayant la vue basse, il pouvait se faire qu'il se fût trompé.

Ledru-Rollin, qui parla le premier, revendiqua hautement ses responsabilités; Louis Blanc, sentant qu'il montait à la tribune pour la dernière fois, rendit un solennel hommage à sa cause. Il affirma la haute moralité et la valeur scientifique du socialisme, développement naturel et logique de la triple et immortelle formule: *Liberté, Egalité, Fraternité.*

Il rétablit dans leur contexte les citations tronquées qui avaient été lues par le rapporteur, les éclaira de commentaires. Puis, sur un ton précis, clair, familier, avec une grande modération, il réfuta les accusations dirigées contre lui. Il s'expliqua sur l'organisation des ateliers nationaux et n'eut pas de peine à justifier sa conduite au 17 mars, au 16 avril, au 15 mai :

« Messieurs, conclut-il, je vous ai dit la vérité. A ceux qui ne me connaissent pas il fallait des preuves; mais j'ose dire ici que, à tous ceux qui me connaissent, ma parole eût suffi, car ceux-là savent bien que la vie me paraîtrait achetée trop cher au prix d'un mensonge. » Il avait occupé deux heures la tribune. Par moments, sa parole avait été couverte de violentes rumeurs. Un membre de la droite, particulièrement énervé, ne cessait de répéter, en tapotant son pupitre : « Va, va, parle tant que tu voudras, tu n'en es pas moins foutu! » Malgré les huit lampes et les sept lustres qu'on avait dû plusieurs fois rallumer, la salle était plongée dans une demi-obscurité; l'atmosphère était angoissante. On parlait à voix basse d'une émeute possible.

Il était plus d'onze heures lorsque Caussidière, une énorme liasse de papiers à la main, présenta sa défense. Tour à tour énergique et spirituel, il parvint à forcer l'attention.

A une heure du matin, au milieu de la stupéfaction générale, le président se leva et donna lecture d'un réquisitoire du procureur général Corne, demandant à l'Assemblée une autorisation de poursuites contre Caussidière et Louis Blanc, « comme ayant participé sciemment, soit comme acteurs, soit comme complices, à l'attentat du 15 mai 1848 ayant pour but de détruire ou de changer le gouvernement et d'exciter la guerre civile en portant les citoyens à s'armer les uns contre les autres ».

Sur les bancs de la gauche et dans les tribunes, des protestations s'élèvent. « Le tumulte est épouvantable, écrit *l'Illustration.* On se croirait reporté à soixante ans en arrière, en pleine Convention, dans la nuit du 31 mai ou celle du 8 thermidor. »

« C'est un assassinat politique », s'écrie une voix de la Montagne. — « Un escamotage », ajoute un autre représentant. Au milieu de l'agitation,

Laurent de l'Ardèche proteste contre ce qu'il appelle « un accouplement monstrueux d'un acte politique avec un acte judiciaire » et demande le renvoi. On ne pouvait terminer une discussion aussi grave par une espèce de coup de théâtre préparé de longue main. Son intervention appela le général Cavaignac à la tribune (1).

Cavaignac n'aimait pas Louis Blanc. Il lui reprochait, en réponse à son refus hautain du Ministère de la Guerre, lors des premiers jours du Gouvernement provisoire, de lui avoir fait assigner l'Afrique pour poste de combat en cas de guerre avec l'Europe.

Il parla d'un ton incisif et net. « C'est, dit-il, sans plaisir ni entraînement, mais par devoir que les membres du conseil et lui poursuivent les hommes qui ont contribué à proclamer la République ».

« Je ne l'entendis pas, écrivait plus tard Louis Blanc, je ne l'écoutais pas. Tandis qu'il parlait contre moi, je pensais à Godefroi Cavaignac, à Godefroi, qui, dans cette même ville de Londres, où m'a envoyé la nuit du 25 août, m'avait dû un exil moins rigoureux; à Godefroi, le plus regretté, le plus cher de mes amis, et qui, mourant dans mes bras, me disait: « Tu es mon deuxième frère »!

L'Assemblée accorda l'autorisation de poursuites par 504 voix contre 252. Il était six heures et demie du matin.

Sur les instances de ses amis, Louis Blanc décida, pour mieux se défendre, de garder sa liberté. Il suivit un de ses collègues, M. d'Aragon, qui lui avait offert asile et, quelques heures après, partait pour la Belgique, laissant à Félix Pyat une lettre dans laquelle il prenait l'engagement de revenir au jour des débats.

Au moment où le train s'ébranlait:

« Adieu, s'écria Félix Pyat, mais pour peu de temps. Vous ouvrez la marche: les autres républicains suivront; nous irons vous trouver là-bas, tous. »

---

(1) Le 15 juillet 1849, Emile de Girardin écrivait au général Cavaignac : « Pour arriver jusqu'à vous, il fallait traverser une nuée d'aides de camp et d'huissiers. Il était 5 heures, j'étais venu la veille, mais la veille vous m'aviez invité à revenir le lendemain, parce que vous succombiez sous le poids de la fatigue d'une nuit passée sur les bancs de l'Assemblée nationale : c'était la nuit dans laquelle vous étiez monté deux fois à la tribune, afin que l'Assemblée accordât l'autorisation de poursuivre deux de ses membres : MM. Caussidière et Louis Blanc. Je n'oublierai jamais que, me parlant d'eux, vous me dites : « Louis Blanc n'est pas plus coupable que moi. » Cependant vous aviez demandé et pris la parole contre lui. Dès cet instant, vous fûtes jugé dans ma conscience et condamné dans mon esprit. »

VI

L'EXIL

Louis Blanc put, sans être inquiété, gagner la Belgique.

Il contemplait à la vitrine d'un antiquaire, à Gand, une reproduction d'Holbein, lorsque, malgré ses protestations, il fut arrêté par un agent et conduit à l'Amigo, prison politique. En l'absence du bourgmestre et de son substitut, l'échevin l'invita à dîner et, tout en s'exclamant: « Quel bonheur pour moi et quel honneur! un homme si illustre »! n'obligea pas moins son hôte à coucher en prison.

Quand Louis Blanc se réveilla, après une mauvaise nuit, le bourgmestre lui apprit que le ministre, par peur du gouvernement français, allait le chasser du royaume et le faire conduire en Angleterre ou en Hollande. « Mais moi, ajouta-t-il, je vous offre l'hospitalité. On peut me révoquer, on ne me déshonorera pas. »

Louis Blanc, qui désirait justement se rendre à Londres, déclina l'offre généreuse du bourgmestre. Le soir du même jour, il débarquait en Angleterre. C'était au début de septembre.

Apprenant que des manifestations en sa faveur se préparaient, et voulant s'éviter de nouveaux ennuis, il demanda aux journaux anglais de publier la note suivante: « Plusieurs personnes, qui partagent en Angleterre les opinions de M. Louis Blanc, paraissent disposées à lui donner un témoignage public de sympathie. M. Louis Blanc les prie de recevoir l'expression de sa profonde gratitude; mais, en même temps, il croit devoir leur faire connaître son intention d'éviter tout ce qui serait de nature à porter ombrage au gouvernement anglais. C'est dans le calme de l'étude et le silence de la retraite que M. Louis Blanc a résolu d'attendre que des jours meilleurs se lèvent pour son pays, et il serait désolé que l'appel fait par lui à l'hospitalité anglaise devînt une cause, même passagère, d'agitation ».

Louis Blanc était descendu dans Jermyn Street, à l'hôtel de Brunswick. A peine était-il installé, que Louis Bonaparte accourut. Il se souvenait que Louis Blanc, hostile aux lois de proscription, était intervenu pour le faire valider comme représentant de la Charente-Inférieure. Empressé et cordial, le prince fit ses offres de service, s'éleva contre le vote de l'Assemblée et protesta de son dévouement à la République. Louis Blanc ne se départit pas d'une réserve polie. Il s'en félicita par la suite. Un soir, en arrivant chez lui, il trouva une carte avec ces mots : « A quelque heure de la nuit que vous rentriez, de grâce rendez-vous, sans perdre un moment, à l'hôtel du prince de Galles, Leicester square. L'affaire est grave et n'admet pas de délai. »

Avec l'idée d'un changement politique en France, Louis Blanc alla à ce rendez-vous, où il fut brusquement mis en présence d'un tout jeune homme et de Louis Bonaparte: « Sans me donner le temps de me remettre de ma surprise, écrit-il, et avec une extrême volubilité de langage, l'étranger m'expliqua qu'il venait de Lille; qu'il y avait eu, avec les membres les plus influents de la démocratie de l'endroit, une entrevue décisive; que les chefs du parti démocratique et les adhérents du prince marchaient d'accord; en un mot, que tout était prêt en France pour le triomphe du peuple dans la personne du neveu de l'Empereur ».

Louis Blanc se retira sans vouloir en entendre davantage. Le lendemain, Bonaparte vint lui exprimer ses regrets. Il n'était pour rien dans les incidents de la veille; il avait été attiré, de son côté, à l'hôtel du prince de Galles, dans les mêmes conditions.

M. André Lebey, dans son livre *Louis Napoléon et la Révolution de 1848*, fait remarquer à juste titre que le récit de Louis Blanc est incomplet et que la conversation du prince demeure inconnue. Louis Blanc se contente d'écrire: « Le langage que Louis-Napoléon Bonaparte me tint à Londres conduisait si peu à l'idée d'Empire que, lorsque je recueille à cet égard mes souvenirs, l'impression produite sur mon esprit est celle d'un rêve ». Pour M. Lebey, les amis du prétendant ont tout machiné. Il considère comme vraisemblable une démarche simultanée d'un groupe de révolutionnaires de Lille auprès des deux hommes.

Dénaturant les faits, le journal *la Réforme* reproduisit, le 9 septembre 1848, un article dans lequel on assurait que Louis Blanc, depuis son arrivée à Londres, « voulant arriver par n'importe quels moyens », ne quittait pas Louis Bonaparte, dont il essayait de favoriser les projets.

Louis Blanc écrivit à *la Réforme* qu'il s'étonnait de trouver pareille assertion dans ses colonnes. « Proscrit au nom de la République, en dépit des injures, il la servirait tant qu'il lui resterait une plume, la parole et la liberté. »

En même temps, il répondait au *Times*, qui le rendait responsable de la création des ateliers nationaux et des massacres de juin, et à *l'Opinion publique*, qui annonçait que la Banque de France avait été chargée de lui faire passer en Angleterre 250.000 francs. Pour couper court à de nouvelles légendes, il publiait une brochure intitulée: *Appel aux honnêtes gens*, dans laquelle il rétablissait les faits dénaturés; mais il lui tardait de pouvoir se disculper au grand jour de l'audience. Aussi, sa déception fut-elle grande, lorsqu'il apprit qu'on allait le traduire, non pas à Paris, comme il l'espérait, mais à Bourges, devant un tribunal d'exception, présidé par le même Bérenger qui avait qualifié ces tribunaux de « tribunaux de sang », considérant « tout homme assez lâche pour les présider comme acquis à l'injustice ».

D'accord avec Barbès et Albert, Louis Blanc décida de ne pas se prêter à une parodie de justice et, le 3 mars, fit connaître sa résolution à la presse. Il avait promis de se présenter devant le jury, non pas devant une juridiction exceptionnelle. Il avait mieux à faire, pour servir sa cause, que de se jeter aux mains de ses ennemis.

Les délégués du Luxembourg l'approuvèrent.

Le 7 mars, les débats s'ouvrirent à Bourges. Barbès prit la défense de Louis Blanc avec tant de chaleur que le procureur général lui coupa la parole: « Vous plaidez ici la cause de Louis Blanc, lui dit-il; quand il jugera convenable de se présenter, il pourra discuter les témoins ».

Après des débats tumultueux et une scène pénible entre Barbès et Blanqui, les accusés furent condamnés : « Louis Blanc par contumace à la déportation, comme *coupable :* 1° d'avoir, en 1848, commis un attentat ayant pour but de détruire ou de changer le gouvernement; 2° d'avoir, à la même époque, commis un attentat ayant pour but d'exciter la guerre civile en armant ou en portant les citoyens à s'armer les uns contre les autres ».

Le lendemain du procès, Louis Blanc adressa à Barbès une lettre vibrante dans laquelle, exaltant la vie toute de lutte et de souffrance du Bayard de la démocratie, il affirmait sa foi inébranlable dans l'avenir du socialisme.

Le 25 avril, place du Palais-de-Justice, le peuple, obéissant à une inspiration touchante, couvrit de fleurs l'échafaud sur lequel on avait attaché l'écriteau portant les noms des condamnés.

Malgré les clartés apportées par les débats du procès de Bourges, malgré les ouvrages de propagande, les nombreux articles dans lesquels il précisait son rôle comme membre du Gouvernement provisoire, Louis Blanc demeura l'objet d'attaques persistantes. En 1858, le marquis de Normanby publia : *A year of Revolution in Paris.* Dans ce livre, Louis Blanc, fort malmené, était accusé d'avoir « escamoté sa part d'une soi-disant dictature politique populaire, en devenant membre d'un gouvernement qui ne l'avait admis que comme secrétaire; d'avoir fait bombance au Luxembourg, créé les ateliers nationaux, etc. ».

En France, de pareilles accusations eurent peu d'écho et l'on souscrivit généralement au mot de Louis Blanc: « Le spectacle s'est trouvé trop grand pour le spectateur ». Mais, en Angleterre, le livre fit du bruit. Lord Normanby était un grand seigneur. Membre influent du parti libéral à la Chambre des Communes, puis à la Chambre des lords, ancien gouverneur de la Jamaïque, où il avait favorisé l'émancipation des esclaves, garde du sceau privé, lord lieutenant en Irlande, ministre des Colonies, puis ministre de l'Intérieur, enfin envoyé comme ambassadeur à Paris en 1848, lord Normanby jouissait d'un très grand renom. Ses allégations, abondamment répandues dans la presse, défrayaient les conversations des salons. Louis Blanc dut se défendre et fit paraître « dans la langue de Sa Seigneurie, avec une impudence qui réussit au delà de toute attente » : *1848. Historical revelations. Inscribed to lord Normanby.*

« C'est presque une chose heureuse, lui écrivait à cette occasion Stuart Mill (9 juillet 1858), qu'un homme léger et sans autorité comme lord Normanby ait reproduit les calomnies ridicules et atroces de 1848, puisque cela vous a donné l'occasion de les écraser comme vous l'avez fait... Votre ouvrage sera historique et ceux qui désirent la vérité pourront désormais en juger par eux-mêmes en comparant l'accusation et la réponse. Aussi vous avez dû voir que la réfutation n'a pas été sans effet... Si vous n'avez pas beaucoup ébranlé les préventions contraires aux hommes et aux événements de 1848, du moins on a ressenti l'effet de la loyauté et de la franchise de vos explications » (1).

La presse anglaise rendit en effet hommage à la haute conscience de l'historien, à l'intégrité de l'homme politique resté lui-même dans l'adversité, à son désir passionné de faire du bien aux malheureux (2).

Cependant le mot de Félix Pyat se réalisait. Les républicains prenaient le chemin de l'exil. Ce fut d'abord Ledru-Rollin, au lendemain de l'émeute du 13 juin 1849 contre l'expédition de Rome, puis une foule d'autres, lorsque, suivant les prévisions de Louis Blanc, le prince-président eut fait son dix-huit brumaire (3). En Angleterre, en Belgique, les proscrits français furent assez froidement accueillis par les exilés étrangers. Les Allemands ne leur pardonnaient pas de songer toujours à l'annexion de la rive gauche du Rhin. Les Italiens comptaient recevoir leur indépendance de Napoléon. Le plus en vue parmi eux, Mazzini, fondateur de *la Jeune Italie*, manifesta, dans le journal démocratique belge *la Nation* (mars 1852), « son aversion pour le socialisme, qui perdait la cause de la Révolution en inquiétant les peuples ». Sans renier les grandes idées sociales du dix-neuvième siècle : la suppression de la concurrence, le crédit organisé par l'Etat, l'impôt sur le superflu, l'instruction primaire égale pour tous, Mazzini accusait les chefs socialistes d'avoir rétréci la pensée révolutionnaire en l'emprisonnant dans des systèmes absolus; d'avoir desséché les sources de la foi, animalisé l'homme ; d'avoir répété, avec Bentham et Volney : « La vie est la recherche du bonheur », au lieu de dire : « La vie est une mission, c'est l'accomplissement d'un devoir »; d'avoir enfin, par leurs divisions, conduit la France à la honte du 2 décembre.

Louis Blanc avait peu de sympathie pour Mazzini dont il déplorait l'action sur Ledru-Rollin. Il écrivait à Barbès : « Mazzini, qui ne comprend pas le socialisme, qui ne l'aime pas, qui n'a au monde qu'une idée : l'indépendance de l'Italie par l'Italie seule, en dehors de l'initiative française, Mazzini exerce sur Ledru-Rollin l'influence la plus funeste. Il fortifie chez

---

(1) Inédit. Corresp. de Louis Blanc. Bibl. Nat.

(2) *The Spectator*, 24 avril 1858. *The Saturday Review*, 8 mai 1858. *The Times*, 23 mai 1858. *The Athenaeum*, 5 nov. 1859.

(3) Louis BLANC, *Le Nouveau Monde*, 15 juillet 1849 : « Entre deux grands pouvoirs de même origine et de nature diverse, il est impossible que tôt ou tard la lutte ne s'engage pas. Lorsque le pouvoir flotte au hasard entre un homme et une assemblée, on peut tenir pour certain que cette assemblée porte en elle un dix août, et que cet homme a derrière lui un dix-huit brumaire. » *Le Nouveau Monde*, journal historique et politique mensuel, fondé le 15 juillet 1849 par Louis Blanc, cessa de paraître le 1er mars 1851.

lui la haine des idées sans le triomphe desquelles le peuple est condamné à voir son sang couler à flots, une fois encore, dans les agitations stériles. Mazzini ne parle que de *l'action*, ne voit que *l'action*, parce qu'en effet cette politique est la meilleure pour le but particulier qu'il se propose, qui est de pousser l'Europe à un conflit général à l'abri duquel les Italiens puissent s'affranchir du joug de l'Autriche ». « Ce qu'il veut, écrivait-il à George Sand, c'est que la France, à l'heure dite, aille verser son sang sur les champs de bataille de la Russie et de l'Autriche, afin que l'Italie puisse, à la faveur de cette *diversion*, se délivrer elle-même et se faire honneur à elle-même de sa délivrance... Quand notre pauvre Godefroi Cavaignac était exilé à Londres, il m'écrivait qu'à son grand regret il existait entre lui et Mazzini une barrière élevée par les préoccupations trop exclusivement italiennes de ce dernier » (1).

Ainsi disposé à l'égard de Mazzini, Louis Blanc lui répondit avec vivacité et non sans quelque aigreur. Il releva la contradiction qu'il y avait à réclamer une organisation meilleure de la société et à condamner les recherches individuelles qui, seules, peuvent la faire découvrir. Il accusa Mazzini de manquer de sens pratique, de se contenter de l'étiquette républicaine qui, de 1848 à 1851, avait couvert toutes les mesures de réaction, de se considérer trop comme le souverain des proscrits. Or, « la démocratie européenne n'a nul besoin d'un César ». Le révolutionnaire italien trouva cette réponse « mauvaise, archimauvaise », et s'en plaignit à George Sand, qui défendit ses amis et reprocha à Mazzini d'avoir, par « péché d'orgueil », rompu ouvertement avec le socialisme.

« Il est impossible, lui écrivait-elle le 23 mai 1853, de comprendre pourquoi vous nous traduisez ainsi au ban de l'Europe comme bavards, vaniteux, crétins, poltrons et matérialistes. Est-ce un anathème sur la France parce qu'elle s'est donné un dictateur? Bon, si la France était socialiste; mais, mon ami, si vous dites cela, vous nous faites, sans vous en douter, une atroce plaisanterie; si vous le croyez, vous connaissez la France moins que la Chine.

« Est-ce un anathème sur la doctrine, matérialiste selon vous, qui se résume par ces mots de Louis Blanc : « A chacun selon ses besoins »? Les besoins sont de plus d'un genre. Il y en a d'intellectuels comme de matériels, et Louis Blanc a toujours placé les premiers avant les seconds.

(1) Lettres inédites des 6 octobre 1851 et 14 octobre 1850, communiquées par Mme Lauth-Sand.

« Louis Blanc a demandé sur tous les tons que toute la récompense du dévouement fût dans les moyens de prouver son dévouement, et en cela, il est parfaitement d'accord avec vous, qui dites : « A chacun selon son dévouement. »

« N'avez-vous pas lu d'excellents travaux de Vidal, ami de Louis Blanc, sur le développement des récompenses dues au dévouement? C'est exactement la même thèse. Que l'homme ne soit récompensé ni par l'argent, ni par le privilège. Ces choses ne payent pas, ne sauraient payer le dévouement. Le plaisir de se dévouer est le seul paiement qui s'adresse directement à l'action de se dévouer.

« Voilà qu'au moins, en flétrissant ces sectaires du « pot au feu », comme vous les appelez, vous eussiez dû excepter Louis Blanc, Vidal et Pecqueur, tout un groupe de politiques socialistes et spiritualistes d'un ordre très élevé, dont les travaux n'ont qu'un malheur, celui de ne pouvoir être répandus à profusion dans les masses. »

En polémique avec les proscrits étrangers, les proscrits français ne s'entendaient guère mieux entre eux. Ils se divisaient, suivant leurs tendances, en trois groupements : la société *la Révolution*, qui avait à sa tête Ledru-Rollin et dont les membres étaient hostiles ou indifférents au socialisme; *la Commune révolutionnaire*, dont le chef était Félix Pyat, sympathique aux socialistes, hostile aux rollinistes, considérés comme trop modérés; enfin ceux qu'on appelait les *Indépendants*, en relations avec *la Commune*, sans organisation bien définie, mais obéissant en fait aux directives de Louis Blanc, Cabet et Pierre Leroux.

A peine arrivé en Angleterre, Ledru-Rollin s'aboucha avec Mazzini, Darasz, réfugié polonais, et Arnold Ruge, député allemand qui avait tenté une alliance intellectuelle entre la France et l'Allemagne. Avec Karl Marx, il avait cherché, vers 1840, à publier un organe où des écrivains français écriraient. Ils comptaient sur la collaboration de Louis Blanc, Lamartine, Pierre Leroux, Proudhon et Lamennais. Les concours espérés firent défaut. Les *Deutsch-franzœsische Jahrbücher* n'eurent que deux numéros. La tentative devait être reprise par Louis Blanc. Le 28 décembre 1851, il demanda à Victor Hugo de s'unir à lui et à Pierre Leroux pour fonder en Angleterre un journal hebdomadaire publié à la fois en français, en anglais et en allemand, et dirigé par un comité composé de trois Anglais, trois Allemands et trois Français. Les Français seraient : Victor Hugo, Louis Blanc et Pierre Leroux. Les fonds étaient en partie rassemblés; les personnalités anglaises et allemandes choisies. Victor Hugo venait à peine de s'installer à Bruxelles. Il communiqua la lettre de Louis Blanc à sa femme pour avoir l'avis de Meurice, d'Aguste Vacquerie et de ses fils. Il était peu disposé à entrer dans les vues de son ami, et craignait de « se rattacher au passé d'autrui » et « de perdre quelque chose de sa pureté ». Finalement, il décida de s'abstenir. Louis Blanc songea à remplacer Hugo par Cabet.Celui-ci demanda d'adopter *le Populaire*.

Avec Mazzini, Darasz et Ruge, Ledru-Rollin constitua le *Comité central démocratique européen*, qui se proposait de provoquer la constitution de comités révolutionnaires dans les divers pays et d'en coordonner l'action.

Louis Blanc fut laissé à l'écart de cette organisation. Il en témoigna sa surprise et son mécontentement à Barbès et à Cabet. Celui-ci lui répondit le 30 octobre 1850 : « Votre petite lettre du 20 juillet a malheureusement confirmé mes douloureuses appréhensions sur l'état de la démocratie en France et en Europe. Vous déplorez comme moi la division qui nous paralyse et nous anéantit, car ce n'est pas l'aristocratie qui tue la démocratie, mais la démocratie qui se suicide en continuant à se diviser. Quel désolant spectacle n'a-t-elle pas offert depuis la Révolution de Février comme auparavant! Que de scandaleuses hostilités entre ses chefs dans ces derniers temps! Comme nos ennemis doivent se frotter les mains » (1)!

Barbès, de cœur avec Louis Blanc, comprenait cependant que son ami, considéré comme trop avancé par la majorité de la nation, ne pourrait aboutir seul. Il essaya de réconcilier les deux anciens membres du Gouvernement provisoire et demanda à George Sand de se joindre à lui. « Ils sont loyaux de cœur et d'âme tous les deux, lui écrivait-il le 5 août 1850, bons, généreux, dévoués, et, avec un semblable fonds commun, il leur serait aisé de s'entendre, malgré quelques différences de principe » (2).

Quoique ne se sentant plus « la force de convaincre », George Sand s'exécuta; mais elle n'espérait pas — en réalité elle ne souhaitait pas — la réconciliation. Très attachée à Louis Blanc (3), elle se défiait de Ledru-Rollin

(1) Inédit. Correspondance de Louis Blanc. Bibliot. Nat. II, 398, 33, 34.

(2) *Revue de Paris*, 1896. IV. *Lettres de Barbès à George Sand.*

(3) Louis Blanc avait, de son côté, beaucoup d'amitié pour George Sand. Il écrivait à Barbès (30 nov. 1861) : « Tu me parles de George Sand ; il y a bien longtemps que je ne lui ai pas écrit et bien longtemps aussi que je n'ai reçu de ses nouvelles, sans qu'aucun nuage soit, pour cela, passé sur notre amitié, que me rend plus précieuse encore l'affection que ce cœur généreux n'a cessé de te porter » (Inédit).

Elle le trouvait faible, pas brave au moral comme au physique, mal entouré, capable de trahir la véritable cause populaire, sans le vouloir, sans le savoir peut-être. « Vous êtes un saint, répond-elle à Barbès le 27 août, mais eux, ils sont des hommes; ils en ont les orages et les entraînements ». Le 3 septembre 1850, Louis Blanc s'ouvrit enfin à Barbès de ses sentiments sur Ledru-Rollin. Il reprochait à Ledru de s'être joint à Lamartine, le 16 avril, pour le combattre, « au grand détriment de la Révolution »; d'être entré dans la commission exécutive, pouvoir créé en haine de lui et d'Albert; de n'avoir pas ouvert la bouche en leur faveur au moment des poursuites. Louis Blanc consentait à passer sur tous ces griefs; mais, chose grave, il n'y avait pas identité de principe entre lui et son ancien collègue. « Il n'entend pas, écrit-il à Barbès, il ne définit pas comme nous la liberté, l'égalité, la fraternité. Il n'admet pas, même en tant que le but éloigné à atteindre progressivement, la production suivant les forces et la consommation suivant les besoins. Il ne s'est jamais expliqué et ne veut pas s'expliquer sur la nécessité de travailler à l'abolition radicale de la concurrence, non plus que sur l'illégitimité de l'intérêt de l'argent, et tu as pu remarquer, dans le premier numéro du *Proscrit* (1), qu'à notre formule : éducation commune, gratuite, obligatoire, il avait substitué celle-ci : gratuite et obligatoire, effaçant ainsi un mot dont l'importance ici est capitale et que je lie à tout un ordre d'idées. » Il y a donc « différence de religion ». Ledru n'a-t-il pas dit : « Je hais les communistes ». Louis Blanc ne se refuse pourtant pas à une entente, pourvu que cette entente avec les personnes n'entraîne ni concessions de conscience, ni transaction sur les principes et que tout se fasse au grand jour, sans arrière-pensée, sans réticence, pourvu que chacun dise tout haut sa foi et son but. A George Sand, Louis Blanc écrivait que Ledru-Rollin n'était poussé à servir les idées socialistes, « ni par ses études, ni par ses antécédents, ni par sa nature, ni par son entourage. Et on le sait parfaitement à Paris, à Lyon, à Limoges, à Sedan, partout où il y a un foyer de lumière. Si sa popularité est réelle

(1) *Le Proscrit*, journal de la République universelle, fondé par Ledru-Rollin, avait un conseil de rédaction composé de : Delescluze, Etienne Arago, Bergeau, Martin Bernard, Albert Darasz, Dupont, Mazzini, Pilette, Podolecki, Rattier et Ribeyrolles. Organe mensuel de quarante-huit pages in-8°, il ne parut qu'en juillet et en août 1850. Poursuivi, il s'intitula *la Voix du Proscrit* et parut hebdomadairement du 27 octobre 1850 au 3 septembre 1851. C'est dans la *Voix du Proscrit* que le Comité central publia tous ses manifestes.

dans les petites villes, elle est bien peu de chose dans les grandes » (1). L'entente ne se réalisa pas. George Sand en témoigna son contentement à Mazzini : « Si Louis Blanc, lui écrivait-elle le 15 octobre, connaissait comme moi l'antipathie de Ledru-Rollin pour ses idées et pour sa personne, il n'agirait jamais de concert avec lui en quoi que ce soit... Je ne concevrais guère qu'il soit dans la logique de devoir se jeter dans un filet qui vous attend pour vous étrangler. Or, l'entourage de Ledru attend celui de Louis Blanc pour lui rendre cet office ».

Le dissentiment entre Ledru-Rollin et Louis Blanc ne tarda pas à devenir public. Dans *la Voix du Proscrit* du 16 février 1851, Ledru-Rollin avait publié deux articles : *Plus de président, plus de représentants. — Du gouvernement direct du peuple*, dans lesquels il proposait la création d'une « assemblée de délégués ou commissaires, nommés annuellement, préparant les lois et pourvoyant par les décrets aux choses secondaires et de grande administration ». Conformément à la Constitution de 1793, le peuple serait appelé à exercer sa souveraineté sans entrave, d'une façon permanente, dans les assemblées électorales. Il voterait les lois et pourrait prendre l'initiative de celles qu'il jugerait utiles.

Accusant Ledru-Rollin de flatter le peuple, Louis Blanc s'opposa à l'idée du *referendum*, dégradant les assemblées, favorable aux intrigues et à la décentralisation. Les assemblées primaires une fois convoquées pouvant délibérer sur toutes les propositions en arriveraient à remettre en question jusqu'à la proclamation de la République. « C'est se jouer de la majesté du souverain, ajoutait-il, que de lui renvoyer une affaire qu'il vous a chargés de terminer promptement. Si le peuple avait le temps de s'assembler pour juger des procès et pour décider des questions d'Etat, il ne vous eût point confié le soin de ses intérêts. »

Contrairement à Ledru-Rollin, il soutint que le peuple était plus capable d'élire des représentants que de choisir des principes, et qu'il y avait subtilité à distinguer entre les lois et les décrets, rien n'étant plus facile que de « tuer la règle par la réglementation ». La seule manière de réaliser le vrai gouvernement pour tous était de modifier le système en vigueur en instituant des élections annuelles, en créant la responsabilité des représentants toujours révo-

(1) Lettre inédite du 14 octobre 1850, communiquée par Mme Lauth-Sand.

cables, et en supprimant l'armée intérieure. Delescluze prit parti pour Ledru-Rollin et accusa Louis-Blanc d'inciter à la haine.

Les discussions se prolongeaient et menaçaient de s'envenimer. Des tentatives de fusion entre les divers groupements furent tentées. Sur l'initiative de la *Commune révolutionnaire*, une réunion eut lieu le 13 juin 1852 à *Little Dean Street*. Tour à tour Louis Blanc, Ledru-Rollin, Félix Pyat et Leroux prirent la parole. « Tous ne demandaient certes pas mieux que de s'accorder, écrit Lefrançais dans ses *Souvenirs*, à la condition que cet accord se fît au bénéfice de leurs vues particulières. Rien de plus naturel d'ailleurs entre *chefs*. » Ledru-Rollin fut accusé par Leroux et Thoré d'avoir dit, le soir du 15 avril 1848 : « Nous voulons en finir avec les socialistes et les révolutionnaires ». A ces mots, le tumulte éclata. Loin d'avoir apaisé les esprits, cette réunion ne fit que les exalter. Cœurderoy et Vauthier publièrent un pamphlet, *la Barrière du Combat*, dans lequel ils attaquèrent Mazzini, Louis Blanc, Cabet et Leroux, reprochant au premier son hostilité au socialisme, aux autres leur excès de dogmatisme. Le 24 juin, aux obsèques du réfugié Goujon, auxquelles assistait toute la proscription, Déjacques prit à partie le Gouvernement provisoire. Louis Blanc et Ledru-Rollin gardèrent le silence, se refusant à polémiquer dans un cimetière.

Cependant le *Comité central démocratique européen* n'avait eu qu'une existence éphémère. Dépourvu de moyens sérieux d'action, son activité s'était surtout dépensée en manifestes grandiloquents aux peuples, publiés par *la Voix du Proscrit*. Au lendemain de la prise de Sébastopol (septembre 1855), Mazzini, Ledru et Kossuth cherchèrent à le ressusciter sous forme de triumvirat. Ils lancèrent un appel aux républicains dans lequel, au nom de la Révolution, ils renouvelaient l'Europe. Mais, pour atteindre le but, « pas de secte, écrivaient-ils, pas de petite chapelle ; les peuples vainqueurs trouveront la réforme sociale qui leur convient... Honte à qui se séparera de l'œuvre commune pour s'isoler dans l'orgueil stérile d'un programme exclusif ».

Tout en adhérant aux principes exposés, Louis Blanc protesta contre les prétentions dictatoriales des triumvirs. Il demanda un comité central représentant toutes les nuances de l'opinion et revendiqua libre carrière pour le philosophe isolé. Si les girondins et les montagnards s'étaient expliqués avant la lutte, elle aurait coûté moins de sang. Donc, l'union, mais dans la sphère des principes d'abord. La guerre au présent, mais pas de voile jeté sur le lendemain. L'action, mais au service de la pensée.

Les triumvirs, pas plus que le *Comité central*, n'aboutirent à aucun résultat. Le 30 mai 1859, Cahaigne, Bonnet-Duverdier, Bachelet, Alavoine, Granger et Lasserre, représentant les démocrates de Guernesey et de Jersey, adressèrent un appel à l'union aux républicains français de Londres, et demandèrent leurs suffrages pour Barbès, Louis Blanc, Charras, Greppo, Victor Hugo, Ledru-Rollin, Félix Pyat, « affirmation la plus éclatante de l'union des forces du parti républicain représenté dans ses diverses nuances ». Ce choix fut ratifié, nouvelle manifestation platonique sans lendemain. Comment les proscrits auraient-ils pu tomber d'accord au point de vue politique, alors qu'ils étaient divisés au sein même de la *Société fraternelle des démocrates socialistes à Londres!* Cette société, fondée le 1er septembre 1850, et dont la politique était bannie, avait pour but de venir en aide aux réfugiés malheureux. La cotisation mensuelle était de deux *pence*. Le comité était composé de Louis Blanc, Ledru-Rollin, Berjeau, Martin Bernard, Bertholon, Boichot, Caussidière, Pierre Leroux, Félix Pyat, Ribeyrolles et Thoré. Les fonds recueillis en Angleterre, puis en France, furent envoyés de Paris par Goudchaux à Schœlcher. Au début tout alla bien. Mais bientôt des discussions s'élevèrent sur la manière dont étaient distribués les secours. Schœlcher fut accusé de vouloir donner la prépondérance aux bourgeois et d'humilier les prolétaires. Pyat et ses amis démissionnèrent. Schœlcher liquida ses comptes et se retira, suivi par les rollinistes. Il n'y eut presque rien à distribuer au cours de l'hiver rigoureux de 1853. La société fut réorganisée au commencement de l'année suivante. Le 15 mars, cent quatre proscrits donnèrent plein pouvoir pour un an à un comité de quinze membres, parmi lesquels Louis Blanc. Désormais les fonds furent recueillis et distribués sans querelles. La leçon de 1853 avait servi. La misère était grande parmi les exilés. Louis Blanc n'était pas à l'abri du besoin. Sa condamnation par contumace à la déportation l'avait privé pour cinq ans de l'exercice de ses droits civils. Un titre de rente de 800 francs, qu'il possédait, avait été saisi par l'Etat en paiement des frais de son procès. Obligé de gagner sa vie (1), il fit, au cours des années 1860

(1) Le 16 mars 1855, il écrivait à Barbès : « Qu'avec joie je serais allé te serrer la main à La Haye, si je n'étais si pauvre ! Mais, gagnant à peine de quoi joindre les deux bouts, je ne puis me permettre cette dépense que j'aurais cependant faite de grand cœur... »

De même, le 20 décembre 1861 : « La nécessité de gagner ma vie par mon traet 1861, à *Marylebone-Institution*, une série de conférences en anglais sur le XVIIIe siècle.

Il présenta les personnages mystérieux de cette époque, où l'amour du merveilleux avait bien souvent endormi la raison : Saint-Germain, Swedenborg, Mesmer, Cagliostro; il dépeignit les salons, « écoles où les gens instruits apprenaient à enseigner sans pédanterie, temples où les gloires étaient consacrées », et fit revivre, parmi leur cour de ministres, d'ambassadeurs, de poètes et de penseurs, Mme de Lambert, Mme de Tencin, Mme Geoffrin, Mme du Deffand, Mlle de Lespinasse, Mme Necker. Puis il étudia les philosophes : D'Holbach, Galiani, Helvétius, Gibbon, D'Alembert, Buffon, Diderot, Voltaire, Rousseau enfin, qu'il proclame son maître, Rousseau « trop avancé pour son époque, considéré comme un visionnaire et un rêveur, mais dont le génie devait révolutionner le monde ».

Emaillées d'anecdotes spirituelles, pleines de traits touchants, d'aperçus profonds, relevées de mouvements éloquents contre les hontes de l'ancien régime, les conférences de Louis Blanc furent accueillies avec faveur par la société anglaise. Des diplomates, des membres de la Chambre des Communes se pressaient dans l'auditoire aux côtés d'écrivains comme Thackeray et Dickens. Le succès fut tel que le conférencier fut invité à se faire entendre dans les principales villes d'Angleterre.

L'occasion se présenta bientôt pour lui de faire connaître cette monarchie républicaine dont la main puissante se retrouve dans toutes les affaires européennes, ce peuple d'aristocrates et de commerçants, épris d'ordre et de liberté, novateur et gardien sévère des vieilles traditions. Sous la pression des événements politiques, Napoléon III venait de desserrer les liens dont la presse française était ligotée. Le directeur du *Temps*, Nefftzer, pour accroître l'intérêt de son journal, sollicita la collaboration de Louis Blanc qui, de 1861 à 1870, lui adressa chaque semaine une lettre d'Angleterre.

Dès leur publication, ces lettres furent accueillies avec faveur. « Je ne

vail m'a forcé d'être par voies et par chemins, ayant à donner des lectures et à remplir des engagements depuis longtemps contractés. »

De même, le 25 décembre 1861 : « A mon très grand chagrin, je suis forcé d'ajourner ma visite, étant de ceux, hélas ! qui sont nés pour marcher dans la vie avec un boulet aux pieds. »

De même, le 31 août 1862 : « Pour vivre, j'ai dû m'attacher à la rédaction de journaux, et c'est un genre de travail qui rend esclaves à la lettre ceux qui s'y livrent. » (*Lettres inédites.*)

manque jamais une de vos lettres dans *le Temps*, écrivait, le 30 mai 1869, Stuart Mill à Louis Blanc. Je les regarde comme un grand service que vous rendez à nos deux pays (1). » Déjà Ledru-Rollin avait écrit sur l'Angleterre. Mais son livre se ressentait du mauvais accueil fait aux proscrits. Refusant de se laisser prendre à des apparences trompeuses de prospérité, Ledru-Rollin dénonçait, comme causes de la décadence prochaine de l'Angleterre, son système féodal, l'égoïsme de son oligarchie financière, l'effroyable misère du peuple et prédisait qu'elle tomberait comme Carthage, Tyr et Venise. Louis Blanc, au contraire, se montre dépourvu des préjugés du nationalisme. Il traduit, en images vives et pittoresques, les différents aspects de la vie anglaise, sans étonnement naïf, sans révolte maladroite, mais non parfois sans ironie. Prenant pour thèmes les débats parlementaires, les discours des grandes réunions publiques, il étudie les questions qui passionnent l'Angleterre et le monde. Chaque événement devient pour lui prétexte à réflexions sur le cours des choses humaines.

Tour à tour, parmi les hommes d'Etat, Gladstone, Cobden, Bright, Palmerston, Lyndurst, posent devant lui ; quelquefois, délaissant le portrait d'apparat, il s'amuse à crayonner une caricature, celle de son adversaire Normanby, « grand mangeur de rostbeef et grand buveur de grogs, très désiré par les aubergistes, très redouté des postillons, et toujours prêt à couvrir de guinées de faux Raphaëls ou des Titiens bâtards ».

En présentant au public français un tableau fidèle du peuple anglais, Louis Blanc, l'un des premiers, avec une clairvoyante sagesse, contribua à saper, suivant son expression, « les préjugés qui existent en France contre l'Angleterre, à combattre les jalousies et les répugnances qu'a engendrées une rivalité de plusieurs siècles et à préparer les voies à une alliance sincère entre les deux peuples de la terre qui sont les plus faits pour se compléter l'un l'autre, et dont l'amitié importe le plus au développement de la civilisation (2). »

---

(1) Inédit. Correspondance de Louis Blanc. Bibliot. Nat., 11.398, 199.

(2) La presse anglaise fut particulièrement élogieuse : « Il est heureux pour l'Angleterre d'avoir un tel interprète après du peuple français », écrivait *the Athenaeum*, juillet 1867. *The Spectator*, 27 juillet 1867, renonce à citer des extraits : « On ne peut montrer la beauté des fleurs par les petits fragments de leurs pétales. » Il recommande la lecture des lettres à ceux qui désirent étudier l'histoire récente de l'Angleterre avec l'aide d'un esprit essentiellement étranger, mais d'une rare justesse de vues et très sincère. *The Daily News*, 26 juillet 1867, apprécie, dans les récits de Louis Blanc, « l'indulgente philosophie, la sympathie humaine tempérée et assaisonnée d'une goutte de pitié trop bien mélangée pour avoir le goût du mépris ».

C'est en exil que Louis Blanc termina l'*Histoire de la Révolution française* qui, pendant dix-huit ans, fut « l'occupation, le charme et le tourment de sa vie (1) ». Il en avait publié le premier volume en 1847 (2), à la veille même des événements qui allaient attacher à son nom quelque célébrité. Le succès avait été grand, à une époque pourtant où Michelet publiait *le Peuple*, Quinet *la Révolution française*, Lamartine l'*Histoire des Girondins*.

Chassé de France, Louis Blanc continua sa laborieuse étude sans colère ni découragement, mûri par l'expérience d'une Révolution vécue. Au British Museum, il eut la bonne fortune de découvrir les papiers inédits du comte de Puisaye. Patiemment, il dépouilla les cent dix-sept volumes de lettres originales et les manuscrits relatifs aux affaires des royalistes français depuis 1793 jusqu'en 1825, et put ainsi relater en détail les intrigues et les dissensions des émigrés, compléter les récits de la guerre de Vendée et présenter sous un jour nouveau Louis-Stanislas-Xavier, frère de Louis XVI.

Il se croyait affranchi de toute passion, l'esprit libre. Né de parents royalistes, élevé dans l'horreur de la Révolution, n'était-il pas parvenu à se faire une âme capable de rendre hommage aux grands hommes de cette époque? « Je plains quiconque, en lisant ce livre, écrivait-il, n'y reconnaîtrait pas l'accent d'une voix sincère et les palpitations d'un cœur affamé de justice. »

Le premier volume était tout entier consacré à la genèse de la Révolution, qui n'est plus considérée comme une sorte d'accident causé par des fautes politiques immédiates, mais comme l'explosion d'un formidable et patient travail souterrain de plusieurs siècles, comme un volcan, suivant la parole de Mirabeau, s'ouvrant pour lancer au monde moderne ses lois nouvelles et ses institutions définitives.

Dans le monde et dans l'histoire, Louis Blanc discerne trois grands principes : l'autorité, l'individualisme, la fraternité.

« Le principe d'autorité est celui qui fait reposer la vie des nations sur des

---

(1) Il écrivait à Barbès le 21 juillet 1856, après le départ de son frère rappelé à Paris par un de ces despotes qui se nomment éditeurs : « Juge si je vais me trouver seul ! Heureusement les grands hommes de la Révolution française me font une société d'amis qui, quoique morts, m'empêchent de me trop ronger le cœur. » Lettre inédite.

(2) Peut-être est-ce George Sand qui lui en avait suggéré l'idée. De Nohant, novembre 1844, elle lui écrivait, le félicitant de l'*Histoire de dix ans* : « Personne ne peint comme vous. Il faut que vous donniez une histoire de l'Empire ou, ce que j'aimerais encore mieux, une histoire de la Révolution française. Cette histoire n'a pas été faite. »

croyances aveuglément acceptées, sur le respect superstitieux de la tradition, sur l'inégalité, et qui, pour moyen de gouvernement, emploie la contrainte.

« Le principe d'individualisme est celui qui, prenant l'homme en dehors de la société, le rend seul juge de ce qui l'entoure et de lui-même, lui donne un sentiment exalté de ses droits sans lui indiquer ses devoirs, l'abandonne à ses propres forces et, pour tout gouvernement, proclame le laisser faire.

« Le principe de fraternité est celui qui, regardant comme solidaires les membres de la grande famille, tend à organiser un jour les sociétés, œuvre de l'homme, sur le modèle du corps humain, œuvre de Dieu, et fonde la puissance de gouverner sur la persuasion, sur le volontaire assentiment des cœurs. »

Ces principes, au cours des âges, se sont heurtés.

La lutte commence dès 1414, à Constance, avec Jean Huss. Le catholicisme, d'abord tout-puissant, manie l'autorité jusqu'au jour où Luther lève l'étendard de l'individualisme. Ce principe progresse et se dégage peu à peu de l'élément religieux qui le domine. Au dix-septième siècle, la bourgeoisie, libérée par Richelieu et la Fronde du joug de la féodalité, puissante par les Etats généraux, détient le pouvoir sous le nom de Colbert. La Révolution apparaît à Louis Blanc comme le plus grand effort qui ait jamais été tenté pour ériger la fraternité en loi d'un grand pays et pour la réaliser dans ses institutions. Il distingue en elle deux révolutions : l'une préparée par Voltaire, Montesquieu et Turgot, et qui porte la date de 89, faite au profit de l'individualisme; l'autre dont les initiateurs sont Rousseau, Mably et Necker, tentée au profit de la fraternité par les Montagnards et échouant le 9 thermidor

Pour Louis Blanc, l'individualisme fondé sur l'égoïsme ne profite qu'au fort et ne peut aboutir qu'au désordre et à l'anarchie. Le principe de fraternité seul est générateur d'ordre et d'harmonie. Véritable lien entre les hommes et fondement du droit social, seul il peut réparer les iniquités de la nature et du sort. C'est à la lumière de ce principe que Louis Blanc juge les institutions et les hommes, sévère pour l'Assemblée constituante, « assemblée essentiellement bourgeoise », hostile aux idées des Girondins, dont il admire « l'enthousiasme, l'éloquence et le courage », mais auxquels il reproche d'avoir inconsidérément ouvert l'ère de la violence.

Danton avait séduit Michelet; Louis Blanc ne subit pas l'entraînement. Il relève, dans la carrière politique de Danton, des côtés obscurs, et il s'enthousiasme pour Robespierre, « qui incarna un moment la Révolution et eut la gloire de mourir enveloppé dans sa défaite ».

Déjà, en 1828, Buonarotti, dans la *Conspiration des Egaux*; Laurent, dans la *Réfutation de l'Histoire de France de l'abbé de Montgaillard*, avaient représenté Robespierre comme le véritable génie de la Révolution. A leur suite, Achille Roche (1) considérait le 9 thermidor comme le triomphe d'une coalition méprisable suivie d'une réaction honteuse ; Charles Nodier (2), Buchez et Roux (3) magnifiaient le discours du 8 thermidor, éclatant exposé des théories libérales et humaines qui devaient faire la base du gouvernement à venir.

« Qui a plus de capacité que Robespierre, écrivait Cabet dans son *Histoire*; qui a plus d'antécédents, de qualités, de vertus, de modération, de philosophie, d'humanité même, de principes d'ordre et de dévouement patriotique? » En même temps, Lapommeraye publiait les œuvres de Maximilien et leur donnait comme préface un article d'Armand Carrel. Lamartine enfin, dans l'*Histoire des Girondins*, qualifiait, avant Esquiros (4), le dessein de Robespierre de grandiose, son mobile de divin, son action de méritoire, son dévouement de constant, absolu, comme une immolation antique.

A son tour, Louis Blanc s'efforça de dégager la vraie personnalité de Robespierre, qu'il revendique au nom du socialisme. Le débat tragique entre la Montagne et la Gironde lui apparaît comme un combat entre la démocratie purement politique et la démocratie sociale. Pour Condorcet et les Girondins, la société est un système de garanties où chaque individu doit avoir la possibilité de se mouvoir le plus librement. Si l'on excepte leur conception de l'instruction, dette sociale, la notion d'un lien de sympathie entre les hommes, avec la solidarité qui en découle, leur échappe. Ils posent le principe de la propriété sans restriction, en font un droit absolu et individuel. Tout homme est le maître de disposer à son gré de ses biens, de ses capitaux, de son industrie.

Robespierre, au contraire, proclame la fraternité des hommes de tous les pays, l'obligation pour ceux qui sont libres de secourir les opprimés. Il donne la justice pour règle à la liberté, reconnaît le droit au travail, la dette du riche à l'égard du pauvre qu'il exempte de toutes charges, la nécessité de l'im-

---

(1) *Mémoires du conventionnel Levasseur de la Sarthe*, publiés par Achille Roche, 1829.

(2) *Souvenirs, portraits, épisodes de la Révolution.*

(3) *Histoire parlementaire de la Révolution française.*

(4) *Histoire des Montagnards.*

pôt progressif sur la fortune. Il définit la propriété : le droit qu'a chaque citoyen de jouir et de disposer de la portion de biens qui lui est garantie par la loi. Le droit de propriété est ainsi borné comme tous les autres par l'obligation de respecter les droits d'autrui. Il ne peut préjudicier ni à la sûreté, ni à la liberté, ni à l'existence, ni à la propriété de quiconque.

On avait personnifié la Terreur en Robespierre. Louis Blanc s'éleva contre cette injustice. Accusé par Edgar Quinet d'être le doctrinaire des mesures qui, loin d'être utiles, avaient préparé les peuples à subir la tyrannie, Louis Blanc répondit qu'il condamnait la dictature de la force, maudissait les excès et flétrissait les crimes. Mais la Terreur n'était pas un système. Immense malheur né de périls prodigieux, en cinq mois elle avait sauvé la France des conspirateurs de l'intérieur, complices des ennemis du dehors (1).

Michelet avait daté la fin de la République de la mort de Danton. Pour Louis Blanc, elle n'est perdue qu'à la chute de Robespierre. Le 9 thermidor ne mérite pas le nom « de réveil de la justice, de réveil de la clémence » dont l'a décoré Jules Ferry. Il est l'écroulement de la Révolution et le signal des horreurs de la Terreur blanche.

En 1868, dans la préface d'une nouvelle édition de son *Histoire de la Révolution*, Michelet, se plaignant d'avoir été attaqué « avec une passion extraordinaire » par Louis Blanc, riposta avec aigreur.

« Le motif de la querelle entre les deux écrivains révolutionnaires, écrivait spirituellement un chroniqueur du *Figaro* (8 novembre 1868), est jalousie de couvent. M. Louis Blanc a installé son histoire aux Jacobins ; M. Michelet a logé la sienne aux Cordeliers. Le premier dit : « S'il y a un Dieu, Robespierre est son prophète. » Le second s'écrie : « Il y a eu certainement une Révolution, et Danton en est l'âme. »

Après s'être étonné qu'on pût avoir l'idée d'écrire à Londres l'histoire de Paris révolutionnaire, Michelet accusa Louis Blanc d'avoir une prédilection pour Calonne, d'avoir essayé de renfermer la Révolution dans un club : « mettre cet océan dans la petite enceinte du petit cloître jacobin » ; d'avoir traité

---

(1) Louis Blanc écrivait à Alphonse Peyrat, 4 septembre 1862 : « Il faut que l'expression de ma pensée ait trahi ma pensée, pour que vous ayez vu dans ma conclusion un jugement trop rigoureux de cette Révolution qui a mon culte comme le vôtre. C'est précisément parce que j'aime la Révolution que je me suis étudié à déjouer la tactique favorite de ses ennemis, tactique qui a toujours consisté à définir la Révolution par la Terreur ». *Lettre inédite* communiquée par Mme la marquise ARCONATI-VISCONTI.

ROBESPIERRE
D'après le portrait dessiné par J. GUÉRIN

d'ennemis de Rousseau les Girondins et de leur avoir couvert les mains du sang de septembre ; d'avoir fait d'Hébert leur continuateur, comme *voltairien* ennemi de Rousseau et du sensible Robespierre ; de s'être montré assez doux pour le roi, la reine, le duc d'Orléans et le clergé ; d'avoir accablé Danton et les Girondins ; d'avoir vu en eux la bourgeoisie qui lui fut hostile le 15 mai 1848 ; d'avoir fait de Robespierre un Dieu, un socialiste, alors qu'il avait frappé le socialisme et avait été tué par lui. « Extraordinaire méprise pour un pape socialiste, tyran du travail au nom de la fraternité. »

« Je crois, poursuivait-il, que Louis Blanc m'aurait mieux pardonné toute ma politique contraire, mes attaques à son Dieu, que mon regard minutieux, l'observation exacte du saint des saints, le tort d'avoir vu de si près, décrit la petite chapelle, le féminin cénacle de Marthe, Marie, Madeleine, l'habit, le port, la voix, les lunettes, les tics de ce nouveau Jésus.

« Une chose nous sépare bien plus qu'il ne paraît, une chose profonde : nous sommes de deux religions.

« Il est demi-chrétien à la façon de Rousseau et de Robespierre. L'Etre suprême, l'Evangile, le retour à l'Eglise primitive, c'est ce *credo* vague et bâtard par lequel les politiques croient atteindre, embrasser les partis opposés, philosophes et dévots.

« La race et le tempérament ne sont pas peu non plus dans notre opposition. Il est né à Madrid. Il est Corse de mère, Français par son père (de Rodez). Il a la flamme sèche et le brillant des méridionaux, avec un travail, une suite que ces races n'ont pas toujours. Il a étudié à Rodez, au pays des Bonald, des Fraissinous, qui nous fait tant de prêtres. Dans sa démocratie, il est autoritaire. »

La préface de Michelet avait d'abord paru dans *le Temps*. C'est dans *le Temps* que Louis Blanc y répondit, le 17 octobre 1868. Justifiant ses assertions par des citations, il se défendit d'avoir rendu un culte à Robespierre. Certes, il admirait le dévouement d'un homme qui a vécu et qui est mort pour le peuple. Mais il avait flétri son abstention au cours des massacres de septembre, dénoncé comme une mauvaise action son attitude à l'égard d'Anacharsis Clootz, qualifié de détestable la loi du 22 prairial (1), qui faisait de la justice une tyrannie doublée d'hypocrisie.

---

(1) En vertu de cette loi, le tribunal révolutionnaire pouvait juger sur des *preuves morales* et n'était plus tenu d'entendre les témoins et les défenseurs. La seule peine prononcée devait être la mort.

Le différend se prolongea. Michelet maintint ce qu'il avait écrit au sujet de Calonne, nia que le chef des Jacobins fût socialiste et, se refusant à enfermer dans Robespierre la Révolution et la France, rappela les paroles d'Anacharsis Clootz : « France, guéris des individus ! » Louis Blanc ne poussa pas plus loin la discussion. Il préféra en témoignage de « respectueuse sympathie » laisser l'avantage du dernier mot à Michelet. Il se borna à répondre que son livre s'expliquerait lui-même.

Ainsi se termina la courtoise polémique.

Ecrite avec une incontestable bonne foi, l'*Histoire de la Révolution* apparaît, à la lueur des dernières recherches, comme un véritable monument. Sans doute, comme la plupart des historiens de son époque, Louis Blanc s'est lancé dans de hardies synthèses qui l'ont amené à considérer l'histoire de France comme une lutte de la bourgeoisie contre la féodalité, puis contre la démocratie; à dénier au catholicisme le principe de la fraternité; à oublier le rôle de la monarchie pour n'attribuer qu'aux seuls Etats généraux l'établissement de l'unité nationale. Mais bien qu'il ait forcé inconsciemment la portée de certains faits, la sûreté de sa méthode s'impose. Louis Blanc indique ses sources, cite ses autorités, pèse les témoignages, discute les points douteux ou volontairement obscurcis, éclaire enfin par l'analyse historique le tableau des événements.

L'*Histoire de la Révolution française* eut un grand succès. Stuart Mill écrivait à Louis Blanc (25 août 1863) : « Une histoire de la Révolution du point de vue socialiste manquait auparavant et il en rejaillit mille lumières nouvelles. Je me trouve souvent, à votre égard, dans un désaccord d'opinions, non total mais partiel, que vous n'aurez pas de peine à concevoir. Mais l'opinion toujours dominante est d'estime et d'admiration. Même lorsque je vois les faits autrement que vous, il est très important de reconnaître qu'ils peuvent être vus comme vous les voyez (1). » En France, le gouvernement impérial s'émut. Le 4 avril 1861, le ministre de l'Intérieur attira l'attention de la justice sur le tome XI, qui venait de paraître. Le 6, un rapport lui fut adressé concluant à l'inopportunité de poursuites judiciaires, qui seraient de nature à réveiller les passions. L'apologie de faits qualifiés crimes par la loi ne paraissait d'ailleurs pas assez caractérisée, soit quant à l'intention, soit quant à l'expression, pour rendre probable une condamnation. Mais tous les moyens seraient pris pour

(1) Inédit. Correspondance de Louis Blanc. Bibliot. Nat., 11.398, 176.

interdire le colportage de ces « scandaleuses apologies » et en paralyser la propagation.

L'Empire se devait de ne témoigner aucune bienveillance à un écrivain qui l'avait poursuivi sans relâche. Au lendemain de la chute de la République, Louis Blanc avait repris la lutte politique, convaincu que, sans la République, il était impossible de réaliser des conceptions sociales. Il était étroitement surveillé. Le 31 octobre 1851, la police de Rennes signale un bruit suivant lequel il devait s'embarquer à Jersey pour Saint-Malo. En novembre, le préfet du Nord informait le commissaire de police de Roubaix « que Ledru-Rollin, Louis Blanc, Caussidière, Bianchi et plusieurs autres, au nombre de neuf..., avaient couché à Courtrai, à l'*Hôtel du Lion d'Or*; que ces individus se seraient dirigés, depuis, sur Mouscron ». De minutieuses recherches furent entreprises. Elles n'aboutirent à aucun résultat. Au lendemain du coup d'Etat, Louis Blanc et Martin Bernard arrivèrent en Belgique, prêts à toute éventualité. Ils s'en retournèrent quand tout espoir de résistance fut perdu, non découragés, résolus plus que jamais à combattre. « Je ne trouve pas en moi, écrivait Louis Blanc à George Sand, la force de respirer, ne fût-ce que quelques instants, l'air de la servitude. La sérénité de la résignation, sur ce point, est une vertu qui me manque ; et sans reprocher à ceux qui peuvent vivre dans la France d'aujourd'hui cet amour du sol natal dont l'énergie, chez eux, est le mobile dominant, je préfère, moi, n'assister que de loin, puisqu'il faut que j'y assiste, à la triste comédie de la bassesse humaine et adorer la liberté en homme libre (1). »

Il félicitait Victor Hugo, qui venait de publier *les Châtiments* : « Vous avez là frappé un grand coup ! Je vous ai lu, cela va sans dire : c'est admirable ! Quel Juvénal vous êtes quand il vous passe par la tête de manier l'arme du pamphlet. Mais occupez-vous donc un peu, de grâce, de faire envoyer des exemplaires aux journaux anglais, la plupart très hostiles à Louis Bonaparte. Ils ne demanderont pas mieux que de se placer comme autant d'échos le long de votre route. Ah ! si la France pouvait lire ces éloquentes et terribles pages... Ce m'est une véritable joie, au milieu de toutes nos tristesses, de vous voir si plein de courage et de foi. Il en faut, certes, pour ne pas reprocher au ciel cet effroyable scandale du mal vainqueur et de la bassesse sur un char de triomphe. Jamais rien de tel ne s'était vu, si ce n'est au temps des empereurs

(1) Lettre inédite du 27 décembre 1851 communiquée par Mme Lauth-Sand.

dans Rome dégradée. Mais quoi ! les hommes vraiment forts n'ont nul besoin de chercher la force autour d'eux ! Ils la portent en eux-mêmes. Et puis, vous avez raison : tout ceci, c'est la Néva qui a gelé. Gare le soleil ! (1) » Il écrivait à George Sand : « A propos de livres, Victor Hugo vient d'en publier un, et violent et terrible. Juvénal ne fut jamais plus indigné. Mais il va sans dire que le lire, en France, dans *ce pays de libres penseurs*, est devenu impossible. Le moyen, pour ce malheureux peuple, de ne pas croire que Louis Bonaparte est un grand homme, quand c'est la seule chose qu'on puisse affirmer ? Non, tant d'opprobre ne pouvait être prévu. Que vous devez souffrir ! » (2)

En mars 1854, il lançait un appel aux démocrates de France, les invitait à s'organiser, à agir sans repos ni trêve pour rendre la révolution imminente. « Ce qu'on appelle la force des circonstances, écrivait-il, n'est jamais qu'un résultat de la volonté humaine en action. Ce sont les hommes, après tout, qui créent les événements. »

Malgré les ardentes objurgations des exilés, le pays demeura inerte. Le 7 décembre 1857, Louis Blanc, annonçant à Barbès la mort d'Eugène Sue, se raidissait contre le découragement. « L'exil nous moissonne tous les uns après les autres. Quelle succession de calamités ! Le succès n'est que pour le mal, décidément ; mais nous avons la foi. Espérons (3). »

En France, des doutes s'élevaient sur l'efficacité de l'abstention. Jusqu'en 1857, tous les opposants à l'Empire s'étaient indignés à la pensée d'entrer dans un Parlement asservi. Cavaignac, Carnot, Hénon, élus à Lyon en 1852, avaient immédiatement donné leur démission, « n'admettant pas de siéger dans un corps législatif dont les pouvoirs ne s'étendaient point jusqu'à réparer la violation du droit ». Mais le directeur du *Siècle*, Havin, encouragea les républicains à prendre une part active aux affaires. Fils d'un conventionnel, membre de la gauche dynastique sous la monarchie de Juillet, puis rallié à la République en 1848, Havin s'entoura d'habiles collaborateurs : Eugène Pelletan, Louis Jourdan, Taxile Delord, Léon Plée, Edmond Texier. Les jeunes gens, las de l'inaction, suivirent les suggestions du *Siècle* et se préparèrent à affronter les luttes électorales.

---

(1) Lettre inédite (1853) communiquée par M. Gustave Simon.
(2) Lettre inédite (1853) communiquée par Mme Lauth-Sand.
(3) Lettre inédite.

Devant cette tactique nouvelle, Louis Blanc ne peut contenir son amertume. Ainsi, pendant que les uns resteraient inébranlables, les autres, sous prétexte de faire de la politique pratique, ne tarderaient pas à entrer en accommodements avec l'Empire! Que pouvait faire à la Chambre une opposition trop faible pour arrêter le pouvoir, sinon jouer un rôle de dupe ! Logique avec lui-même, le proscrit donna sa démission de collaborateur du *Courrier de Paris* parce qu'Emile de Girardin y avait publié une série d'articles intitulés *l'Empire avec la liberté* (décembre 1857), invitant le gouvernement à marcher désormais dans la voie libérale. En 1859, il refusait de bénéficier de l'amnistie. Mais, sévère pour lui-même, il conseillait à ceux dont le retour se justifiait par une situation pénible ou des raisons de famille, « de profiter d'une occasion heureuse, sans s'incliner devant une grâce ».

Félix Pyat, dans une lettre au *Courrier de l'Europe*, critiqua vivement, au nom de *la Commune révolutionnaire*, l'attitude de Louis Blanc. L'action menée à l'étranger par les proscrits lui paraissait inefficace. « Si Victor Hugo, écrivait-il, retournait faire la suite et la fin de *Napoléon le Petit* ; si Proudhon rentrait et frappait un second coup de bélier dans le même mur ; si les plus célèbres : Raspail, Quinet, Leroux, Ribeyrolles, venaient à tout de rôle, ou tous ensemble, frapper dans le même trou, est-ce qu'ils n'enfonceraient pas le mur ? »

Louis Blanc répliqua à Félix Pyat que, pour être logique avec lui-même, il aurait dû dater sa lettre de Paris et non de Londres. Rentrer pour prendre hardiment l'offensive, c'était donner à l'Empire l'occasion cherchée de la répression. Rentrer pour vivre avec circonspection la vie de sujets, c'était la mort du parti républicain.

Mais, sachant Barbès malade, Louis Blanc le pressait en ces termes touchants de rompre son exil : « Songe, mon cher ami, que la conservation de ta santé est une chose que tu dois non seulement à ceux qui t'aiment, mais à la cause que tu sers. Je n'ai pas besoin de te dire que, pour toi, comme pour moi, je préférerais la mort à tout acte qui ne serait pas strictement conforme à la dignité due à la foi d'un républicain ; mais rien, Dieu merci, ne te fait une loi du volontaire exil que tu t'es imposé. Quant à moi, bien que j'aie publiquement repoussé une amnistie, j'ai toujours pensé et dit bien haut qu'en ce qui nous concernait, c'était tout simplement une barrière qui se trouvait tombée, une porte par laquelle, la voyant ouverte, nous avions parfaitement le droit de passer, si tel était notre bon plaisir. Je ne saurais pas plus reconnaître à Louis

Bonaparte le droit de nous enlever la patrie que celui de nous la rendre. Si j'ai cru qu'il était bon que quelques-uns d'entre nous restassent à l'étranger et si j'y suis resté moi-même, c'est uniquement parce que, dans la situation actuelle des choses, il est utile que ceux-là gardent toute liberté d'action qui sont placés de manière à en user utilement pour leur cause, d'où il résulte qu'à mes yeux le devoir ici dépend de la nature des circonstances particulières où chacun se trouve.

« Si, à l'étranger, on brisait ma plume ; si, par suite de telle ou telle circonstance, je m'y voyais réduit à l'impuissance d'être utile; si, en y restant, je compromettais ma santé et me rendais de la sorte incapable de faire ce que, dans une occasion donnée, mon parti peut attendre de mon dévouement, je t'assure que je n'hésiterais pas un seul instant à rentrer en France, bien sûr qu'en cela je resterais tout à fait conséquent avec moi-même et remplirais mon *devoir.* Je t'en conjure donc, mon cher ami, si le soin de ta santé exige que tu retournes dans ton pays, n'hésite pas. Tu le dois, je le répète, à tes amis, à ta famille, à notre cause (1). »

Barbès fut ébranlé; pourtant il ne se décidait pas. Louis Blanc insista :

« Ta lettre me déchire le cœur ; il y règne une tristesse voilée qui m'en dit plus que tous les détails sur ce que tu as moralement souffert. Mais, au nom du ciel, ne parle pas de mourir. Les hommes tels que toi sont trop utiles au triomphe de la vérité et de la justice pour être enlevés si tôt. Tu vivras et je ne puis pas, je ne veux pas renoncer à une espérance qui m'est nécessaire, celle de te serrer la main, et cela dans notre France redevenue libre.

« Ce m'est un vif sujet de consolation d'apprendre que Martin est auprès de toi, et je voudrais bien que Gambon ne fût pas parti. L'amitié, dans ces moments d'épreuves, est d'un prix inestimable. A la première nouvelle de ta maladie, je me serais mis en route, si je n'avais ici ma croix à porter. Je ne parle pas de mes travaux, quelque urgents qu'ils soient, encore moins de mes affaires; une pareille considération ne m'eût pas arrêté un instant ; mais j'ai été retenu par la maladie d'une personne qui m'est chère, qui n'a que moi au monde pour la soigner et l'aider à vivre, et dont mon départ soudain aurait peut-être mis la vie en danger. Si, comme je l'espère, elle recouvre un peu ses forces avant que tu sois parti de La Haye, j'irai t'y voir.

---

(1) Lettre inédite, 10 octobre 1861.

« Les motifs qui te font craindre de rentrer en France m'ont fait venir les larmes aux yeux; mais, mon cher ami, éloigne ces tristes pensées. L'air de la patrie te rétablira. Et la joie d'être au milieu de ceux que tu aimes, n'est-ce rien que cela pour te rendre la santé ? Je ne cache donc pas que je désire ardemment pour toi ce que tu sembles redouter, c'est-à-dire que ta sœur vienne te chercher » (1).

Attentif aux affaires de la France, Louis Blanc se détourne de ceux qui s'intéressent « à un mouvement électoral dont la tendance de plus en plus marquée lui semble *être de sanctionner l'Empire en le constitutionnalisant* » (2). Au sujet des manifestations dans la rue, il écrit à Barbès, le 17 janvier 1862 (3) :

« J'ai été frappé comme toi de cette démonstration des étudiants à Paris. Elle m'a surpris, s'il faut le dire, tant me paraissait épais et lourd le sommeil dans lequel la France est tombée ! Mais c'est un étrange peuple que le peuple français ! Il est si soudain dans ses mouvements, et ses évolutions sont si capricieuses en apparence qu'il ne faut jamais désespérer de lui, précisément pour la raison qu'il ne faut jamais trop espérer en lui. Quand je rapproche l'état moral où se trouve notre cher pays aujourd'hui avec celui où nous l'avons vu en 1848, il me semble vraiment que je suis la dupe d'un mauvais rêve.

« Je crois tenir de fort bonne source que les affaires en France sont dans une situation pitoyable et qui menace d'empirer. Quand, pour se consoler de la liberté perdue — et quelle consolation ! — on n'aura même plus la prospérité matérielle, peut-être reviendra-t-on à l'ancien culte, celui des idées généreuses et des nobles sentiments.

« Mais combien il serait douloureux que la dignité humaine, dans un pays tel que le nôtre, ne trouvât pas en elle-même de suffisants motifs pour s'affirmer ! »

Les années s'écoulent. L'exilé demeure inébranlable, ce qui lui vaut les injures de ceux qui sont entrés en composition avec l'Empire. Parlant avec Darimon de Louis Blanc et de ses amis, Ollivier les appelle « les crétins de Londres ». A Emile de Girardin qui prêche la doctrine des *faits accomplis*, Louis Blanc se refuse de répondre. « Dès qu'il pense, écrit-il à Jules Ferry,

---

(1) Lettre inédite, 18 octobre 1861.
(2) Lettre inédite à Barbès, 15 avril 1861.
(3) Lettre inédite.

que la conscience est affaire de temps et de mode, quel espoir que sur ce point nous nous rencontrions jamais ? Il ne me convertira sûrement point et je ne vois pas qu'il y ait chance pour moi de le convertir » (1).

En 1869, aux élections complémentaires, le comité démocratique socialiste de la huitième circonscription de la Seine offrit la candidature à Louis Blanc. Il refusa, ne pouvant se décider, conformément au sénatus-consulte du 20 février 1857, à prêter serment à l'Empire. « Ayant été de ceux auxquels échut, en 1848, l'honneur de porter officiellement le drapeau de la République, écrivait-il au comité le 12 septembre, je ne saurais souffrir qu'elle passe en ma personne sous les fourches caudines... On ne déjoue pas la force. En lui rendant hommage, on s'expose à la grandir. Le serment n'est pas une formalité vaine. En le violant, les républicains perdront le droit d'invoquer contre Napoléon le respect de la foi jurée. »

Barbès et Gambon félicitèrent Louis Blanc de son attitude. Il leur répondit, le 23 septembre 1869 : « J'étais sûr de votre approbation, et je voudrais bien que vous trouvassiez moyen de la rendre publique, à cause du poids que jetteraient dans la balance deux noms comme les vôtres. La politique d'expédients a tellement pris le pas, en France, sur la politique des principes, que toutes les voix qui ont de l'autorité devraient s'unir pour arrêter le parti républicain sur une pente au bout de laquelle il n'y aurait pour lui qu'abaissement et ruine.

« Puisque vous allez voir Victor Hugo, dites-lui, je vous prie, combien je l'ai trouvé admirable au congrès de Lausanne. Proclamer l'union de la République et du socialisme, c'est un grand acte (2) ! Et cet acte accompli par un homme de génie ! Allons, allons ! la France est toujours la France ! (3) »

Quels que fussent ses sentiments intimes, il ne voulut pas cependant diviser le parti républicain et trouva des excuses à ceux qui, suivant l'expression de Challemel-Lacour, avaient « poussé le cri qui soulage la conscience publique trop chargée ». Mais, parmi les bons ouvriers de l'œuvre de justice, il reven-

---

(1) Lettre inédite datée du 1er janvier 1868, en réalité 1869. Fondation Jules-Ferry.

(2) Victor Hugo avait dit, le 21 septembre 1869, en clôturant le congrès de la paix, à Lausanne, auquel Louis Blanc avait donné son adhésion : « République et socialisme, c'est un. »

(3) Lettre inédite.

diqua une place pour les exilés de l'extérieur, libres de crier « à pleins poumons ce qu'en France on pouvait à peine chuchoter », et demanda l'abolition du serment, persuadé que le plus sûr moyen de l'obtenir était de refuser d'en subir le joug.

Dès le mois de janvier 1869, il avait songé à publier en brochure les idées contenues dans sa lettre au Comité. Mais Jules Ferry et Nefftzer, qu'il avait consultés, avaient estimé qu'une pareille publication, en raison de l'état des choses et des esprits, présentait alors des inconvénients. « Il faut que j'aie manqué de clarté, écrivait Louis Blanc à Jules Ferry, le 22 janvier 1869, puisque vous n'avez pas trouvé dans ma conclusion ce que je vous avait dit de « la division du travail dans la démocratie ». C'est ce que j'avais cru exprimer assez formellement en disant que, dans la distribution des efforts, il y avait place et pour ceux qui croient devoir travailler à ce qui est d'un intérêt immédiat, et pour ceux qui, s'attachant à représenter la conscience de leur parti, préfèrent travailler à ce qui est d'un intérêt permanent. Il me sera facile de mieux accentuer ma pensée. Vous croyez que le mieux serait d'attendre que je fusse provoqué à un explication personnelle. Cette idée m'était déjà venue et je la trouve bonne. Le fait est que rien ne presse » (1).

Le Siècle persista dans sa ligne de conduite : « Où en serions-nous, si ce système eût prévalu ; si des hommes tels que Carnot, Jules Favre, Garnier-Pagès, Jules Simon, Picard, Pelletan et, plus récemment, Bancel, Gambetta, Jules Ferry et tant d'autres eussent suivi le conseil de M. Louis Blanc et fussent restés enfermés sous teur tente ? Croit-on que nous assisterions « à cet admirable réveil de l'esprit public » dont parle M. Louis Blanc ? Le silence est un acte, nous dit-il. Cet acte eût-il suffi à déterminer le mouvement d'opinion auquel nous assistons ? Il est au moins permis d'en douter... »

Bien que décidé à décliner toute candidature, Louis Blanc n'hésita pas à intervenir dans la lutte électorale au scrutin de ballottage des 5 et 6 juin 1869. François-Victor Hugo lui avait écrit de Bruxelles, le 1er juin : « Nous sommes convaincus que l'Empire ne peut pas être mieux souffleté que par l'élection du rédacteur de *la Lanterne.* N'est-ce pas votre avis ? Si, comme je le pense nous sommes d'accord, vous rendriez un véritable service à notre cause en l'appuyant publiquement... Envoyez- moi une lettre, un article, un entrefilet, une phrase, un mot. *Le Rappel* se parera superbement de tout ce que vous

(1) Lettre inédite. Fondation Jules-Ferry.

lui accorderez » (1). Louis Blanc répondit à cet appel. Se défendant d'agir par ressentiment contre Jules Favre qui l'avait fait exiler (2), il se prononça nettement pour Henri Rochefort, c'est-à-dire pour une politique qui mettait la fierté inflexible au premier rang des vertus nécessaires dans un pays qui veut être libre.

« Je voterai pour Henri Rochefort, répondit-il à François-Victor à cause de l'adhésion qu'il a si énergiquement et si loyalement donnée à des idées de réformes sociales qui ne sont pas celles de M. Jules Favre... »

Cette lettre, publiée dans *le Rappel* à 60.000 exemplaires, fut affichée sur tous les murs de la 7e circonscription. Rochefort n'en fut pas moins battu : « Vous avez rallié à sa candidature beaucoup d'hésitants, écrivait François-Victor à Louis Blanc, et si elle n'a pas triomphé, c'est uniquement parce que Jules Favre, chose triste à dire, a eu l'appoint des voix bonapartistes (3).

Le soir de l'élection, les blouses blanches firent leur réapparition et provoquèrent des troubles. A Barbès qui l'interrogeait, Louis Blanc répondit : « Tu me demandes ce que je pense de l'agitation de Paris. A la première nouvelle que j'en ai reçue, je l'ai profondément déplorée, ne pouvant attribuer qu'à des manœuvres de police des désordres si étrangers par leur nature à l'action des révolutionnaires sérieux et dévoués. Le gouvernement, pour effrayer la bourgeoisie, la ramener à lui par la peur et décrier la candidature Rochefort, a été bien aise d'associer le nom du candidat le plus démocratique à des histoires de carreaux cassés et de boutiques pillées : voilà ce qui me paraît clair. C'est aussi l'opinion de Martin Bernard »(4).

L'échec de Rochefort fut vivement ressenti par la proscription. Louis Blanc écrivait à Barbès : « Moi aussi je m'afflige de la défaite de Rochefort.

---

(1) Inédit. Bibliot. Nat. *Corresp. de Louis Blanc*, 111.

(2) L'accusation d'avoir agi par rancune personnelle contre Jules Favre émut Louis Blanc : « Vous paraissez, dans votre dernière lettre à Victor, lui écrivait Rochefort le 21 juin, quelque peu inquiet de l'effet produit. Il a été, je le sais, très grand, et personne sous cette parole simple et désintéressée n'a paru découvrir la moindre apparence de rancune. Il est évident que vous n'avez pu empêcher que le souvenir des persécutions que vous avez subies ne se réveille, dans le cœur du peuple, à la lecture de votre lettre ; mais la rancune dont vous parlez, c'est la France qui la ressent et non vous contre vos proscripteurs. » De son côté, François-Victor écrivait le 18 juin : « Ceux qui vous accusent d'avoir obéi à une rancune vous ont lu sans vous comprendre. » Lettres inédites. Bibliot. Nat. *Corresp. de Louis Blanc*, 257.

(3) Lettre inédite, 18 juin 1869. Bibliot. Nat. *Corresp. de Louis Blanc.*

(4) Lettre inédite à Barbès, 16 juin 1869.

Et nous avons bien raison. Ici elle comble de joie nos ennemis. Il me semble que la lettre que tu m'écris serait bonne à publier comme témoignage de l'importance qu'attachaient à la victoire de Rochefort des républicains tels que toi. Veux-tu m'autoriser à l'envoyer à François-Victor Hugo » (1) ? Rochefort se consola de son échec par un manifeste spirituel au corps électoral. Il remercia Louis Blanc « de n'avoir pas peu contribué à lui procurer 14.700 voix » et lui annonça qu'une nouvelle candidature lui était offerte à Paris. Il hésitait pourtant à l'accepter, ne voulant pas « avoir l'allure d'un coureur de circonscription qui cherche à sortir de ses condamnations par une inviolabilité parlementaire ». De plus, il craignait d'échouer et de se heurter à la fois à la coalition des forces du gouvernement et à la coalition de l'opposition. « Tous, Gambetta tout le premier, craignent mon exaspération. Ou ils marcheraient avec moi, et alors ils risqueraient tout à qui leur plaît médiocrement ; ou ils désavoueraient mes violences, ce qui, quelque talent qu'ils aient, les rejetteraient dans un modérantisme relatif dont leurs électeurs leur sauraient mauvais gré. L'espèce de popularité bizarre et d'ailleurs assez incompréhensible dont je jouis, surtout dans la classe ouvrière, les effarouche et les gêne. A la coalition des forces du gouvernement se joindra donc, pour m'empêcher de passer, la coalition de l'opposition, coalition dont Raspail et Bancel seuls ne feront peut-être pas partie. Dans cette situation, je n'aurai qu'à me retirer et mûrir silencieusement en exil jusqu'à l'heure de la Révolution qui, avec les timidités qui règnent, me paraît s'éloigner tous les jours » (2). Louis Blanc répondit à Rochefort qu'en se prononçant bien haut en sa faveur il avait obéi « à l'inspiration d'une sympathie à la fois très vive et très réfléchie ». « Je crois, ajoutait-il, que vous avez raison de ne vouloir vous présenter qu'autant qu'il y aurait presque certitude de succès » (3).

Aucune voix ne contestait la nécessité pour les républicains de profiter des élections pour se compter. Mais voterait-on pour des assermentés ou des inassermentés ? Dans une réunion privée tenue à Paris, 16, rue de Lyon, le 21 octobre, Amouroux apostropha Jules Simon, Garnier-Pagès et Emmanuel Arago :

---

(1) Lettre inédite, 11 juin 1869. Barbès donna l'autorisation demandée.

(2) Lettre datée de Bruxelles, 21 juin 1869. Bibliot. Nat. *Correspondance de Louis Blanc*, 257.

(3) Lettre inédite du 26 juin 1869. Bibliot. Nat. *Correspondance de Louis Blanc*, 259.

« Etes-vous prêts à combattre le serment et à engager le peuple à voter quand même pour ceux qui lui plaisent sans s'inquiéter du serment ; verriez-vous avec plaisir que Ledru-Rollin, Louis Blanc, Barbès, Félix Pyat fussent nommés et appuieriez-vous leur candidature ? Car il faut que ces proscrits soient nommés, et si le gouvernement ne veut pas les recevoir, nous les porterons au Corps législatif. »

Jules Simon répondit qu'il ne voulait patronner personne, n'admettant pas les candidatures officielles, de quelque côté qu'elles vinssent. Il ajouta pourtant qu'il lui tardait de revoir ses chers amis, qui siégeaient avec lui vingt-deux ans auparavant.

Délégués par le comité central des candidatures inassermentées, Gambon, Rochefort, Flourens et Beaumont partirent pour Londres afin de demander à Ledru-Rollin et à Louis Blanc de rentrer en France. On comptait que la présence des deux proscrits à Paris amènerait le désistement de la plupart des candidats assermentés et assurerait ainsi le succès des candidatures posées contre le serment.

Ledru-Rollin et Louis Blanc refusèrent. Ledru, parce qu'il craignait d'être arrêté dès qu'il mettrait le pied en France ; Louis Blanc, parce qu'il n'y avait pas unanimité dans le parti démocratique sur une question qui aurait dû le réunir tout entier :

« Il y a eu confusion, écrivait-il au comité, là où l'harmonie des efforts et l'association des volontés eussent été indispensables ; et nos ennemis ont pris texte de là pour remettre sur pied le spectre rouge, préparer le coup d'Etat d'en haut, à force de parler des coups d'Etat d'en bas, et faire peur à cette partie de la bourgeoisie qui est toujours prête à tomber dans le piège de la peur. » Gambon se rendit alors à La Haye, auprès de Barbès, partisan décidé lui aussi, du vote inassermenté. Mais Barbès, malade, se trouvait dans l'impossibilité d'agir. Il ne fut pas élu. Louis Blanc lui écrivit, le 24 novembre 1869 : « L'échec que tu prévoyais n'est pas aussi grand que tu le craignais, puisque tu as obtenu près de 2.000 voix ; mais je n'en considère pas moins ce résultat comme étant quelque chose de navrant. C'est l'immense majorité des voix que tu aurais dû avoir si Paris avait été en état de comprendre ce qu'exigent le véritable intérêt et la dignité du parti républicain. Le parti républicain cherchant à tâtons sa victoire dans un serment de fidélité prêté au destructeur de la République et croyant se laver du reproche d'avilissement en disant que ce n'est là qu'un mensonge ! Voilà où conduit la tactique substituée aux principes !

Cela me brise le cœur ! Et Paris ! Paris donnant raison aux *habiles* sans voir ce qu'il y a d'inintelligent dans leur habileté prétendue! Ah ! ce n'est pas impunément qu'un peuple reste asservi pendant près d'un quart de siècle ! L'abaissement général des caractères, voilà, quant à moi, ce que j'estime être le plus grand crime de l'Empire ! (1) » Une fois de plus, il refusa de rentrer en France : « Ce n'est pas, écrivait-il, une amnistie accordée par les proscripteurs qui peut sonner pour les proscrits l'heure du retour considéré comme un devoir ». Et il dénonça le mensonge de l'Empire libéral, qui n'avait pour le césarisme que « l'importance d'un renouvellement de bail ».

Quand Napoléon III soumit la formule suivante au plébiscite : « Le peuple approuve les réformes libérales opérées dans la Constitution par l'Empereur », tous les républicains protestèrent. Gambetta et Jules Simon soutinrent à la Chambre que le plébiscite devait avoir pour conséquence nécessaire la République. Sur la tactique à adopter, il n'y eut pas entente. Les proudhoniens décidaient, avec Rochefort, de voter blanc ; les députés et journalistes de la gauche, réunis chez Crémieux, conseillèrent, avec Victor Hugo, Edgar Quinet et Rogeard, de voter non. Louis Blanc jugeait essentiel de nier le plébiscite d'une manière péremptoire :

« A qui l'interroge sans avoir le droit de l'interroger, le peuple souverain ne doit rien que le refus de répondre. » Il écrivait à Barbès, le 10 mai 1870 : « Je crois que nos amis ont fait fausse route en adoptant le *non* de préférence à l'abstention. En principe, je ne comprends pas bien qu'on adopte, pour attaquer l'Empire, le procédé qui consiste à obéir à ses décrets.

« En fait, je ne trouve pas qu'il soit d'une bonne tactique d'accepter le combat sur le champ de bataille choisi par l'ennemi, de ne le commencer qu'au signal donné par lui et de le livrer dans les conditions qu'il juge le plus favorable. Ce n'était pas pour nous le moment de nous compter.

« Aussi comment le résultat est-il interprété ? J'entends dire autour de moi : En France, les bonapartistes sont aux républicains comme 5 est à 1. Supposons que la lutte eût été entre les partisans plus ou moins *poussés au scrutin* de l'Empire et ceux qui refusaient de reconnaître le plébiscite en s'abstenant, qu'aurait-on dit ? On n'aurait pu dire que ceci : Les bonapartistes sont à leurs adversaires comme 5 est à 3 1/2. Cela n'aurait-il pas mieux valu?

« Et puis, comme tu l'as fort bien senti, il y avait ici une question

(1) Lettre inédite.

d'inflexibilité républicaine, une question de dignité, choses dont j'estime qu'on s'accoutume trop à faire bon marché.

« En somme, les manifestes de la gauche en cette occasion me frappent comme un effort fait par les républicains assermentés pour entraîner le parti tout entier dans les voies de la tactique qui les a conduits, suivant une expression de toi très juste et très profonde, *à légaliser l'Empire* (1). »

Malgré les 7.350.000 suffrages obtenus par Napoléon, Louis Blanc ne désespère pas de l'avenir. « Non ! quoi qu'en disent les fanatiques de servilité, écrit-il le 18 mai 1870, la France ne vient pas de dire à l'Empire : *esto perenne*, sois éternel. Non, le vote du 8 mai n'autorise pas la mort à crier : je suis la vie ! »

Meurtri par le succès éclatant de l'empereur, Louis Blanc allait être frappé dans une de ses plus chères affections (2). En juin 1870, la maladie de cœur dont souffrait Barbès fit des progrès menaçants. Prévenu par Carles, neveu du proscrit, Louis Blanc accourut à La Haye. Quel pénible spectacle l'attendait ! L'homme d'action était condamné à l'immobilité dans un fauteuil, l'orateur véhément ne parlait plus qu'à mots entrecoupés, au prix d'horribles souffrances. Il s'éteignit bientôt, gardant devant la mort, qu'il avait tant de fois bravée, une profonde sérénité.

Ses obsèques eurent lieu le mercredi 29 juin. Au cimetière d'Eikenduinen, sous un ciel pluvieux, Louis Blanc dit toute la vie de lutte du « Bayard de la démocratie », qui confondait dans un même amour la France et l'humanité. En lui il glorifia tous ceux qui supportaient volontairement et si fièrement les misères de l'exil en attendant que le crime couronné reçût son châtiment.

Ce châtiment était proche. Dans une dernière manœuvre pour consolider sa couronne et assurer le sort de sa dynastie, Napoléon III devait conduire la France au désastre.

Sur cette Allemagne, qui allait se ruer sur nous, Louis Blanc avait publié de pénétrantes études. Déjà, en 1843, il notait : « Un état fédératif a besoin de la guerre; car c'est la guerre étrangère qui, seule, peut lier en faisceau des

---

(1) Lettre inédite.

(2) Louis Blanc écrivait à George Sand, le 14 juin 1865 : « Oh! que vous avez raison d'aimer et d'admirer notre cher Barbès! Y eut-il jamais un martyr plus grand que celui-là? Et en qui trouvera-t-on à ce point réunies la tendresse d'une femme, la candeur d'un enfant et l'austérité d'un véritable héros? » Inédit. Communiqué par Mme Lauth-Sand.

forces qui, quoique divisées, ont trop de points de contact pour ne pas finir par se combattre. C'est donc bien en vain que les Allemands s'en fieraient au fédéralisme du soin d'assurer leur repos en favorisant chez eux le développement de la vie politique. La Prusse est assez forte pour s'imposer aux Etats de la Confédération; le fédéralisme, par les complications qu'il fait naître, lui en donnera le moyen ». Le 15 août 1849, dans *le Nouveau Monde*, il prévoyait qu'une lutte mortelle éclaterait entre la Prusse et l'Autriche, et que l'Allemagne, devenue prussienne, réaliserait son unité au profit de la démocratie.

Le Siècle reproduisit l'article du *Nouveau Monde* le 27 août 1866, moins pour féliciter son auteur « de la prophétie » que pour le mettre en contradiction avec lui-même; Louis Blanc venait en effet de manifester son effroi des agissements de l'Allemagne. Taxile Delord soutint contre lui que l'unité de l'Allemagne, comme l'unité de l'Italie, c'était le triomphe de la Révolution et la fin de la rivalité de peuple à peuple. Partageant l'aveuglement général, il ajoutait imprudemment : « Nous ne croyons pas, de notre temps, à la puissance de l'esprit guerrier; il est mort et nous ne connaissons personne de force à le ressusciter ».

Louis Blanc ne fut pas embarrassé pour répondre. La Prusse avait foulé aux pieds les institutions libres, proclamé le droit divin de la tyrannie et, sous prétexte d'affranchissement, envahi et confisqué les duchés de Schleswig et de Holstein. Elle avait pour ministre Bismarck, orgueilleux panégyriste de la politique de sang et de fer. Dès lors, n'était-il pas logique de conclure que l'unité de l'Allemagne en serait la conquête et que la France, peu faite pour craindre à ses portes l'Allemagne *une* dans la liberté, serait réduite à redouter l'Allemagne *une* dans la servitude.

Il écrivait à Barbès, le 15 janvier 1867: « Sur l'avenir de notre chère France, je ne puis, hélas! m'empêcher de partager tes inquiétudes. L'Allemagne violemment transformée en une Prusse absolutiste, militaire et conquérante, quel plus grand malheur pouvait nous arriver! Voilà le césarisme campé sur les deux bords du Rhin. Et dire que ce résultat a été d'avance salué avec des cris de joie imbéciles par des journaux qui se disent démocratiques ! Ne désespérons pas de la France pourtant. Son génie est si élastique et elle a traversé victorieusement tant d'épreuves d'abord jugées mortelles ! (1) »

---

(1) Lettre inédite, obligeamment communiquée, ainsi que les précédentes, par M. Jeanjean.

La candidature du prince de Hohenzollern au trône d'Espagne allait précipiter les événements. L'empereur tomba dans le piège préparé par Bismarck. Avec Thiers et les républicains, Louis Blanc fit appel à la sagesse de l'opinion publique, la mit en garde contre les exagérations calculées. Il dénonça le besoin qu'avait l'Empire d'une guerre pour rétablir son prestige évanoui et rappela vainement que le despotisme et l'esprit de conquête ont toujours valu à la France « l'invasion, le démembrement et la honte ».

Les hostilités commencèrent le 2 août, et tout de suite ce fut la défaite: Wissembourg, Frœschviller, Forbach, Metz, Saint-Privat.

Le 16 août, écrivant à un ami, Louis Blanc demandait aux Français de prononcer « d'un commun accord » la déchéance de Napoléon, « les dissensions civiles pouvant livrer à l'ennemi la France désarmée ou, ce qui serait pire, la France armée contre elle-même ». Prévoyant la débâcle, il terminait sa lettre par ces mots: « Je suis prêt ».

L'heure allait sonner pour les proscrits de rentrer en France. Le 2 septembre, l'empereur capitulait à Sedan. Deux jours après, au corps législatif, la déchéance de Louis Napoléon et de sa dynastie était proclamée aux cris de « Vive la République ! »

A cette nouvelle, Louis Blanc partit pour Paris.

Il partait avec le désir de mettre à la disposition de son pays, qu'il avait conscience d'avoir servi durant son long exil, toutes les ressources de son intelligence et de son cœur. Mais, suivant la piquante remarque du *Daily News*, il rentrait en France comme les Bourbons et les émigrés d'autrefois, n'ayant, dans l'essentiel de sa vie d'historien et d'homme d'Etat, « rien oublié ni rien appris ».

VII

LES HEURES D'ANGOISSE ET DE DEUIL (1870-1871)

Louis Blanc arriva à Paris le lundi 5 septembre, dans la nuit. Il apprit que la veille, à l'Hôtel de Ville, au moment où l'on proclamait les membres du nouveau gouvernement, la foule avait en vain crié son nom, ceux de Victor Hugo, Ledru-Rollin et Delescluze. Gambetta était demeuré sourd à cet appel, se refusant à donner un caractère politique au gouvernement qu'il voulait purement national. Seuls les députés de Paris, déjà investis d'un mandat populaire, devaient être chargés de la défense du pays. Ainsi, suivant l'amère parole des proscrits, « le serment prêté à l'Empire donnait le droit de gouverner la République ».

Victor Hugo avait dit au peuple qui était venu l'acclamer : « Par l'union vous vaincrez. Eloignez tous les ressentiments. C'est par la fraternité qu'on sauve la liberté ». Louis Blanc donna l'exemple. Il alla rendre visite à Jules Favre, qui avait contribué à l'envoyer en exil.

Le 8 septembre, dans une lettre publiée par *le Rappel*, il renseigna le pays sur l'opinion anglaise qui, d'abord hostile à nos armes en raison du caractère agressif donné à la guerre par Napoléon III, commençait à s'inquiéter, pour la liberté du monde, des progrès de la Prusse. La France pouvait réussir encore à se concilier le peuple anglais en proclamant « qu'une guerre agressive et sans autre but qu'une acquisition de territoire eût été impossible si elle avait été libre ».

Le 12, il protestait d'avance contre la mutilation possible de la France : « Quiconque dit que la cession de l'Alsace à la Prusse serait, pour l'avenir, une garantie de paix, ment à sa conscience ou abdique sa raison. Ce qui germerait fatalement dans une cession de ce genre, ce serait l'esprit de revanche; ce serait une haine internationale impossible à éteindre ; ce serait, à la première occasion favorable, la guerre, encore la guerre, toujours la guerre ».

Le 16 septembre, le gouvernement chargea Louis Blanc d'une mission en Angleterre qu'il semblait ne pas oser lui confier. « Le Gouvernement de la défense nationale, publiait le *Journal officiel*, est heureux d'apprendre qu'un grand nombre de citoyens pressent M. Louis Blanc de se rendre en Angleterre pour y éclairer l'opinion publique sur le véritable esprit qui anime la République française et exciter les sympathies du peuple anglais en faveur de la France.

« Le Gouvernement de la défense nationale, comptant sur le dévouement et le patriotisme de M. Louis Blanc, s'associe au vœu qui lui est exprimé. » Louis Blanc se prépara à partir. Mais, malgré tous ses efforts, il ne put franchir les lignes ennemies et dut partager, avec les Parisiens, les souffrances du siège.

On l'avait tenu à l'écart. Il ne s'imposa pas, évita de vivre dans l'intimité des membres du gouvernement pour avoir le droit de les juger ou de les défendre en toute liberté. La politique suivie lui paraissait manquer de franchise et de netteté. Certes, il était pour l'union, mais il trouvait que le parti républicain en faisait trop les frais, dans l'espoir, d'ailleurs toujours illusoire, de se concilier ses adversaires. Il entra modestement dans la garde nationale où il exécuta, en soldat discipliné, tous les ordres qui lui furent donnés. Le 13 octobre, inquiet de l'inertie du commandement, il alla rendre visite à Trochu, lui fit part de ses impressions et lui demanda comment il comprenait la défense de Paris, comment il entendait la terminer. Le moment n'était-il pas venu de livrer bataille, avec de grandes masses d'hommes, sous les murs de la ville?

Trochu, très courtois, écouta peu et parla abondamment. Il nia que les miracles de 1792 pussent être renouvelés à une époque où on avait affaire à des armées savantes.

« Mais, monsieur, poursuivit-il, vous venez m'apporter ici la fièvre de Paris! — C'est vrai, général, répliqua Louis Blanc, cette fièvre, je la partage, je viens vous l'apporter et je voudrais vous la faire partager. » Alors Trochu s'emporta: « La défense de Paris est une folie, héroïque si vous voulez, mais c'est une folie. Nous n'avons pas assez de canons, comment aurions-nous assez

Phot. Hachette

VICTOR HUGO
Portrait par BASTIEN LEPAGE
Musée Victor Hugo

d'affûts? Et si nous avions assez d'affûts, comment aurions-nous assez d'attelages? Et si nous avions assez d'attelages, où trouverions-nous des canonniers »?

La situation ne s'améliorant pas, Louis Blanc eut l'idée de demander à Victor Hugo de se joindre à lui pour tenter une nouvelle démarche auprès de Trochu. Ils mettraient le général « en demeure ou de sauver Paris ou de quitter le pouvoir ». Hugo refusa, ne voulant pas « se poser en arbitre de la situation et en même temps entraver un combat commencé ».

Bientôt il apparut aux moins clairvoyants que Paris, mal défendu par un chef qui ne croyait pas à la victoire, serait acculé à la capitulation. La démocratie parisienne s'émut. Le 20 septembre, le Comité central républicain des vingt arrondissements de Paris, irrité qu'on promît des sorties qu'on n'effectuait jamais, demanda la levée en masse et l'élection rapide des membres de la Commune, à raison d'un membre par 10.000 habitants. Ce vœu fut énergiquement appuyé, le 5 octobre, par Flourens et ses hommes. Gambetta tenta d'expliquer que l'ajournement des élections était rendu nécessaire par l'état de siège. Il ne convainquit personne. Flourens, mécontent, donna sa démission de major des remparts.

Louis Blanc avait accepté la candidature aux élections municipales. Il fit observer que, s'il avait consenti à se porter, c'était parce que le gouvernement lui-même s'était montré d'abord partisan de ces élections. Mais, vu la gravité des circonstances, Victor Hugo et lui pensaient maintenant que l'essentiel était de stimuler le pouvoir sans l'ébranler et d'éviter tout motif de collision en présence de l'ennemi.

Cependant le mécontentement des Parisiens grandissait. Les 19 et 21 octobre, Louis Blanc présenta à Victor Hugo une déclaration des anciens représentants et lui demanda en vain de la signer. Le 29, chez Mme Adam, il constatait le profond désaccord du gouvernement et de la population et prévoyait que la nouvelle d'une défaite provoquerait une émeute. Deux jours après, on apprit la capitulation de Metz, et ses prévisions se réalisèrent.

La garde nationale envahit la place de l'Hôtel-de-Ville aux cris mille fois répétés de : « Vive la Commune ! Démission ! Déchéance ! »

Sous la pression de l'émeute, le gouvernement s'engage à convoquer les électeurs. On l'injurie. Debout sur une table, Flourens proclame un nouveau gouvernement dont font partie : Blanqui, Victor Hugo, Louis Blanc, Ledru-Rollin, Delescluze, Pyat, Flourens, Gambon. Victoire éphémère : Jules Ferry et Edmond Adam, avec des bataillons restés fidèles, se rendent rapidement maîtres de l'Hôtel de Ville. Mais Dorian, au nom du gouvernement, dut prendre l'engagement de n'inquiéter aucun de ceux qui avaient pris part aux incidents de la journée.

Louis Blanc n'était pas allé à l'Hôtel de Ville. Dans la matinée du 31 octobre, malgré les supplications des uns et les menaces des autres, il avait refusé de se mettre à la tête d'un mouvement qui tendait à renverser le Gouvernement de la défense nationale. Ce serait, disait-il, une mauvaise action et l'entrée des Prussiens dans Paris. Non seulement il ne voulait rien faire avec ceux qui appelaient sur la France un pareil désastre, mais il les considérerait, s'ils allaient jusqu'au bout, comme de mauvais citoyens. Le lendemain, chez Brébant, avec Goncourt, Gautier, Saint-Victor et Berthelot, il disait: « Tous ces hommes d'hier se nommaient eux-mêmes, et à leurs noms, pour les faire passer, ils ajoutaient quelque nom connu, quelque nom illustre, ainsi qu'on met une plume à un chapeau ». Le danger passé, le gouvernement, oubliant sa promesse, usa de représailles. Il dut toutefois mettre fin aux pourparlers d'armistice et faire procéder à des élections (6 novembre). Louis Blanc, qui avait eu des voix dans le 14e, fit connaître qu'il n'avait jamais songé à se présenter dans cet arrondissement et qu'il avait même refusé d'être candidat dans deux autres, le 9e et le 5e. Cependant l'inaction des généraux créait une incertitude douloureuse. Que signifiait ce calme? Allait-on traiter? Que faisait M. Thiers? Causant avec Dorian, ministre des travaux publics, Louis Blanc accusait le gouvernement de cacher les nouvelles, au lieu de publier au *Journal officiel* tout ce qui pouvait être divulgué. Les Parisiens comprendraient mieux la discrétion que le mystère. Sans se lasser, il répétait qu'il fallait tenir le plus longtemps possible à tout prix, « pour laisser aux généraux ou la possibilité d'agir encore, ou l'éternelle honte de n'avoir point agi ».

Une sortie fut enfin décidée du côté de Buzenval. Elle échoua, et Jules Favre dut aller négocier avec Bismarck. Un armistice de vingt et un jours fut conclu, pendant lequel les électeurs seraient appelés à élire une Assemblée nationale. Cette Assemblée, librement élue, aurait à se prononcer sur la continuation de la guerre ou sur les conditions de la paix. Louis Blanc demanda (30 janvier 1871) que, cette mission accomplie, et dès qu'il n'y aurait plus que des Français en France, elle fût dissoute. Il était accablé sous le poids du malheur public.

« Louis Blanc, très navré, écrit Mme Adam dans son journal, le 5 février

1871, m'a répété quatre fois dans une visite d'une demi-heure: « Je voudrais être mort! » Il ne voit aucune lumière apparaître au milieu des ténèbres. Il cherche et s'interroge et réfléchit. Ce qui se dit dans les clubs l'épouvante. L'exaltation est telle contre les généraux, la haine contre les réactionnaires capitulards est si grande qu'il craint quelque folie si des conventions permettent aux Prussiens d'entrer dans Paris. »

Louis Blanc hésita à poser sa candidature; l'Assemblée chargée de consacrer la défaite lui paraissait offerte en holocauste à la sourde colère du pays. Il se décida pourtant, « à côté de la Patrie courbée, nul ne devant prétendre à se tenir debout ».

Les élections eurent lieu au scrutin de liste par département. 600.000 ennemis occupaient l'est, le nord et le centre de la France, administrés par des préfets allemands; 420.000 Français étaient prisonniers en Allemagne. La plupart des électeurs allèrent aux urnes avec la ferme volonté d'imposer la paix. Les départements de l'est, qui avaient souffert de l'invasion, Paris, quelques grandes villes votèrent seuls pour la continuation de la guerre et pour la République.

Louis Blanc fut élu le premier de la liste parisienne, où figuraient les noms de Victor Hugo, Gambetta, Garibaldi, Rochefort et Quinet. Il avait obtenu 216.530 suffrages.

L'Assemblée nationale se réunit pour la première fois le 13 février, à Bordeaux, dans la salle du grand théâtre. Sur les 750 membres qu'elle comptait, les républicains ne disposaient que de 240 voix.

A la foule qui l'acclamait à son arrivée, ainsi que Victor Hugo, Louis Blanc cria: « Vive la France, mais la France non démembrée. Sacrifier à la paix deux provinces qui se sont aussi héroïquement défendues, ce serait une honte pour le pays. Nous ne signerons jamais cette honte ».

Le 28 février, Barthélemy Saint-Hilaire donna connaissance à la tribune des préliminaires de la convention. Les sacrifices s'ajoutaient aux sacrifices: Strasbourg, l'Alsace, Metz, une partie de la Lorraine, le retrait de l'armée française derrière la Loire, le paiement de cinq milliards, l'occupation des départements envahis jusqu'à complet versement de la rançon.

Victor Hugo et Edgar Quinet firent entendre une protestation indignée. Le lendemain, Louis Blanc flétrit à son tour l'indifférence de l'Europe, qui avait manqué à ses devoirs et trahi ses droits en ne barrant pas la route au pangermanisme menaçant (1). Même si elle persistait dans son attitude, une clause ne devait pas être mise en discussion, celle qui était relative à l'Alsace-Lorraine.

« Non, nous ne saurions abandonner ni mettre en litige la question de savoir si nous avons le droit de faire étrangers, de faire sujets de l'étranger des Français qui veulent être français.

« Rester séparés d'eux, si nous sommes impuissants à renverser l'inhumaine barrière qui nous sépare, nous pourrions nous y résigner peut-être, tant que cette impuissance durerait. Signer de notre propre main, légaliser, revêtir de notre estampille la dénaturalisation au mépris de leurs sentiments, sans tenir compte de leurs affections, en dépit de l'amour qu'ils nous portent, d'hommes qui sont partie de nous-mêmes! Mais disposer d'eux comme d'esclaves, eux qui sont nos frères! Mais les céder comme un bétail à nous appartenant, eux qui n'ont pas dans leurs veines une goutte de sang qu'ils ne nous aient offerte et qu'ils ne se soient montrés ardents à verser pour nous! Jamais! jamais! jamais!

« La paix proposée nous fait une condition plus funeste que la guerre, puisque la honte s'ajoute à la ruine. On peut ramener le succès en évitant les batailles rangées, en substituant la guerre de partisans à la grande guerre. L'ennemi n'occupe que le tiers du territoire, ses soldats sont fatigués, atteints de nostalgie, avides de repos. Un peuple qui ne veut pas être conquis ne peut pas l'être. »

Ce beau discours n'eut pas d'écho dans le pays. Thiers, Vacherot, Changarnier soutinrent que la France se trouvait devant une inéluctable nécessité. Après une forte et douloureuse protestation de Keller, député du Haut-Rhin, l'Assemblée ratifia les préliminaires de paix par 546 voix contre 107 et 23

---

(1) A la Chambre des députés, M. Millerand, président du Conseil, rendit hommage en ces termes à Louis Blanc, dans la séance du 13 avril 1920 : « La guerre de 1914 était à la fois le châtiment de l'Allemagne et aussi, il faut le reconnaître, celui des puissances qui, en 1871, avaient laissé s'accomplir, sans même essayer de s'y opposer, le crime le plus abominable contre la justice et le droit (*Applaudissements*).

« A l'heure même où il s'accomplissait, le 1er mars 1871, à la tribune de l'Assemblée nationale, un homme politique qui était en même temps un historien, Louis Blanc, annonçait, en des paroles prophétiques, que l'Europe ne pourrait manquer à son devoir sans trahir ses propres intérêts. Il a fallu quarante-trois ans pour que la prédiction se réalisât, et il a fallu quatre ans et demi des plus épouvantables convulsions, de sacrifices dont vous connaissez l'étendue, pour que la faute de 1871 fût réparée. »

abstentions. Dans la minorité figuraient presque tous les députés de Paris, ceux d'Alsace-Lorraine et quelques républicains des autres départements.

Le 1er mars, Grosjean, délégué par ses collègues, lut, au milieu de l'émotion générale, une poignante déclaration. Le président Grévy resta immobile et silencieux; pas une voix ne salua au nom de la France les représentants de l'Alsace-Lorraine quittant la salle des séances. Le lendemain, Louis Blanc inspira à ses collègues républicains une magnifique adresse où, au nom de la République, il promettait à l'Alsace et à la Lorraine une revendication éternelle.

Cependant l'armée allemande était entrée dans Paris. Les députés de la gauche songèrent à démissionner. Craignant de précipiter la crise qu'ils pressentaient, Louis Blanc, Peyrat et Clemenceau furent d'avis de rester dans l'Assemblée pour défendre Paris et la République.

Rochefort ne se laissa pas convaincre. Sa démission produisit une vive impression à Paris, déjà remué par la parole de Gambetta, aux funérailles de Kuss: « La politique de revanche est la seule politique que la France doit avoir désormais ».

Les attaques contre les membres de l'Assemblée, qualifiés de ruraux, contre l'ancien Gouvernement de la défense nationale et contre Thiers se multiplièrent. La démission de Victor Hugo, injurié pour avoir défendu Garibaldi à la tribune (8 mars), vint mettre l'agitation à son comble. « C'est un malheur ajouté à tant d'autres malheurs, dit Louis Blanc, que cette voix puissante ait été étouffée au moment où elle proclamait la reconnaissance de la patrie pour d'éminents services. »

Paris n'ignorait pas que l'Assemblée était hostile à la République, aux hommes qui avaient voulu la guerre à outrance. Gambetta était outragé, on murmurait que la prolongation des hostilités avait assuré sa fortune. Le 6 mars, « pour protester contre les calomnies dont le Gouvernement de la défense nationale était l'objet et pour lui fournir l'occasion d'y répondre » (1), Louis Blanc fit voter un décret invitant les membres de ce gouvernement à rendre compte de la manière dont ils avaient exercé le pouvoir à Paris durant le siège.

C'était une satisfaction donnée au peuple de Paris dont on avait méconnu l'héroïsme, mais qui ne pouvait certes pas, dans l'état des choses, apaiser son

(1) FREYCINET : *Souvenirs*, I, 266.

ressentiment. Les Parisiens supportaient difficilement d'être traités ouvertement en rebelles par la droite. Louis Blanc prit leur défense (10 mars). Pourquoi se défier de la grande ville qui avait eu une conduite si digne d'éloges au moment de l'entrée des Prussiens? En supposant que Paris fût agité, l'Assemblée ne devait-elle pas être présente pour porter remède à l'agitation? Toucher à Paris serait « faire sortir peut-être des cendres de l'horrible guerre étrangère une guerre civile plus horrible encore! » Il ne parvint pas à convaincre ses collègues. M. de Belcastel, entre autres, se distingua par ses attaques contre Paris, « chef-lieu de la révolte organisée, envoyant à la France, dix fois en quatre-vingts ans, des gouvernements tout faits par le télégraphe. »

Par 427 voix contre 154, l'Assemblée décida de siéger à Versailles. Un frémissement de colère parcourut la capitale. Thiers, inquiet, demanda la restitution des canons restés à Montmartre. Les députés de Paris, soucieux d'éviter la guerre civile, le prièrent de vouloir bien temporiser. Il parut entrer dans leurs vues, mais, brusquement, il se décida à employer la force.

Le 18 mars au matin, les soldats gravirent la butte; la population se souleva et les désarma. Malgré les objurgations de Louis Blanc et des municipalités, le gouvernement abandonna Paris. Le Comité central de la garde nationale s'installa à l'Hôtel de Ville, fit afficher une proclamation. Ses délégués demandèrent aux maires de convoquer les électeurs pour le 22 mars, à l'effet d'élire un conseil communal. Louis Blanc soutint qu'il n'y avait pas d'autre solution que de soumettre à l'Assemblée nationale, en demandant l'urgence, un projet de loi. Il ne put mettre d'accord les maires et le Comité central.

La discussion, par moments très vive, se prolongea fort avant dans la nuit. Louis Blanc s'emporta: « Vous êtes des insurgés contre l'Assemblée la plus librement élue. Nous, mandataires réguliers, nous ne pouvons avouer une transaction avec des insurgés! Nous voulons bien prévenir la guerre civile, mais non paraître vos auxiliaires aux yeux de la France ». Et il rédigea une affiche dans laquelle maires et représentants de la Seine manifestaient la résolution de demander le jour même à l'Assemblée l'élection de tous les chefs de la garde nationale et l'établissement d'un conseil municipal élu par tous les citoyens.

Les délégués du Comité central s'étaient abstenus. Le lendemain, malgré leur promesse, ils refusèrent de céder l'Hôtel de Ville aux maires.

Le 20 mars, conformément aux résolutions arrêtées, Clemenceau demanda à la tribune de l'Assemblée qu'il fût procédé à l'élection d'un conseil municipal de quatre-vingts membres pour la ville de Paris. Charger les maires de procéder à des élections légales, c'était annuler l'influence du Comité central. On ne le comprit pas. Malgré les efforts de Louis Blanc, cette proposition fut repoussée et la discussion close sur un ordre du jour imprécis: « L'Assemblée nationale, de concert avec le pouvoir exécutif, déclarant que l'administration municipale de Paris et des départements sera faite sur le principe des conseils élus, passe à l'ordre du jour ».

En vain Louis Blanc et ses collègues avaient dit : « Si nous revenons les mains vides ce soir à Paris, nous ne savons pas ce qui pourra arriver »; ils ne furent pas écoutés. Le gouvernement proposait la mise en état de siège du département de Seine-et-Oise, Louis Blanc s'y opposa et, se rattachant à l'espoir que le conflit terrible qu'il prévoyait pourrait se résoudre encore dans la liberté, il demanda à l'Assemblée, pour le salut du pays, d'adopter courageusement une politique de conciliation et d'apaisement. Violemment interrompu par la droite, il réprouva l'assassinat des généraux Lecomte et Clément Thomas, au nom même de la liberté toujours compromise par le désordre et l'anarchie. Trochu répondit que la loi proposée était une loi de protection contre les malfaiteurs et, oubliant sa propre inertie, il ne craignit pas d'affirmer que, pendant le siège, l'ennemi était à la fois au dehors et au dedans. Il n'en fallait pas tant pour entraîner le vote.

Cependant le Comité central convoquait, pour le 26, les électeurs à l'effet d'élire un conseil communal au scrutin de liste, par arrondissement. Louis Blanc et ses collègues protestèrent et firent afficher cette proclamation:

« Nos vœux ont été portés à l'Assemblée nationale par nos députés. L'Assemblée y a satisfait par un vote unanime qui garantit les élections municipales, sous bref délai, à Paris et dans toutes les communes de France (1). En attendant ces élections, seules légales et régulières, seules conformes aux vrais principes des institutions républicaines, le devoir des bons citoyens est de ne pas répondre à un appel qui leur est adressé sans titre et sans droit. »

Le 23 mars, les maires et adjoints tentèrent une dernière démarche. Ils se présentèrent à l'Assemblée, porteurs de propositions propres, selon eux, à

(1) « Comment! Louis Blanc, Lockroy, Millière et Floquet, qui ne peuvent monter à la tribune sans être hués et conspués, insultés par leurs collègues, se portent garants du républicanisme de ces cléricaux, orléanistes, légitimistes, ex-bonapartistes, que le nom seul de République fait tomber en pâmoison? Qui trompe-t-on ici »? Elie RECLUS : *La Commune au jour le jour*, 21.

contre-balancer l'influence du Comité central. L'Assemblée, hantée par les souvenirs de l'histoire révolutionnaire, refusa de les admettre à sa barre. Stupéfaits et navrés d'un pareil accueil, ils décidèrent à la presque unanimité, pour empêcher un conflit immédiat, d'inviter leurs concitoyens à voter le 26 mars, « afin que les élections aient le caractère sérieux qui, seul, peut assurer la paix dans la cité ».

Louis Blanc tenta vainement, le 25, de faire décréter par l'Assemblée que les maires et adjoints de Paris avaient agi en bons citoyens. Sa proposition fut renvoyée à la commission d'initiative parlementaire, qui refusa de la prendre en considération, déclarant s'en rapporter « à la sagesse et à la fermeté du gouvernement sur la conduite à tenir à l'occasion des événements de Paris ». L'intervention de Louis Blanc ne fut pourtant pas inutile. Elle amena Thiers à donner à la tribune « un démenti formel » aux ennemis de l'ordre, qui prétendaient qu'il se préparait à renverser la République. Cette déclaration venait trop tard pour être entendue.

Les hostilités commencèrent entre Versailles et Paris. Après l'échec de ses tentatives d'apaisement, Louis Blanc se trouva dans une situation fausse. Les insurgés le considéraient comme un traître et l'accusaient d'avoir, à tort, dénoncé parmi eux des influences bonapartistes et prussiennes. Mazzini le jugeait sévèrement. Il écrivait le 8 janvier 1872 à Daniel Stern: « J'ai été amèrement déçu sur vos hommes. Si Ledru, Quinet, Schœlcher, Louis Blanc, cinq à six autres encore, s'étaient jetés dès l'abord dans le gouffre (la Commune), s'ils s'étaient, au commencement du mouvement hostile à l'Assemblée, portés à Paris, ils auraient peut-être pu dominer, diriger le mouvement et tirer quelque chose de la vitalité qui existait incontestablement dans la masse. Ils ont manqué de foi et de courage ».

A Versailles, en raison de son passé révolutionnaire, on tenait Louis Blanc en suspicion. Le cœur débordant d'amertume, il confiait à Philibert Audebrand: « Si j'avais à recommencer ma vie, je me détacherais de la politique pour ne m'occuper que de littérature ». Parole de découragement profond, née peut-être de la désillusion de n'être plus compris. Tel il était parti, tel il était revenu, avouant avoir, pendant l'exil, plutôt appuyé sur la partie politique de son programme « pour la raison qu'il faut soutenir un édifice du côté où il penche ». Il était demeuré fidèle à la conception que l'Etat seul pouvait, par l'association, réaliser la révolution sociale et affranchir les prolétaires. Or, depuis 1860, un grand changement s'était produit dans le monde du travail. Désavouant tout but chimérique, ne demandant que la liberté, résolus à agir par eux-mêmes, à s'inspirer de la seule expérience des faits, les ouvriers, à la suite de Tolain, Fribourg et Varlin, s'efforçaient de dégager des réformes pratiques. Substituant l'action sociale à l'action politique, un grand nombre d'entre eux proclamaient, avec *l'Internationale*, que l'émancipation des travailleurs doit être l'œuvre des travailleurs eux-mêmes. L'association ouvrière de production, le droit au travail, si chers à Louis Blanc, étaient devenus des idées surannées. Elles avaient fait place aux idées mutuellistes et aux idées corporatives qui, créant des liens de solidarité entre les ouvriers d'une même profession, leur permettaient de résister sûrement aux exigences du patronat. En réaction contre l'autoritarisme et la centralisation de l'Etat, beaucoup préconisaient les idées de Proudhon et de Bakounine, qui transformaient l'Etat en une fédération de communes libres et souveraines. Le manifeste de la Commune (19 avril 1871) fut l'épanouissement de ce mouvement. En même temps que la reconnaissance et la consolidation de la République, le gouvernement communaliste demandait l'autonomie absolue de la commune, étendue à toutes les localités de la France, assurant à chacune l'intégralité de ses droits et à tout Français le plein exercice de ses facultés et de ses aptitudes, comme homme, comme citoyen, comme travailleur.

Cernuschi discerna tout ce qu'il y avait dans ce manifeste de contraire à la pensée de Louis Blanc.

« Etes-vous resté socialiste? » lui demanda-t-il, non sans quelque ironie. Et il l'accusa de craindre « de porter atteinte à l'édifice millénaire de la royale unité et de redouter l'apparition d'une constitution fédérale par laquelle serait brisée la chaîne des temps ».

Louis Blanc répondit qu'il était resté socialiste, mais qu'il combattait toujours pour le principe que la Révolution avait proclamé: la République une et indivisible (1). Reconnaître à la Commune le droit de s'administrer elle-même, d'élire ses magistrats, à commencer par le maire, de contrôler leur gestion, de pourvoir en un mot à tout ce qui constitue la vie qui lui est propre, à tout ce qui réalise son autonomie, c'était véritablement servir la cause de l'unité nationale. Mais, libres dans leurs mouvements, les municipalités devaient être rigoureusement liées à un centre commun. « Etouffement, non; unité, oui. »

(1) *Le Siècle*, 24-26 avril 1871.

Ainsi Louis Blanc réprouvait la Commune dans son principe. Il la réprouvait aussi dans ses actes. Le 26 avril, à l'Assemblée, au comte Rampont qui l'interpellait, il répondit nettement au milieu des interruptions: « Je pense, comme vous, que la Commune a violé la légalité pour laquelle je suis; je réprouve les actes de la Commune ».

Mais si sévère que fût son jugement, Louis Blanc ne se joignit pas à ceux qui, avec des transports de haine, piétinèrent les vaincus. Quand la Commune se fut effondrée, il s'opposa aux représailles. Il écrivit au *Temps:* « Je suis pour tout ce qui tend à faire prévaloir, dans la situation trouble où nous sommes, une politique d'apaisement, pour tout ce qui tend à élever, au-dessus des questions de parti, la grande cause de l'humanité ».

En septembre 1871, au lendemain même de la crise, afin que ne fussent pas « dépeuplés plus longtemps les ateliers de Paris », il déposa courageusement sur le bureau de l'Assemblée nationale une proposition d'amnistie pour tous les délits d'un caractère politique bien évident et reconnu. Au milieu de l'indifférence des uns, des cris passionnés des autres, il revint sans succès à la charge le 16 juillet 1872; il ne se lassa jamais (1). Ayant souffert de l'exil, jamais il n'oublia les exilés. Par la parole, par la plume, inlassablement, jusqu'au jour de la clémence, il les rappela au souvenir de la France répucaine.

(1) Le 28 mars 1873, Louis Blanc dépose un nouveau projet, soutient Naquet en 1875, Raspail et Clemenceau en 1876. Ses efforts devaient aboutir à l'amnistie plénière.

VIII

LA LUTTE POUR LA REPUBLIQUE

La grande majorité de l'Assemblée nationale désirait rétablir la royauté et en confier la garde au comte de Chambord. Mais, au moment où l'ennemi occupait encore le territoire, il lui semblait désastreux, suivant l'expression de Falloux, de « donner, à une troisième restauration, une troisième armée étrangère pour escorte ». Elle se résigna donc, le 17 février, à conférer à Thiers le titre de chef du pouvoir exécutif de la République française, ayant bien soin toutefois, par l'addition d'un considérant au texte de loi primitif, de réserver l'avenir (1). Louis Blanc dénonça vainement le caractère provisoire de l'acte qui constituait le gouvernement. Le 17 mai, il déposa une proposition tendant à reconnaître la République « comme le gouvernement définitif de la France ». L'urgence fut rejetée.

En face de la majorité royaliste, les républicains de toutes nuances tendaient à l'union. Le parti extrême ou parti radical refrénait ses aspirations, convaincu avec Louis Blanc qu'avant de demander à la République de porter ses fruits, il fallait la mettre en état de vivre. Parmi les radicaux, Louis Blanc jouissait du prestige dû à son passé, mais on le regardait déjà comme un ancêtre, un peu gênant pour les assermentés de l'Empire. Ses jugements dogmatiques, la forme un peu désuète de son éloquence, alourdie de réminiscences historiques, ne devaient lui donner, si l'on se place uniquement au point de

---

(1) « Considérant qu'il importe, *avant qu'il soit statué sur les institutions de la France*, de pourvoir aux nécessités du gouvernement et à la conduite des négociations, nomme M. Thiers, etc. »

vue des résultats, qu'une médiocre influence sur l'Assemblée qui, par ses murmures, l'obligea quelquefois à descendre de la tribune. Cependant, comme Ledru-Rollin, il ne fut pas submergé par la nouvelle génération parlementaire et s'affirma une des personnalités les plus fortes de la gauche. Son attitude intransigeante finit même par lui valoir un regain de popularité parmi le peuple, qui aime les attitudes nettes et que déconcertent toujours les mutiples variations des politiciens.

A la suite de Louis Blanc, de Gambetta et d'Edgar Quinet, les républicains refusèrent de voter la proposition Rivet, qui nommait Thiers président de la République, parce qu'un considérant reconnaissait à l'Assemblée le pouvoir constituant. Le titre donné ne leur parut pas mériter un si dangereux sacrifice. Ils demandèrent la dissolution (30 août 1871).

La majorité s'y montra d'autant plus hostile qu'aux élections du 2 juillet, sur 111 députés à remplacer, 100 républicains de toutes nuances furent élus, et elle s'efforça de rallier Thiers à ses projets. Celui-ci, trop perspicace pour croire une restauration possible, refusa de constituer un ministère de combat et déclara qu'il n'avait pas le droit de s'opposer à des élections républicaines. Le parti radical se rapprocha de lui. A Paris, Louis Blanc donna pour mot d'ordre de ne pas gêner l'action d'un pouvoir « qui avait l'immense mérite de faire obstacle à la monarchie. » A La Rochelle, à Avignon, où le gouvernement lui interdisait de parler, il télégraphiait des conseils de modération: « Agir autrement, ce serait inquiéter les esprits timides, retarder ainsi l'avènement de la République, dont le pouvoir avait au moins le mérite de garder la place ». Il publia les discours qu'il devait prononcer (13 octobre 1872). C'était un exposé de l'abnégation du parti républicain depuis le 8 février 1871: « Patience, fermeté, vigilance et sagesse », conseillait Gambetta aux républicains de Grenoble. Louis Blanc se fit son écho et, résolu à en finir avec les légendes, il précisa ce qu'était le *radicalisme*, parti « qui va à la racine des choses et qui, dans la question de la République à établir, se préoccupe du fond, tout en accordant à la forme le degré d'importance qui lui convient ».

Etre du parti radical, disait-il en substance, c'est vouloir, outre la liberté de la presse, la liberté de conscience et de suffrage, la liberté de réunion et d'association ; l'amélioration morale, intellectuelle et physique du sort de tous ; le renouvellement fréquent des assemblées mandataires de la souveraineté nationale ; une seule assemblée sans autorité rivale en face d'elle qui la mette dans la nécessité de frapper ou dans le danger de subir un coup d'Etat ; l'instruction primaire obligatoire, gratuite et laïque ; le service militaire égal pour tous ; la suppression de la peine de mort ; la gratuité de la justice ; la décentralisation administrative ; l'impôt sur le revenu. C'est vouloir « qu'on protège, au lieu de l'entraver, tout effort, soit individuel, soit collectif, ayant pour objet de faire graduellement disparaître le prolétariat, d'élever le travailleur de la condition de salarié à celle d'associé, et de rendre de plus en plus accessible au travail la jouissance du droit de propriété, droit fondamental qui, comme l'a fort bien dit M. Thiers, est inhérent à la nature humaine ; que le régime des privilèges, qui ajoute aux inégalités naturelles des inégalités conventionnelles, fasse place peu à peu à un régime qui assurerait à tous l'égal développement de leurs facultés inégales ».

Ce programme est rédigé avec un vif souci de modération dans la forme. Louis Blanc comprend, maintenant que la République est un fait, que le parti avancé, si combattif autrefois, doit se discipliner lui-même, et, sans rien perdre de son ardeur généreuse, devenir parti de gouvernement, « acquérir la tolérance qui fait les convertis, l'esprit pratique qui tient compte des circonstances, procède par réformes successives et marche au but sans brûler l'étape ».

A la rentrée des Chambres, Louis Blanc fut élu à l'unanimité président de l'Union républicaine.

Cependant Thiers, dans son message du 13 novembre, s'était prononcé pour la République conservatrice, « seule possible en France », et reconnaissait à l'Assemblée le pouvoir constituant. « Grave erreur, selon Ranc, qui devait amener quelques mois plus tard le président de la République à enrayer, contre son gré peut-être, le mouvement dissolutionniste. » Déférant à son invitation, le 29, l'Assemblée décida la nomination d'une commission de trente membres, chargée de régler les attributions des pouvoirs publics et les conditions de la responsabilité ministérielle.

Au moment de l'élection dans les bureaux, Louis Blanc présenta en vain la dissolution comme le seul remède à la crise. La droite, en majorité de huit voix dans la commission, porta un premier coup à Thiers en réglementant son droit de paraître à l'Assemblée et s'opposa au renouvellement partiel, « véritable empoisonnement ».

Devant d'aussi mauvaises dispositions, Louis Blanc et la gauche en appelèrent au pays. En peu de jours, un million de signatures furent recueillies en faveur de la dissolution. La droite prit peur et, pour couper court au mouvement, demanda, le 14 décembre, la discussion des pétitions.

Gambetta prononça un véritable réquisitoire contre l'Assemblée, qui prolongeait indûment et tyranniquement son existence. Il lui dénia tout pouvoir constituant.

Louis Blanc voulut répondre au duc d'Audiffret-Pasquier, qui avait violemment attaqué le parti radical, mais il fut systématiquement interrompu. Il put toutefois définir exactement la situation : « Il est clair que les hommes qui, dans cette assemblée, veulent sincèrement, loyalement la monarchie, attendent, pour la fonder, le jour favorable, l'heure propice et, pendant ce temps, il faut que le pays se résigne à vivre d'une vie d'incertitudes et de fièvre. »

Dufaure reconnut le droit de pétition, mais il rappela les orateurs au respect de l'Assemblée nationale qui, seule, avait le droit de parler au nom de la France et dont il n'appartenait à personne d'abréger la durée ou de limiter les pouvoirs. Il ajouta que le gouvernement chercherait un accord avec la majorité sur les questions constitutionnelles.

La droite vota l'affichage de son discours. « Le fiel de M. Dufaure lui a été doux, écrivait Auguste Vacquerie; elle a eu l'agrément d'obtenir du ministre de la justice ce qu'elle n'avait pu arracher à M. Thiers, auquel elle avait inutilement montré les républicains en lui disant : « Mords-les! » M. Dufaure, lui, a mordu Gambetta, a mordu Louis Blanc, a mordu tous ceux qu'elle a voulu, et personne n'en mourra » (1). L'affichage des discours de Gambetta et de Louis Blanc fut refusé. Louis Blanc fit imprimer le sien en brochure. Mais le ministre de l'Intérieur Goulard veillait. Il n'autorisa à circuler librement que les discours dont l'Assemblée aurait voté l'impression. Louis Blanc flétrit cette façon de traiter, « de Turc à Maure », le suffrage universel.

Désireux de maintenir l'équilibre entre les partis, Dufaure proclamait que si la République était provisoirement le gouvernement légal du pays, il n'apparaissait pas que le moment fût venu de donner au gouvernement sa forme définitive. L'exaspération finit par gagner tous les esprits. Une occasion se présenta pour les républicains de manifester à Thiers leur mécontentement. Le président de la République patronnait ouvertement la candidature de son ami Rémusat aux élections parisiennes du 27 avril. Les gauches suscitèrent un concurrent: Barodet, ancien instituteur, ancien maire de Lyon, qui se reconnaissait lui-même, dans sa profession de foi, « un serviteur modeste de la

(1) *Le Rappel*, 17 décembre 1872.

République », mais dont les circonstances avaient fait le symbole des libertés municipales frappées par l'Assemblée. Louis Blanc, Edmond Adam, Gambetta, Edgar Quinet, Challemel-Lacour adressèrent aux électeurs de la Seine une déclaration où ils dénoncèrent le caractère officiel et la signification de la candidature de Rémusat.

Louis Blanc, souffrant, fit lire dans les réunions publiques, par Martin Nadaud, une lettre dans laquelle il faisait de Rémusat « le prototype de ces personnages politiques qui, contraints d'accepter la République, s'efforçaient de la tailler sur le patron des monarchies ». Passant du protégé au protecteur, il donnait à Thiers un suprême avertissement: « Maintenant que la libération du territoire est assurée, le parti démocratique fera bien, tout en continuant à M. Thiers son concours, de le mieux proportionner aux preuves qu'il fournira de sa disposition à suivre les inspirations d'une politique vraiment républicaine » .

Barodet fut élu par 180.045 voix contre 136.028 accordées à Rémusat. La droite dénonça à grands cris le triomphe de l'anarchie et l'impuissance du gouvernement. Le 24 mai, elle renversa Thiers, qui fut remplacé le jour même par le maréchal Mac-Mahon. A Paris, l'émotion fut grande. Louis Blanc et ses collègues de la gauche publièrent un appel au calme.

Jules Grévy avait considéré la candidature de Barodet comme une grande faute: le gouvernement avait besoin qu'on lui donnât de la force contre les ennemis de la République et non un avertissement intempestif qui ne faisait que l'affaiblir. S'appuyant sur Grévy, une partie de l'opinion considéra la chute de Thiers comme la conséquence de l'élection de Barodet. Louis Blanc soutint que ce n'était là qu'un prétexte. La droite avait de longue date projeté de se débarrasser de Thiers, « personnification de la République avec ou sans épithète ». Quelle que soit l'émotion produite, il a confiance. La coalition des trois partis monarchiques ne peut durer que par le maintien de la République. « Que la République s'écroule, la concurrence des dynasties est déchaînée, l'anarchie se déclare. Il s'agit donc de choisir entre la République et le chaos » (1).

Le duc de Broglie, le vainqueur du 24 mai, devenu chef du nouveau gouvernement, se prépara à la lutte. Il lut, le 5 novembre, à la séance de rentrée de l'Assemblée, un message où le maréchal constatait que, pour donner

(1) *Le Rappel*, 25 août 1873.

au repos public une garantie sûre, le régime actuel n'avait ni la stabilité, ni l'autorité suffisantes. Des lois nouvelles contre la presse étaient demandées, ainsi que le retour au pouvoir exécutif du droit de nomination des maires dans toutes les communes. La droite éclata en applaudissements.

Buffet lut une proposition du général Changarnier, signée de deux cent trente-sept députés, tendant à confier pour dix ans le pouvoir exécutif au maréchal de Mac-Mahon et à nommer, sans délai, une nouvelle commission de trente membres pour l'examen des lois constitutionnelles. Proroger les pouvoirs du maréchal, attaché au parti royaliste, c'était, suivant l'expression du duc de Broglie, élever « un rempart d'argile » derrière lequel la majorité, désorientée par l'échec des négociations avec le comte de Chambord, allait essayer de se reconstituer. Louis Blanc demanda quels étaient les désordres qui justifiaient d'aussi graves atteintes aux garanties constitutionnelles. Eh quoi ! c'était en offrant au pays, las du provisoire, l'image de la monarchie ajournée, qu'on prétendait le rassurer, le calmer ! « Il n'y avait pas d'autre remède à la situation que la dissolution et l'appel du pays souverain. »

Le septennat, malgré quelques défections, fut voté par la majorité qui avait fait le 24 mai. Louis Blanc n'intervint pas dans le débat. Dans une lettre aux électeurs, il donna les raisons de son silence. Déjà, on y voit poindre une sorte de mécontentement à l'égard de ses collègues de la gauche, trop timorés. La scission qui va bientôt éclater entre les républicains y est en germe. « Quelle situation difficile pour les radicaux, écrit-il. A côté de ceux qui tremblent, à force d'ignorer pourquoi, il y a les habiles, qui font semblant de trembler ; et les seconds mènent les premiers. De là, pour les républicains qui, dans l'Assemblée, ont reçu le nom, le terrible nom, le nom mystérieux de radicaux, une situation qui leur impose une extrême réserve et qui a mis plus d'une fois, au prix de leur abnégation, le salut de la République... » (1).

Le septennat voté, le duc de Broglie remania son ministère et continua la lutte. Après s'être donné la mesquine satisfaction de révoquer Charles Blanc, directeur des beaux-arts, dont les seuls crimes étaient d'avoir été nommé par le gouvernement du 4 septembre et d'être le frère de Louis Blanc, il s'attaqua aux libertés communales. Lui, qui avait naguère obtenu (14 avril 1871) contre Thiers l'élection des maires par le conseil municipal, il demanda que ces magistrats fussent, à l'avenir, nommés par le pouvoir central et par

(1) *L'Opinion nationale*, 25 novembre 1873.

les préfets. Louis Blanc combattit ce projet dans la séance du 13 janvier 1874. Il marqua avec force le double rôle des maires « qui n'ont pas été créés pour être agents de l'Etat, mais qui ont été faits agents de l'Etat parce qu'ils étaient maires ». Il dénonça la manœuvre, dont le but était de préparer les élections politiques « en mettant au service du gouvernement soixante-douze mille agents électoraux ceints de l'écharpe municipale ». Par 359 voix contre 318, le duc de Broglie l'emporta. « Un immense réseau d'autorité et de surveillance était jeté sur le pays » (1).

On alla plus loin. Le cabinet Cissey-Fourtou, qui remplaça le ministère de Broglie, s'attaqua au suffrage universel. Il eût été périlleux d'en demander nettement la suppression. Batbie, président de la commission des trente, proposa de l'épurer: l'âge électoral était élevé à vingt-cinq ans; le domicile électoral soumis à des règles plus sévères, ainsi que les conditions d'éligibilité. Bref, on pensait pouvoir de la sorte évincer un tiers des électeurs.

Il appartenait aux hommes de 1848 de défendre leur œuvre. Après Ledru-Rollin, qui ne parut pas être dans ses bons jours, Louis Blanc se fit le défenseur, tour à tour cinglant, ironique et vigoureux, du suffrage universel.

Il démasqua l'hypocrisie de la proposition. C'était moins l'épuration que l'on poursuivait que la suppression. Faisant allusion aux intrigues du parti bonapartiste, il rappela que, si le peuple ne s'était pas soulevé au 2 décembre, c'est qu'il avait cru voir, dans l'homme du coup d'Etat, l'homme du suffrage universel. Il ne fallait pas renouveler les fautes et donner au bonapartisme renaissant « le suffrage universel pour cri de guerre et la souveraineté du peuple pour drapeau ».

Après avoir fustigé les bonapartistes, pourvoyeurs de Mazas, il entra dans la discussion des articles. Fixer l'âge de l'électorat à vingt-cinq ans, c'est supprimer six cent mille électeurs. Il est absurde d'écrire dans la loi qu'un homme, à vingt et un ans, peut gérer sa fortune privée, et qu'il est incapable de surveiller, par ses mandataires, la fortune publique. Exiger de l'électeur une résidence de trois ans, à une époque où le régime industriel pousse de plus en plus aux déplacements, c'est écarter du corps électoral les ouvriers. On veut éviter ce qu'on appelle la tyrannie du nombre. Mais le suffrage universel n'est cela que dans les pays où la presse est asservie, où les réunions

(1) HANOTAUX : *Histoire de la France contemporaine*, II, 438.

publiques sont interdites. Dans les pays de liberté, chacun se trouve avoir autant de votes qu'il a su gagner de partisans à sa manière de voir. « Le suffrage universel, s'il est honnêtement et librement pratiqué, c'est l'intelligence qui gouverne; il assure la représentation de tous les intérêts. Quoi! les millions d'électeurs que vous vouliez rayer de la liste électorale, vous les considéreriez comme peu ou point intéressés à une bonne administration de la chose publique! Ah! malheur, malheur à l'ordre social, si ceux qui leur disent cela parvenaient à le leur faire croire! »

Batbie plaida les circonstances atténuantes. Dufaure défendit un système maintenant l'âge du suffrage à vingt et un ans, mais imposant des conditions de domicile plus sévères que celles de la commission. Enfin, Gambetta couronna le débat par une prestigieuse improvisation.

Le Temps tira la moralité de la séance: « L'œuvre de M. Batbie et de ses collègues s'est moralement effondrée sous les coups répétés de deux orateurs de la gauche: MM. Louis Blanc et Gambetta ».

De son côté, Camille Pelletan écrivait dans *le Rappel:* « Louis Blanc a remporté, dans cette noble cause du suffrage universel, son plus éclatant succès. Sa parole, très mûrie, et d'habitude presque trop mûrie pour les passions d'une assemblée, palpitait aujourd'hui devant le public. Il doublait ses qualités ordinaires, sa logique parfaite, sa raison sereine et haute, sa pensée méditée et coulée en formules définitives..., il doublait ces qualités profondes de toute la véhémence et de tout l'entraînement de la passion. Chaque mot portait, et la salle vibrait tout entière d'une émotion irrésistible à mesure que sa démonstration se développait dans son majestueux ensemble...

« Rien de plus curieux à comparer que ces deux éloquences, si différentes, de Louis Blanc et de Gambetta, dans cette séance remplie par ces deux éloquences.

« Là où Louis Blanc avait apporté une discussion de principes haute et sereine, très nourrie et entourée de formes très arrêtées, Gambetta apporte une riposte toute brûlante du feu de l'improvisation. Le premier planait dans la hauteur des idées, Gambetta en est descendu; il empoigne l'adversaire corps à corps; il le terrasse, il le raille, il l'achève. Cela avec un bonheur extraordinaire. Par une rencontre singulière, à l'Assemblée, jamais Louis Blanc ne s'était élevé aussi haut; jamais Gambetta n'avait été si prestigieux » (1).

(1) *Le Temps*, *Le Rappel*, 6 juin 1874.

Jusqu'ici la gauche avait formé un groupe compact, étroitement uni sur la nécessité de dissoudre une Assemblée née des désastres de la patrie, condamnée à acheter la paix au prix de 5 milliards et de deux provinces, et tellement en désaccord avec la nation qu'elle n'osait siéger à Paris. Des dissentiments ne tardèrent pas à se produire. La politique de la dissolution avait échoué par la faute de Thiers. Quelle attitude devait avoir le parti républicain après la chute de l'ancien président? « Gambetta estimait que nécessité faisait loi et que, dans l'impuissance où l'on se trouvait d'amener l'Assemblée à se dissoudre, mieux valait essayer d'obtenir d'elle la reconnaissance de la République. En tout cas on sortirait d'un piétinement qui favorisait les surprises » (1). Servi par les jeunes, il se prépara, après la chute du duc de Broglie, à exploiter la brouille survenue entre les légitimistes et les orléanistes, et, répudiant tout dogmatisme, à réaliser un gouvernement approprié aux circonstances. Louis Blanc, Edgar Quinet, Ledru-Rollin, Schœlcher, Hugo, Littré se montraient, au contraire, rebelles à la stratégie parlementaire, répugnant à une politique qui, avant de se montrer à la tribune, exigeait de longues tractations dans les couloirs. Incapables de transiger avec leur conscience, ils comprenaient mal que le respect de la discipline fût prêché avec autant d'ardeur que l'avait été autrefois le respect de la vérité et de la justice. « Il y a deux hommes, écrivait Emilio Castelar, qui mènent leur parti et leur patrie, par des voies complètement opposées, vers un but identique: Léon Gambetta et Louis Blanc. Celui-ci suit la méthode purement scientifique, celui-là la méthode exclusivement pratique. Louis Blanc marche en ligne droite, fût-ce au risque de se briser; Gambetta croit, dans la politique comme dans la nature, au règne des lignes courbes. Pour Louis Blanc, tout doit se soumettre à l'absolutisme impérieux de l'idée; pour Gambetta, l'idée consent à certains alliages impurs en se mêlant à la réalité. Louis Blanc est un sectaire; Léon Gambetta est un homme politique. Le premier aspire à triompher dans les débats, au risque de perdre dans les votes; le second à gagner dans les votes, encore qu'il perde dans les débats. Louis Blanc, plein de vanité littéraire, ne pense qu'à sauver sa renommée, la patrie dût-elle périr; Léon Gambetta, plein de sens pratique, ne songe qu'à sauver sa patrie, même au péril de son nom. L'un voudrait la société aussi parfaite que ses périodes littéraires; l'autre, quoique plus jeune, a beaucoup vécu; il sait, il connaît les tristes aspérités

(1) Freycinet : *Souvenirs*, I, 315.

de la vie et combien il en coûte de s'approcher de l'idéal lointain. Louis Blanc est un chef de secte, Léon Gambetta est un homme d'Etat. Louis Blanc, qui a consumé son temps dans les bibliothèques, attache un grand prix à des systèmes déjà oubliés, et Léon Gambetta, qui a passé sa vie dans les combats, met le plus haut prix aux victoires pratiques. A voir celui-ci, c'est un athlète qui porte sur son corps la sueur et la poussière des champs de bataille sur lesquels il s'est escrimé de ses armes et où il a exercé ses forces. A voir l'autre, c'est un prêtre qui a passé son temps à entretenir la lumière dans les lampes du sanctuaire où les vierges stériles de l'idéalisme se consacrent à la méditation » (1).

Emilio Castelar a fait effort d'impartialité; mais on sent que ses préférences vont à Gambetta, en qui il reconnaît toutes les qualités d'un homme de gouvernement. Louis Blanç n'est à ses yeux qu'un philosophe, professeur d'un système dans lequel, de gré ou de force, il veut enfermer le monde. Mais pourquoi l'accuser de vanité littéraire? Historien ou journaliste, Louis Blanc n'a jamais écrit que pour servir son parti et le défendre. C'est de lui qu'est cette belle formule : « La plume aussi est une épée! » Qu'il fût jaloux de sa réputation d'homme intègre et droit, invariablement fidèle aux principes, qui pourrait y trouver à redire? Mais il avait trop vécu dans l'intimité des hommes de la Révolution pour avoir la pensée de sauver sa renommée aux dépens de la patrie. Dans la bonne et la mauvaise fortune, il resta le même, et ce n'est pas un mince éloge, si l'on songe à tant d'autres qui ont su si habilement couvrir leurs intérêts personnels de l'intérêt du pays.

Le différend entre Gambetta et Louis Blanc s'accentua à propos des lois constitutionnelles. Gambetta, inquiet de l'audace croissante des bonapartistes et de leurs récentes victoires, se déclara prêt à admettre le pouvoir constituant de l'Assemblée et à se rallier à tout projet d'institutions républicaines déposé par le centre gauche, qu'il serait aisé, en cas d'échec, de rallier à la politique de dissolution. Il entra en coquetterie avec les légitimistes, fit appel à eux pour donner à la République française cette fleur d'élégance et de distinction qui caractérisait dans l'antiquité la République athénienne.

Louis Blanc ne contestait pas le péril bonapartiste; mais était-il nécessaire, pour le combattre, de lui fournir le moyen de pouvoir dire aux masses: « C'est en dehors de vous que la République a été faite. C'est à vous que

(1) *El Globo de Madrid.* Traduction du *Journal des Débats*, 27 juillet 1875.

Phot. Carjat

GAMBETTA

nous demandons l'Empire! » Il ne mettait pas en doute la bonne foi du centre gauche, mais, en cas de rejet de la motion projetée, il objectait que les trois gauches réunies, ne formant pas la majorité, seraient impuissantes à faire voter la dissolution. Et l'on se serait trouvé avoir violé, en pure perte, la politique des principes.

Fort de l'appui de Gambetta, Casimir-Périer déposa, le 15 juin, la proposition ci-après :

« L'Assemblée nationale, voulant mettre un terme aux inquiétudes du pays, adopte la résolution suivante :

« La commission des lois constitutionnelles prendra pour base de ses travaux sur l'organisation et la transmission des pouvoirs publics :

« 1° L'article premier du projet de loi déposé le 19 mai 1873, ainsi conçu : « Le gouvernement de la République française se compose de deux Chambres et d'un président, chef du pouvoir exécutif »;

« 2° La loi du 20 novembre 1873 par laquelle la présidence de la République a été confiée à M. le maréchal de Mac-Mahon jusqu'au 20 novembre 1880 ;

« 3° La consécration du droit de revision partielle ou totale de la Constitution, dans les formes et à des époques que déterminera la loi constitutionnelle. »

L'Union républicaine se réunit avant la séance. Louis Blanc, soutenu par Edgar Quinet, déclara que, voter la proposition, c'était écarter la dissolution. Il rappela les résolutions adoptées au lendemain de la guerre et prit nettement parti contre la nouvelle tendance de Gambetta qui, moins que tout autre, devait s'écarter de la voie qu'il avait lui-même tracée.

Avait-il oublié son discours du 30 août 1871? « Lorsqu'on crée un gouvernement par voie de constitution, il faut que les mains qui l'édifient aient été véritablement reconnues capables et dignes de l'édifier. Et savez-vous pourquoi? C'est parce que je ne voudrais à ce prix d'une République créée par une assemblée incompétente. »

N'avait-il pas répété, le 27 février 1873 :

« Je dis que nous sommes engagés. Nous avons à plusieurs reprises, dès l'origine de l'Assemblée, protesté contre ses prétentions au pouvoir constituant, et aujourd'hui nous lui reconnaîtrions ce pouvoir! »

Se basant sur ces textes, sur les décisions prises en 1871, Louis Blanc déclara contraire à la nature des choses que les institutions républicaines sortissent des délibérations d'une Chambre tout imprégnée de l'esprit monarchique. Il montra que l'adoption, par le fait de quelques députés du centre droit, de la motion Casimir-Périer permettait à ce groupe de disposer, quand il le voudrait, de la République. Il adjura ses amis de ne pas donner aux bonapartistes cette joie de n'avoir désormais à combattre qu'une République bâtarde. Il leur demanda enfin si cette seconde Chambre, qu'il avait combattue à la tribune au nom de tous les républicains (1), ne serait pas une forteresse bâtie à l'usage d'un pouvoir ennemi, et si, établie en défiance du suffrage universel pour tenir en échec l'autorité de ses mandataires, elle ne placerait pas un jour le pays entre l'impuissance et une révolution.

Gambetta répondit que voter l'urgence n'impliquait pas le vote de la question elle-même; qu'il serait toujours temps de combattre l'institution des deux Chambres.

« Un premier pas dans cette voie est dangereux, répliqua Louis Blanc; on en fait un second, puis un troisième. Prenez garde! on nous pousse à descendre une de ces pentes sur lesquelles on ne s'arrête pas quand on veut! »

A l'Assemblée, l'urgence sur la motion Casimir-Périer fut votée par 345 voix contre 341, et le projet renvoyé à la commission des trente.

« Qu'est-elle devenue, écrivait le lendemain *la Liberté*, cette forte race des Jacobins intransigeants qui faisait, il y a trente ans, l'honneur de l'école républicaine? Les chefs sont demeurés: Louis Blanc, Quinet, Peyrat; ils sont trois! mais reniés par leurs disciples, abandonnés par leurs élèves, trahis par ceux mêmes auxquels ils espéraient léguer un jour le dépôt de la grande tradition révolutionnaire! »

---

(1) « Le système des deux Chambres, avait-il dit le 12 mars 1873, ressemble à je ne sais quelle voiture fantastique, qui aurait deux roues, dont l'une irait dans un sens et l'autre dans un sens différent et opposé. Au point de vue politique, une seconde Chambre n'est concevable qu'autant qu'elle correspond, comme en Angleterre, à un intérêt parfaitement distinct de celui qui est représenté par la première, et encore même dans ce cas des conflits se produisent tôt ou tard qui aboutissent à une de ces victoires qu'on nomme révolution. »

Plus tard, lorsque le texte relatif à la constitution du Sénat eut été distribué (19 février 1875), Louis Blanc renouvela ses critiques dans une réunion de l'Union républicaine. Qu'était-ce qu'une loi qui allait soustraire à l'action de la souveraineté du peuple la désignation de soixante-quinze sénateurs arbitrairement déclarés inamovibles; qui, pour la nomination des autres, attribuait au vote de cent électeurs le même pouvoir qu'au vote de cent mille? Les petites communes allaient annuler les grandes; or, les petites communes étant plus prenables aux mensonges, aux légendes grossières, le Sénat ne deviendrait-il pas la citadelle de la réaction? Son opinion fut combattue par Jules Ferry et Gambetta.

La République française salua le vote comme une grande victoire de la République. *Le Temps* se montra moins satisfait. Il avoua que la majorité de l'Assemblée était « trop faible pour constituer et trop faible pour gouverner ».

Le 23 juillet, Casimir-Périer défendit péniblement sa motion, excitant à maintes reprises les rires ironiques de la droite. Le duc de Broglie lui répondit. Il traita la République avec toute l'impertinence d'un grand seigneur parlementaire, prit à partie les maîtres, docteurs et professeurs de la science républicaine, Laboulaye, Gambetta, Grévy et Louis Blanc. Se tournant vers les membres du centre droit, il leur montra combien il était dangereux de lancer dans le public, avec tous les souvenirs que ce mot réveille, la proclamation de la République à l'état vague...

Dufaure ne put rompre l'effet produit par la parole habile et souple du président du conseil. La proposition Casimir-Périer fut rejetée par 374 voix contre 333.

Le lendemain, Gambetta reconnaissait dans son journal que la République avait été humiliée dans la séance du 23. « Il est évident, écrivait-il, que la dissolution reste la seule politique à poursuivre désormais dans l'Assemblée. »

Louis Blanc triomphait. Au scrutin, il s'était abstenu ainsi qu'Edgar Quinet, Peyrat, Ledru-Rollin et Jules Grévy. La confusion était extrême dans les milieux républicains, et des récriminations violentes s'élevèrent.

« Hier soir, écrivait *l'Egalité*, au moment même de l'arrivée des dépêches néfastes sur l'affaire Casimir-Périer, un groupe d'excellents républicains nous disait : « Vous voyez bien que Louis Blanc, Quinet et les autres « avaient raison; que cette proposition compromettrait le parti; qu'elle faisait « un accroc aux principes sans utilité pour personne. Il faudra blâmer ceux « qui ont fait alliance avec le centre gauche ».

« Quelques minutes après, un nouveau groupe non moins bon républicain nous disait: « Vous sentez bien quels grands résultats aurait eu le vote de « la proposition de Casimir-Périer, et quelle nécessité il y avait de la voter. « Il faut être pratique et politique. Le centre gauche, la gauche modérée, « les groupes Christophle, Arago et autres avaient bien raison, et Gambetta « a très bien fait de se joindre à eux. C'est Louis Blanc, Quinet, Peyrat qui « ont tort. Nous espérons bien que demain vous les blâmerez ».

La controverse reprit à la rentrée de l'Assemblée. Le 12 novembre 1874, dans *le Rappel*, Louis Blanc s'efforça de démontrer l'impossibilité pour l'Assemblée de voter les lois constitutionnelles. Il exposa que, pour exister en droit et en fait, la République n'avait pas besoin qu'un vote l'affirmât. Il rendit hommage aux ralliés du centre gauche et leur demanda, s'ils désiraient réellement l'établissement de la République, de réserver l'élaboration des lois constitutionnelles à une Assemblée nouvelle.

Christophle, ancien président du centre gauche, dans une lettre ouverte à un électeur de l'Orne, répondit à Louis Blanc. Sa lettre, approuvée par les personnalités les plus marquantes de son parti, fut considérée comme un véritable manifeste. Christophle contesta que la République fût un gouvernement de droit naturel. « Une forme de gouvernement, fût-elle la République, c'est-à-dire la plus parfaite et la plus nécessaire, n'est pas, ne peut pas être de droit naturel. » Mais il ne contesta pas le fait. Il reconnut que les projets présentés devant les Chambres étaient étranges, qu'on voulait faire de la seconde Chambre une arme toujours prête contre les institutions républicaines. Toutefois il se rassurait en disant : « De la coupe aux lèvres, même dans l'Assemblée actuelle, il y a loin. » Et il puisait dans ce proverbe la conviction qu'il se trouverait des gens sensés et raisonnables pour faire une œuvre sérieuse, une œuvre de conciliation, de pacification et de bon sens, et non une œuvre de combat et de passion.

Au cas où la majorité, qui avait rejeté la proposition Périer, « repousserait systématiquement toute autre proposition analogue », Christophle était décidé, avec ses amis, à voter la dissolution.

Ainsi, le centre gauche se montrait disposé à tenter une dernière expérience ; mais l'impuissance de l'Assemblée une fois de plus démontrée, il se déclarait prêt à se rallier à la politique de Louis Blanc. La dissolution n'avait été repoussée, à la séance du 23 juillet 1874, que par 369 voix contre 340. On pouvait gagner la partie en déplaçant quinze voix. Résultat qui pouvait être obtenu en refusant de s'associer au vote des lois constitutionnelles et, devant le pays qui réclamait à grands cris la fin du provisoire, en plaçant l'Assemblée entre la dissolution et le néant.

La discussion sur l'organisation des pouvoirs publics s'engagea le 22 janvier sur l'amendement Laboulaye, ainsi conçu: « Le gouvernement de la République se compose de deux Chambres et d'un président ».

Louis Blanc pensait que l'amendement Laboulaye aurait le même sort que la motion Casimir-Périer. Dans ces conditions, il crut de son devoir de chercher à atténuer la portée décourageante du vote prévu, en déclarant bien haut à la tribune que rien dans ce vote n'était capable de changer ce fait que la République était devenue absolument nécessaire. Son intervention, considérée comme inopportune par la plupart de ses amis, souleva un violent tumulte.

« La question est mal posée, put-il dire enfin, parce qu'on demande de voter ce que nous ne voulons pas, sous peine de paraître repousser ce que nous voulons. Cette position, notre conscience nous interdit de l'accepter, et nous ne l'acceptons pas. »

A la suite de cet incident, la séance fut renvoyée. Gambetta accusa Louis Blanc d'avoir compromis le succès qui s'annonçait certain, si l'on avait voté immédiatement sur l'impression produite par le discours de Laboulaye. Le lendemain, on put lire dans les colonnes de *la République Française:* « Envers et contre tout son parti, M. Louis Blanc a occupé la tribune. Les yeux sans cesse fixés sur ce qu'il appelle les principes, il demeure étranger aux mouvements d'opinion qui se produisent. Il ne les aperçoit ni ne les saisit. Il va droit devant lui, sans se soucier de rien, ni de personne... Et c'est ainsi que l'on perd les occasions favorables, et qu'en dix minutes on tient en échec la politique de tout un grand parti qui travaille, depuis plus de deux ans, à obtenir des résultats dont on n'est même pas capable de soupçonner l'importance! C'est ainsi que l'on se jette, tête baissée, contre toutes les règles et en dépit de tous les conseils, dans une mêlée où l'on ne sait pas se reconnaître, sans même comprendre de quoi il s'agit, ni pourquoi. Tout grand esprit que l'on se juge, l'on commet des fautes qu'un novice, un conscrit ne commettraient pas... Nous qui faisons profession, en toute matière, d'éliminer l'absolu comme chimérique et inaccessible, nous ne sommes pas encore décidés à nous incliner devant les arrêts supérieurs d'une raison qui ne consent pas à s'incliner devant la raison de tous. M. Louis Blanc a jugé bon de se distinguer hier de son parti. C'est une grave responsabilité que nous lui laissons tout entière. Nous souhaitons qu'elle ne pèse pas d'un poids trop lourd sur cette conscience si scrupuleuse, quand les bouffées d'une vanité maintenant trop connue seront entièrement dissipées ».

A cette violente attaque, Louis Blanc répondit par une lettre très digne Il rappela impitoyablement les paroles, les votes, les écrits de Gambetta, refusant à l'Assemblée tout pouvoir constituant, et, protestant de son respect pour ceux qui avaient voté la motion Casimir-Périer, il conclut par ces mots sévères :

« Le parti républicain décidera, monsieur, si ce sentiment est celui qui caractérise, à mon égard, l'article que votre journal me consacre; et peut-être s'étonnera-t-il de voir ceux qui, pour des raisons fort honorables sans doute, mais tout au moins discutables, ont cru devoir s'écarter un moment de la politique longtemps suivie par le parti républicain dans l'Assemblée, s'ériger en juges de ceux qui n'ont pas cessé de croire un seul instant que cette politique était la bonne. »

Le 29, l'Assemblée fut appelée à se prononcer sur l'amendement Laboulaye. Salle houleuse. A gauche, on entoure Louis Blanc, Edgar Quinet, Madier de Montjau, Peyrat et Marcou. Le nombre des bulletins bleus dépasse de cinq celui des blancs. Ils sont cinq; ils peuvent, par leur vote, assurer le succès de l'amendement. On les presse de ne pas s'abstenir. Ils se décident enfin. « Nous nous laissâmes traîner à la tribune, écrit Louis Blanc, et nous jetâmes l'un après l'autre notre bulletin dans l'urne, au milieu de l'émotion générale et au bruit des applaudissements immenses qui nous entrèrent comme des flèches dans le cœur. »

« Touchante effusion de famille! » s'exclamait le duc de Broglie parmi les ricanements de la droite. L'amendement fut rejeté par 359 voix contre 336.

Le 30 janvier, Louis Blanc vota l'amendement Wallon, qui fut adopté à une voix de majorité (1), mais il ne put se résoudre, malgré les ardentes supplications de Challemel-Lacour, à voter l'ensemble de la loi relative à l'organisation des pouvoirs publics que le duc de Broglie devait apprécier ainsi plus tard : « Les attributions respectives des pouvoirs exécutif et législatif, l'établissement d'une seconde Chambre et la réforme de la loi électorale étaient toutes parfaitement compatibles avec la monarchie et n'avaient rien dont on pût induire l'abandon ou l'oubli du principe héréditaire (2) ».

Examinant la Constitution article par acticle : « Où est la République? » interrogeait-il.

« Est-ce dans l'article premier, qui, à une Chambre des députés nommée par le suffrage universel, oppose un Sénat issu de combinaisons singulières avec lesquelles le suffrage universel n'a rien à voir?

« Est-ce dans l'article 2, qui, en ce qui touche la désignation du chef de l'Etat, tient pendant sept ans inactive et suspendue la souveraineté du

---

(1) L'amendement Wallon était ainsi conçu : « Le président de la République est élu à la majorité des suffrages par le Sénat et par la Chambre des députés réunis en Assemblée nationale. Il est élu pour sept ans; il est rééligible ».

(2) *Le Correspondant*, 25 juillet 1895, 225.

peuple et proclame le président de la République indéfiniment rééligible comme pour mieux le faire ressembler à un roi, sous le rapport de la durée?

« Est-ce dans l'article 3, qui donne au chef de l'Etat toutes les prérogatives royales : nominations aux emplois civils et militaires, disposition de la force armée, droit de grâce et jusqu'à l'initiative des lois, que la Constitution monarchique de 1791 avait refusée à Louis XVI?

« Est-ce dans l'article 4, qui ajoute à ces prérogatives la nomination de conseillers d'Etat en service ordinaire?

« Est-ce dans l'article 5, qui confère au chef du pouvoir exécutif le droit, si essentiellement monarchique, de dissoudre, sur l'avis conforme du Sénat, la Chambre des représentants du peuple?

« Est-ce dans l'article 6, qui le proclame inviolable, sauf le cas de haute trahison, — absolument comme un roi?

« Est-ce dans l'article 7, qui, en cas de vacance par décès, fait dépendre l'élection du nouveau président de l'accord d'une Assemblée nommée par le suffrage universel avec une Assemblée qui n'en émane point?

« Est-ce dans l'article 8, qui fait dépendre du même accord la revision des lois constitutionnelles et qui enlève au peuple le droit de les faire reviser conformément à sa volonté par une Assemblée nommée dans ce but, droit que lui avait expressément réservé la Constitution de 1848?

« Est-ce dans l'article 9, qui, frappant en quelque sorte d'indignité politique la grande ville républicaine, Paris, fixe le siège du pouvoir exécutif et des deux Chambres à Versailles, la ville du grand roi Louis XIV? »

Poursuivant son effort contre les lois constitutionnelles, Louis Blanc intervint, le 21 juin 1875, dans la discussion relative aux rapports des pouvoirs publics et à l'élection des sénateurs. Il considérait les projets déposés comme les derniers efforts de l'esprit monarchique contre l'esprit républicain. A gauche, on lui demanda en vain de ne pas attaquer des lois qui fondaient la République. Par des exemples tirés de l'histoire, il montra que la prédominance du pouvoir exécutif sur le pouvoir législatif avait été la source de tous nos déchirements politiques. Le 10 août, le 18 brumaire, la chute de Charles X, la chute de Louis-Philippe, le 2 décembre étaient autant d'actes du même drame : le drame d'un ardent conflit qu'aurait prévenu la subordination du pouvoir qui exécute au pouvoir qui décide. Ironisant, non sans quelque amertume, sur l'état d'esprit qui régnait dans les régions officielles, il montra qu'on essayait de couvrir du beau nom de République quelque chose qui n'était pas la République. Se tournant vers Gambetta, il déclara ne pouvoir se résoudre à sacrifier à d'éphémères combinaisons de couloirs l'intérêt permanent et suprême de la paix publique dans l'avenir.

« Quel avantage, poursuivit-il, de faire des convertis à une République qui, née de l'amalgame d'idées contradictoires, composée d'éléments inconciliables, n'aurait qu'une puissance de séduction trompeuse et ressemblerait à ces monstres de la fable moitié femmes, moitié poissons, qui, par la douceur de leur chant, attiraient les passagers sur les écueils? »

La gauche garda le silence. La droite éclata en applaudissements ironiques. Buffet n'eut, pour l'emporter, qu'à répondre aux orateurs : « La loi est en effet la négation, la contradiction directe, formelle, absolue, des principes constitutionnels chers à l'extrême-gauche ».

La presse, dans son ensemble, accueillit par des sarcasmes le discours de Louis Blanc. On le traita de revenant; on le railla d'avoir, pendant son exil, oublié obstinément de tenir sa montre à l'heure.

« Les trop rudes poignes, écrivait Emile Deschanel dans *la Presse*, ne savent ouvrir une serrure sans en forcer les gardes, sans les accrocher et sans les gâter. La vraie force a plus de mesure et de douceur. »

« Ce que nous voulons, écrivaient *les Débats*, c'est qu'on ne prenne pas les mesures de la Constitution future sur les républiques en carton-pierre, à l'air rude et farouche, reléguées dans les musées dont MM. Louis Blanc et Madier de Montjau, desservants jaloux, gardent la porte et ne permettent l'accès que sur la présentation d'une carte de civisme marquée au bon coin. »

Dans *le Rappel*, Auguste Vacquerie félicita Louis Blanc d'avoir rappelé au pays que la Constitution n'était qu'un acompte et que le Droit restait créancier. *L'Evénement* le remercia d'avoir eu le courage de dire tout haut ce que la démocratie française pensait tout bas. Nombreux furent aussi les amis connus ou inconnus qui engagèrent le courageux orateur à persévérer. « Ces lettres de félicitations ardentes, écrit Louis Blanc, étaient bien faites pour nous dédommager des attaques de ces néo-républicains qui ont commencé et fini leur éducation républicaine dans les antichambres de l'Empire. »

Le dimanche 4 juillet, parlant à Paris, dans un banquet organisé pour célébrer le 68e anniversaire de Garibaldi, Louis Blanc opposa l'inflexibilité du grand patriote italien à la souplesse de Gambetta. Un peu agacé d'être toujours représenté par ses adversaires comme un esprit chimérique, il rappela qu'il n'avait pas attendu jusqu'à ce jour pour reconnaître l'excellence d'une politique pratique. Mais, comme les opportunistes, emprisonner la politique dans l'étroite pratique des expédients, faire de la politique au jour le jour, ne regarder qu'à l'intérêt de l'heure présente, ne viser qu'au succès du moment, sauf à voir plus tard, cela lui paraissait contraire au génie de la France.

Ce discours eut du retentissement parmi les républicains avancés, las de tant de combinaisons, irrités de tant de concessions faites sans profit aux ennemis de la République.

Le Figaro prit peur : « Ils me font rire vraiment ceux qui disent que le peuple ne suivra pas cet homme. A la première poussée révolutionnaire, il serait encore le tribun porté sur les bras de la foule, le petit colis qu'on a vu jadis aller de mains en mains! Que lui font toutes nos comparaisons? Le petit chat grossirait, deviendrait tigre ». Et il traça de Louis Blanc cette caricature :

« Vu à vingt pas, M. Louis Blanc a encore l'air d'un jeune poupard. Vu de près, c'est un petit vieillard prématuré; quelque chose comme l'ancien Tom Pouce. Vu avec un verre grossisant, la peau est tendue, la patte d'oie est dessinée, le teint est fané. Bref, cet acteur vieilli sur les planches de la vie publique ne doit pas être vu, pour qu'il paraisse à son avantage, des fauteuils d'orchestre les plus rapprochés de la scène. Il a toujours joué les travestis et les grimes. Ses talons sont de petites échasses. Avec son col blanc rabattu, à quatre francs la douzaine, son pardessus noisette, ses cheveux assez bien peignés et séparés d'une façon rectiligne, ainsi qu'il appelle sa politique, M. Louis Blanc ressemble à un bedeau en habit de ville. Il a quelque chose de M. Renan, qui, plus grand, plus gros et plus sanguin que lui, pourrait être pris pour un frère de M. Louis Blanc, frère nourri par une meilleure nourrice et plus tard par une meilleure cuisine. Les cheveux de l'un et de l'autre ont quasi la même coupe et la même couchée en arrière. M. Louis Blanc est un petit et un médiocre dont l'œuvre est cependant grosse, par les motifs que je vais dire. La célébrité de ces gens-là accuse vraiment cette époque qui a pu accepter de leurs petites mains et de leur esprit rétréci un cachet marqué à leur chiffre. Louis Blanc n'est ni un homme d'Etat, ni un philosophe, et il est un peu de tout cela. Dans la nuit contemporaine, le succès appartient parfois à ceux qui ne sont tout à fait ni souris ni oiseaux — aux chauves-souris » (1).

Peu de jours après, Buffet, par son attitude à l'Assemblée, allait

(1) *Le Figaro*, 8 juillet 1875.

rapprocher Gambetta de Louis Blanc. Répondant à une interpellation de Raoul Duval au sujet de l'association dite *l'Appel au peuple*, il ménagea visiblement les bonapartiste, félicitant le préfet de police d'apporter un zèle égal à la surveillance « de toutes les factions ». Si le parti bonapartiste va prendre son mot d'ordre à Camden-Place, dit-il, le parti révolutionnaire va prendre le sien à Genève, à Londres et à Bruxelles. Je puis ajouter — ici il lorgna Louis Blanc et Gambetta — plus près encore.

Gambetta, énervé, demanda d'en finir avec les équivoques et les malentendus. Il accusa Buffet de chercher son appui du côté bonapartiste, de reconstituer la majorité du 24 mai, et le somma de s'expliquer. Buffet se garda bien de répondre à la sommation et obtint une majorité de 444 voix.

Le lendemain, rendant compte de la séance, Louis Blanc félicita Gambetta « d'avoir fait passer avant la crainte de défaire son œuvre — déjà bien menacée — le devoir de venger la conscience publique outragée ». Faisant le maigre bilan de la politique qui avait conduit au vote des lois constitutionnelles, il demandait que, désormais, on s'attachât moins « à suivre les indications de ce que l'on nomme l'esprit politique et beaucoup plus à réveiller la conscience publique endormie ».

« Nous sommes à l'état de légitime défense, écrivait de son côté *la République française*, et nous défendrons vigoureusement le patrimoine national — nos ennemis peuvent y compter — au nom de la justice, du droit et de l'égalité. »

Ainsi Gambetta et Louis Blanc tenaient le même langage. A vrai dire les deux hommes, également épris d'idées généreuses, avaient toujours poursuivi le même but: fonder la République. Mais d'âge et de tempérament différents, ils étaient en désaccord sur les moyens de l'atteindre. La proximité des élections générales ne fut pas étrangère non plus à leur rapprochement.

Le 7 octobre, à Cette, Jules Simon, discutant avec courtoisie l'attitude des intransigeants, rendit hommage au talent et aux services de Louis Blanc. Laissant de côté ce qui pouvait diviser, il réclama: l'abrogation de la loi des maires, la levée de l'état de siège, le maintien du scrutin de liste. Presque au même moment, Louis Blanc, à Paris, dénonçait le danger du cléricalisme. Auguste Vacquerie souligna, dans *le Rappel*, la bonne harmonie qui régnait entre les républicains, alors que les monarchistes « n'étaient jamais un jour sans se prendre aux couronnes ». Louis Blanc insista sur la nécessité de l'union. Il demanda aux républicains de voter, au premier tour, pour des hommes de leur choix; mais, au scrutin de ballottage, pour le candidat républicain le plus favorisé. « Quelque divisés que nous ayons pu être sur la nécessité de voter la Constitution du 25 février, elle est trop peu d'accord avec nos principes pour que nous ne désirions pas tous d'une égale ardeur qu'elle soit un jour modifiée dans un sens démocratique. Les royalistes, qui s'y sont ralliés, l'ont votée revisable, dans l'espoir d'y mettre la monarchie. Ce que nous devons, nous, c'est travailler à y mettre, quand le moment sera venu, au-dessus du nom de République..., la République ».

La République française « accueillit avec une grande joie et avec reconnaissance les excellents conseils de Louis Blanc ».

Cet accord des républicains suscita les commentaires passionnés de la presse réactionnaire. *Le Français* célébra « l'embrassement de M. Gambetta et de M. Louis Blanc ». *L'Union monarchiste* considéra la lettre de Louis Blanc comme l'épilogue de la grande querelle entre transigeants et intransigeants de la République: « Le philosophe de la Montagne a fait les premières avances; on voit qu'elles sont favorablement accueillies ». Pour la *Gazette de France*, au contraire, c'était Gambetta qui était allé vers Louis Blanc. Elle intitula son article: *Capitulation de M. Gambetta.*

« Il a dû en coûter à M. Gambetta de se baisser pour donner l'accolade fraternelle, démocratique et socialiste à M. Louis Blanc, au moment même où l'on va dresser les listes sénatoriales à l'Assemblée; il eût préféré certainement que le manifeste de M. Louis Blanc ne vînt qu'après la nomination des soixante-quinze sénateurs. M. Louis Blanc ne l'a pas voulu: « Plus d'équivoque, s'écrie-t-il, la République aux seuls démocrates. » M. Gambetta a dû s'incliner » (1).

Les élections sénatoriales avaient été fixées au 30 janvier 1876. Les républicains firent un gros effort, ne se dissimulant pas que, du résultat allait dépendre le sort de la République.

Louis Blanc fut porté candidat dans le département de la Seine. Sur 220 électeurs, il n'obtint que 87 voix. Victor Hugo, qui figurait sur la liste, fut mis en ballottage. Commentant le résultat de l'élection, Auguste Vacquerie écrivait dans *le Rappel* que pour faire accepter le Sénat par le pays, le suffrage restreint aurait dû se mettre le plus possible d'accord avec le suffrage universel. « A Paris, par exemple, qui l'universalité des électeurs aurait-elle mis en

(1) *La Gazette de France*, 6 décembre 1875.

tête de sa liste? Victor Hugo et Louis Blanc. Les électeurs privilégiés ont ballotté Victor Hugo et exclu Louis Blanc. Ce que le suffrage privilégié et le Sénat y ont gagné, c'est une explosion d'étonnement et de colère. Le Sénat, que les demi-républicains veulent perpétuer, ils lui ont porté le premier coup. C'est ainsi que les habiles sont habiles » (1).

Barodet, à qui la candidature dans le IVe était offerte, proposa à Louis Blanc de se désister en sa faveur: « Le IVe arrondissement est celui que vous habitez. Il faut que le suffrage universel vous y venge de l'échec que vous fait subir au Luxembourg, le suffrage restreint » (2). Louis Blanc refusa et déclina l'offre d'être candidat aux élections législatives dans les vingt arrondissements, il accepta de se porter dans le Ve, « quartier des études et de la jeunesse, comme homme de lettres républicain », et dans le XIIIe, « où la misère est grande, comme ami de la classe ouvrière dont, écrivait-il, j'ai passé quarante ans de ma vie à plaider la cause ». Son état de santé ne lui permettant pas de se rendre dans les réunions, il adressa aux électeurs des Ve et XIIIe, et à ceux de la première circonscription de Saint-Denis, une circulaire dans laquelle, se déclarant pour le mandat impératif, il demandait la séparation de l'Eglise et de l'Etat, la laïcité des écoles, l'abrogation de la loi sur l'enseignement supérieur, l'instruction primaire obligatoire et gratuite, l'abrogation de la loi sur les maires, le droit d'association pour les ouvriers, l'impôt sur le revenu, l'amnistie, l'abolition de la peine de mort, la levée de l'état de siège.

Les électeurs répondirent à son appel. Il fut élu le 20 février dans les trois circonscriptions, obtenant 8.386 suffrages à Saint-Denis, 6.988 dans le XIIIe et 9.809 dans le Ve.

Louis Blanc ne put se réjouir sans mélange de la victoire républicaine et du triple succès qu'il avait remporté personnellement dans la Seine: sa femme, gravement malade, devait bientôt mourir (3). Les obsèques eurent lieu le 26 avril 1876, au milieu d'une énorme affluence d'hommes politiques et d'ou-

---

(1) *Le Rappel*, 8 février 1876.

(2) Inédit. Bibl. Nat. *Correspondance de Louis Blanc.*

(3) Louis Blanc avait épousé Christine Graff au mois de novembre 1865. Il annonçait ainsi son mariage à George Sand : « Je viens d'épouser une femme bonne, douce, dévouée, que j'aimais et qui m'aimait. Il m'est infiniment doux de vous faire part de son bonheur et du mien, sachant que la joie de vos amis vous est un sujet de joie ». Lettre inédite du 7 nov. 1865, communiquée par Mme Lauth-Sand.

Contrairement à l'opinion courante, Christine Graff était Allemande et non Anglaise. « Pourquoi t'obstines-tu, écrivait Louis Blanc à Barbès, à me marier à une Anglaise?

vriers (1). Au cimetière, Victor Hugo rendit un suprême hommage à celle « qui disparaissait dans le rayonnement de son glorieux mari, plus fière de disparaître que lui de rayonner »; puis, se tournant vers son ami :

« Les hommes tels que vous, dit-il, sont privilégiés dans le sens redoutable du mot: ils résument en eux la douleur humaine; le sort leur fait une poignante et utile ressemblance avec ceux qu'ils doivent protéger et défendre; il leur impose l'affront continuel afin qu'ils s'intéressent à tous ceux que l'on calomnie; il leur impose le combat perpétuel afin qu'ils s'intéressent à tous ceux qui luttent; il leur impose le deuil éternel afin qu'ils s'intéressent à tous ceux qui souffrent; comme si le mystérieux destin voulait, par cet incessant rappel à l'humanité, leur faire mesurer la grandeur de leur devoir à la grandeur de leur malheur. »

Ma femme est Allemande, bonne Allemande, c'est-à-dire pas du tout Prussienne. » Lettre inédite du 15 janvier 1867.

Au sujet de Mme Louis Blanc, Mme Juliette Adam, qui l'a connue, a bien voulu m'écrire : « Mme Louis Blanc avait la plus grande influence sur son mari dans tous les actes de sa vie privée. Elle était maîtresse de toutes les décisions, très popote, ne parlant jamais que de très petits détails de la vie. Louis Blanc ayant voulu, avec entêtement, cette fois, aller à Venise, elle ne sortit pas de ses hôtels, trouvant le voyage sans intérêt, même à Venise, et se vantant à moi d'y avoir brodé un vêtement.

« Louis Blanc considérait le repos intellectuel dans son ménage comme un grand bienfait. Très pratique d'ailleurs, Mme Louis Blanc était la personnification des « ménagères de Proudhon ».

(1) *Le Figaro*, dans un article du 15 octobre 1879, rappelait les obsèques : « C'était un jour de l'an 1876. Je passais rue de Rivoli, devant la tour Saint-Jacques. Une foule énorme était là, grave et recueillie. Elle regardait, de temps en temps, le troisième étage d'une maison. On allait enterrer Mme Louis Blanc. On sait que notre héros a épousé une Anglaise. M. Louis Blanc et son armée se revoyaient pour la première fois, depuis la Commune, autour du cercueil d'une femme! Cependant les journaux révolutionnaires n'avaient point battu avec entrain le rappel. Cette foule était venue presque de sa propre initiative. Ce jour-là, M. Clemenceau a dû comprendre que s'il était maître des conseillers municipaux, M. Louis Blanc était le maître les électeurs des conseillers municipaux. Le vrai chef de la révolution sociale est M. Louis Blanc ».

IX

LES DERNIERES ANNEES

Au cours de la discussion des lois constitutionnelles, Louis Blanc et ses amis s'étaient trouvés dans l'alternative de rompre l'alliance des groupes de gauche ou de sacrifier, en partie, leurs opinions au désir de la conserver. Sous peine d'être mis à l'index, ils avaient dû voter avec le centre droit une république à l'image de la monarchie. Louis Blanc espérait trouver plus d'ardeur combattive dans la nouvelle Assemblée. Le discours de Lepère, nommé président de l'Union républicaine, le convainquit que la politique opportuniste allait être continuée. Oubliant le concours apporté par le centre droit, Lepère affirmait « que c'était grâce au groupement de toutes les forces républicaines que l'ancien groupe de l'Union républicaine avait atteint son but et retrouvé, en l'atteignant, la sanction de sa politique et le prix de ses incessants efforts ».

Louis Blanc contestait que le but fût atteint par l'établissement d'une Constitution dont il avait dénoncé, avec tant de persévérance, les origines et le caractère. La nomination de Buffet comme sénateur — « signal de la guerre déclarée par le Sénat au suffrage universel » — ne semblait pas justifier l'optimisme de Gambetta sur le « grand conseil des communes de France ». Elle décida Louis Blanc à rompre avec une discipline devenue trop pesante. Le 30 juin 1876, il réunit chez lui un certain nombre de ses collègues, Clemenceau, Georges Périn, Madier de Montjau, Douville-Maillefeu, Giraud, Durand, Daumas, Cantagrel, Duportal, Bouquet, Talandier, Lockroy et Marcou. Naquet et Floquet avaient adhéré, mais furent empêchés d'assister à la réunion. Dans une brève allocution, Louis Blanc leur rappela la politique suivie dans l'Assemblée, politique de compromis, qui n'était que la continuation de celle des assermentés de l'Empire. Il blâma les méthodes de temporisation, l'usage qui s'était introduit d'envisager les questions au seul point de vue des victoires à remporter dans les batailles du scrutin. Il conclut en proposant de constituer un groupe parlementaire distinct de l'Union républicaine et qui serait à l'Union républicaine ce que l'avant-garde est au gros de l'armée.

Le nouveau groupe « ferait passer, avant l'utilité de certaines manœuvres parlementaires, la nécessité de tenir l'opinion publique en éveil et de l'éclairer; ne céderait aux exigences de la tactique qu'après avoir proclamé hautement et cherché à faire prévaloir les principes; ne voterait *le moins* qu'après avoir demandé et cherché à obtenir *le plus;* ménagerait enfin à l'initiative et à l'indépendance de chacun de ses membres un appui contre l'exagération de ce qu'on nommait la *discipline* ».

La réunion approuva et décida, afin de sauvegarder la doctrine, qu'aucun député ne pourrait être admis sans être présenté par un ou plusieurs adhérents. Louis Blanc avait proposé que les membres du groupe ne pussent faire partie d'aucun autre; mais cette idée, combattue par Clemenceau, ne fut pas adoptée. Pour éviter le reproche d'avoir constitué une petite église destinée à satisfaire quelques amours-propres, aucun bureau ne fut nommé. A chaque séance un président serait élu.

L'extrême-gauche, comprenant vingt-cinq membres, affirma bientôt sa vitalité. Elle demanda l'abrogation du décret de février 1852 sur la presse, défendit le droit municipal de Paris et interpella, le 13 juillet 1876, par l'organe de Louis Blanc, le duc Decazes, ministre des Affaires étrangères, sur l'attitude de la France en Orient. Enfin, à l'occasion de la clôture de la session, elle lança un important manifeste rédigé par son fondateur.

Louis Blanc dénonçait avant tout l'effort du cléricalisme pour s'imposer à la société moderne. Il proclamait la nécessité d'une revision totale de la Constitution et affirmait la volonté de persévérer dans la voie des réformes sociales où ses amis et lui s'étaient engagés, votant sans se préoccuper de ce que penserait le Sénat, ni de ce qui pourrait en résulter pour le succès de telle ou telle combinaison ministérielle.

Louis Blanc rappelait son vote et ceux de ses amis pour la nomination des maires par les conseils municipaux, contre l'attribution au clergé de la collation des grades, pour la suppression du privilège du volontariat dans l'armée et la réduction du service militaire de cinq à trois ans. Il rappelait en outre les propositions présentées et non encore discutées sur la séparation de l'Eglise et de l'Etat par la suppression du budget des cultes, sur les droits d'association et de réunion, sur la liberté des chambres syndicales ouvrières, sur les garanties légales à donner aux ouvriers des chemins de fer.

Le manifeste était plein d'allusions à la politique de Gambetta, jugée trop accommodante: les hommes de l'extrême-gauche n'étaient pas capables de prendre « des chemins de traverse, de se livrer à certaines manœuvres parlementaires, d'ériger la temporisation en système ».

La République française riposta sur un ton aigre-doux: « L'esprit politique se justifie, non par le nombre des tentatives avortées auxquelles on attache son nom, mais par une proposition constante entre l'effort et le résultat, entre le travail et le produit... Le peuple est fort porté, en ce pays de Voltaire, à trouver que rien ne ressemble plus qu'un charlatan à un apôtre » (1).

Pour se défendre contre de semblables attaques et assurer la diffusion de son programme, l'extrême-gauche voulut avoir son journal. Cédant aux instances de ses amis, Louis Blanc accepta, malgré la maladie et le deuil, la direction de *l'Homme libre* dont le premier numéro parut le 27 octobre 1876 et le dernier le 3 mai 1877.

« A qui nous demanderait, écrivait-il, pourquoi nous avons intitulé ce journal *l'Homme libre*, nous répondrions : d'abord, parce que rien ne résume mieux l'ensemble de nos aspirations; ensuite, parce que le mot *liberté* étant celui dont on a le plus abusé, c'est celui qu'il importe le plus de bien définir.

« Que chacun puisse, en toute sécurité, croire ce qu'il croit, dire ce qu'il pense et l'écrire, se réunir à ses semblables, s'associer à qui bon lui semble, être maître chez lui, être enterré de la façon indiquée par lui-même sur son lit de mort... Nous voulons tout cela et passionnément; mais ce que nous voulons, autant que la liberté politique, c'est la liberté sociale.

« Regarder autour de soi, mais aussi devant soi, voilà ce qu'il faut. C'est ce que nous ferons. Nous marcherons d'un pas mesuré, mais toujours dans la direction marquée par nos principes. Car les principes sont les guides. Ils sont à l'homme politique ce que la boussole est au navigateur. »

Dès le lendemain de son apparition, *l'Homme libre* se trouva aux prises avec de grandes difficultés. Louis Blanc fut accusé d'avoir fondé ce journal pour soutenir la cause du panslavisme; M. de Panaïeff, qui avait souscrit des

---

(1) *La République française*, 14 août 1876.

actions, demanda le remboursement de ce qu'il avait versé et refusa de payer les deuxième et troisième tiers. Poursuivi devant le tribunal de commerce, il assigna Louis Blanc et, sous prétexte que celui-ci n'avait pas tenu ses engagements — il n'en avait pas été pris —, lui demanda 100.000 francs de dommages-intérêts.

Louis Blanc eut beaucoup d'ennuis; il se tira toutefois de cette affaire à son honneur. Il pouvait écrire, le 22 février 1877 : « Les actionnaires de l'*Homme Libre*, hommes de cœur, m'ont su un gré infini de n'avoir pas, un seul instant, reculé devant le danger de compromettre l'existence du journal, dès qu'il s'agissait d'affirmer son indépendance et de sauvegarder la dignité de la presse. Le 27 décembre, réunis en assemblée générale au nombre de dix-huit, ils ont déclaré à l'unanimité « qu'ils approuvaient de la manière la plus complète le directeur politique de l'*Homme Libre*, et que la conduite de M. Louis Blanc à l'égard de M. de Panaïeff avait été de tout point ce qu'elle devait être ». Ernest Hamel, l'historien de Robespierre et de Saint-Just, devint le directeur politique du journal.

Le 27 octobre, à Belleville, Gambetta défendit, contre l'extrême-gauche, la politique qualifiée, avec assez de dédain, d'opportunisme, et en donna la définition. « Elle consiste, dit-il, à ne s'engager jusqu'au bout dans une question que lorsqu'on est sûr d'avoir, sans conteste, la majorité du pays avec soi. Mais quand il y a des hésitations, ajouta-t-il, je résiste et résisterai toujours. » Qualifiant la Commune « d'insurrection criminelle », il fit des réserves au sujet de l'amnistie. Il se plaignit que les républicains nés sous l'Empire, n'eussent pas trouvé pour guider leurs pas les hommes de 1848 « qui traînaient au dehors une existence qui, si elle n'était pas sans dignité, était sans profit pour la France ». Il s'indigna contre la scission provoquée par Louis Blanc, « scission impie au moment où les passions réactionnaires s'exaspéraient », et fit appel à l'union.

Louis Blanc, au nom de la proscription, releva avec véhémence, dans *l'Homme libre*, les paroles de Gambetta. Sans profit pour la France, l'exemple donné par les proscrits, leurs œuvres, la publication des *Châtiments!* Il souligna la contradiction qu'il y avait à prêcher, comme Gambetta, la concorde, tout en ne voulant pas l'amnistie. On avait beau répéter qu'on avait la République, on n'avait pas ce qui la constituait: le moment semblait mal venu de monter au Capitole.

Le conflit prévu par Louis Blanc, entre la Chambre et le Sénat, allait éclater. Dufaure, mis en minorité devant la haute assemblée en soutenant la cessation des poursuites consécutives à la Commune et le dessaisissement des conseils de guerre votés par la Chambre, avait démissionné. Il fut remplacé par Jules Simon, qui, dès le 14 décembre, dut préciser son sentiment sur les droits du Sénat en matière financière. Gambetta déniait à la haute assemblée le pouvoir de rétablir les crédits demandés par le gouvernement et refusés par la Chambre. Jules Simon soutint la thèse opposée: un conflit entre le Sénat et la Chambre ne pouvait pas avoir d'autre issue que la dissolution, et ce serait compromettre la paix.

Sa thèse prévalut (358 voix contre 136) ; 200 républicains avaient donné leur voix au cabinet, tandis que Gambetta et l'extrême-gauche votaient contre. Ainsi Jules Simon, s'appuyant sur le Sénat, avait fait un pas vers la droite.

Le lendemain, Louis Blanc publia dans *l'Homme libre* un article intitulé: *Le Waterloo de M. Gambetta.* Il reprochait à Gambetta d'avoir, par sa propagande, « donné aux sénateurs un sentiment exagéré de leur importance, de l'extrême utilité de leur intervention et de la position supérieure occupée par eux dans l'Etat ». Qu'avait fait Jules Simon, sinon battre Gambetta avec ses propres armes?

Dans *la France*, Emile de Girardin reprocha à *l'Homme libre* son manque de patience et d'équité à l'égard du président du conseil. Menacé d'un vote hostile du Sénat, que pouvait faire Jules Simon? Avant l'échéance de 1880, le Sénat ne voterait guère d'autres lois que des projets d'instruction et de travaux publics. Faire durer jusqu'à cette date, sous la présidence de Jules Simon, le ministère conservateur de la République, c'était la seule politique possible.

Louis Blanc répondit qu'il n'avait aucun parti pris, mais qu'il serait heureux de voir Jules Simon au pouvoir s'efforcer de mettre en pratique les principes qu'il avait si bien définis dans son livre *la Politique radicale.* Avec la majorité compacte des 350 républicains de l'Assemblée, on pouvait rendre l'existence impossible à tout ministère non républicain.

« Je ne l'oublie pas », répliqua Girardin, et il posa cette question: « Mais, si poussé dans ses derniers retranchements, M. le maréchal de Mac-Mahon, muni de tous les pouvoirs que lui confère l'article de la loi constitutionnelle du 25 février relative à l'organisation des pouvoirs publics, formait un ministère antirépublicain qui s'appuierait crânement sur la majorité antirépublicaine du Sénat, que feriez-vous, que conseillerez-vous de faire? »

Louis Blanc répondit que, si le maréchal voulait faire acte d'autorité personnelle, les représentants du peuple n'auraient qu'à s'appuyer avec fermeté sur le pays et à recommencer l'expérience qui, contre Buffet et de Broglie, leur avait réussi; mais vraiment, ajoutait-il, « si Jules Simon doit se tenir dans son ministère de l'Intérieur comme un saint de pierre dans sa niche, si nous n'avions pas d'autre espoir que la revision dans trois ans d'ici, revision qu'il est de l'intérêt et qu'il sera au pouvoir du Sénat d'empêcher, que faudra-t-il penser d'une « politique des résultats » qui aurait produit de tels résultats ? »

L'hypothèse envisagée par Emile de Girardin allait devenir une réalité. Le 16 mai, le maréchal provoqua la démission du ministère Jules Simon, appela le duc de Broglie au pouvoir et prorogea la Chambre. Les républicains se préparèrent à la lutte. Le 18, un grand nombre de députés, sous la présidence de M. de Marcère, assisté de Louis Blanc et de Floquet, se réunirent à l'Hôtel des Réservoirs, et, encore tout secoués par l'éloquence de Gambetta, arrêtèrent les termes d'un manifeste au pays.

Cependant le ministère révoquait les fonctionnaires républicains. Le premier mouvement préfectoral porta sur soixante-deux départements.

Le 23, Louis Blanc convoqua chez lui les députés de l'extrême-gauche. Avec Madier de Montjau et Lockroy, il reçut de ses collègues pleins pouvoirs pour prendre, d'accord avec les autres bureaux des gauches, les mesures dictées par la situation. A l'issue de la réunion, il rédigea un procès-verbal sobre et nerveux, véritable mot d'ordre de combat. Il affirmait que la victoire resterait à la République et invitait tous les républicains à se servir, pour la défense des libertés, de toutes les armes dont la loi permet l'usage.

Le samedi 16 juin, le gouvernement se trouva dans l'obligation de réunir la Chambre. La gauche allait pouvoir enfin manifester au pays son indignation et ses espérances. Fourtou dépose le projet de dissolution, puis il attaque résolument radicaux et opportunistes. Gambetta riposte et décoche au gouvernement l'épithète de ministère des curés. Louis Blanc enfin, après Jules Ferry, stigmatise les mesures employées pour arriver à la destruction de la République : révocation du personnel administratif, suppression du droit de réunion et du droit d'écrire, surveillance abjecte des cafés, des cabarets. Du haut de la tribune, il donne un solennel avertissement à tous ces nouveaux fonctionnaires qui vont s'engager dans la voie de l'arbitraire:

« Les fonctionnaires, dit-il, sont responsables comme les ministres; nous demandons aux électeurs de ne pas l'oublier; chaque atteinte portée aux droits

Phot. Hachette

LOUIS BLANC âgé
Lithographie de A. Lemoine
Bibliothèque Nationale, Estampes

des citoyens sera inflexiblement notée, et les futurs élus du peuple appelleront à rendre compte de ses actes tout agent de l'autorité qui, par une violence, soit ouverte, soit détournée de la loi, se serait fait homme de désordre ».

Par 363 voix contre 158, la Chambre déclara que le ministère n'avait pas la confiance des représentants de la nation.

Les élections furent fixées au 14 octobre. Les républicains s'organisèrent. Louis Blanc fut un de ceux qui contribuèrent le plus à l'union. Il écrivait à Peyrat, le 8 juillet 1877: « Il n'y a pas de temps à perdre, si l'on veut former un comité électoral et convoquer pour cela les délégués des différents groupes. Les bonapartistes ont leur comité central. La droite et le centre droit sont en train de constituer le leur. Vous le verrez par l'article du *Français* que je vous envoie. Serons-nous les seuls à rester les bras croisés?... Vous étiez attendu hier au soir chez Victor Hugo, qui est tout à fait de notre avis sur la nécessité de former le comité dont il s'agit » (1). Gambetta avait donné pour mot d'ordre la réélection des trois cent soixante-trois. On connaît son admirable campagne. Les radicaux, par esprit de discipline, firent le sacrifice de leurs préférences personnelles et secondèrent Gambetta de toutes leurs forces. Louis Blanc sollicita, dans le Ve, à Paris, le renouvellement de son mandat. Avec Gambetta, il crie le 30 septembre, dans une réunion parisienne: « Réélection de 363 ! »

Est-ce à dire qu'il approuve entièrement l'Assemblée dissoute? Non. Il lui rend cette justice qu'elle s'est montrée antibonapartiste et anticléricale; mais il lui reproche « d'avoir abandonné au pouvoir exécutif l'exercice arbitraire du droit de grâce, écarté l'impôt sur le revenu, de n'avoir pas voté l'amnistie ni réduit la durée du service militaire ». Au sujet de l'émotion produite par la mort de Thiers, considérée à la veille des élections comme une catastrophe pour la démocratie, il rappela que la chute de l'homme d'Etat, le 25 mai, n'avait pas empêché l'impuissance des ennemis de la République d'éclater. « A côté de M. Thiers renversé, la République resta debout. Eh bien! à côté de M. Thiers mort, elle restera vivante. »

Le 8 octobre, à Paris, salle des Ecoles, dans le Ve arrondissement, il dénonça l'entreprise du 16 mai comme fille du cléricalisme: de ce cléricalisme qui, par son attitude stupide au sujet de Rome, en 1867, avait empêché l'Italie de venir à notre aide et avait ainsi contribué, comme l'Empire, à nous faire per-

(1) Lettre inédite communiquée par Mme la marquise Arconati Visconti.

dre l'Alsace et la Lorraine. Il termina par ces mots : « Et maintenant, électeurs, souvenez-vous ! »

Les électeurs se souvinrent. Il y avait 533 sièges à pourvoir; 318 républicains furent élus contre 208 monarchistes. C'était la victoire. Parmi les élus figurait Louis Blanc.

Mais les vaincus refusaient d'avouer leur défaite. Où voulait donc en venir le pouvoir?

Le 6 novembre, les gauches, alarmées, constituèrent un comité de dix-huit membres, sorte de pouvoir placé en face du gouvernement, dont elles ne rconnaissent plus la légitimité. Faisaient partie de ce comité: Bethmont, de Marcère, Louis Blanc, Brisson, H. de Choiseul, Clemenceau, Jules Ferry, Floquet, Gambetta, Germain Casse, Goblet, A. Grévy, Lepère, Lockroy, Madier de Montjau, Antonin Proust, Léon Renault, Tirard. Ce comité parvint à maintenir l'union de la majorité républicaine de la Chambre et, contre ceux qui voulaient restaurer le pouvoir personnel, opposa avec fermeté et courage la volonté souveraine du suffrage universel. Après quelques tentatives de résistance, Mac-Mahon dut se soumettre et constituer un cabinet Dufaure.

Tout en reconnaissant que Dufaure avait prononcé de bonnes paroles et essayé des actes vraiment louables, Louis Blanc jugea cependant son action trop timide en présence de l'hostilité à la République du maréchal et de la plupart des chefs de corps. Le vrai dénouement de la crise eût été, selon lui, la revision de la Constitution; mais, constatant qu'elle ne pouvait avoir lieu en dépit du maréchal et du Sénat, il qualifiait les lois du 25 février de « camisole de force de la République ».

Gambetta, au contraire, se déclarait nettement ministériel: « Les temps sont finis, disait-il à Valence, le 17 septembre; il faut remplacer la violence par la raison. Pour fonder quelque chose, il faut être de l'opinion de la France, non de l'opinion d'une école... » Et à Romans, le 18, il exposait son programme: maintenir le maréchal, assurer la vraie stabilité gouvernementale, « celle qui ne se fait que par la dévolution de la loi ». « Je suis un ennemi de la table rase », s'écriait-il, et il insistait sur la nécessité de prendre les problèmes les uns après les autres.

A ces discours, Louis Blanc répondit à Paris, le 21 septembre, que le cycle de l'héroïsme n'était pas encore fermé et que les institutions de la France étaient loin d'être républicaines. Au reproche d'être partisan de la politique du tout ou rien, il répondait: « L'impossibilité d'atteindre d'un bond le but qu'on se propose ne dispense pas de la nécessité d'y marcher ». Il donnait aux opportunistes ce nouvel avertissement : « Ne tombons pas dans cette étrange erreur de considérer comme acquis à la République ceux qui ne viendraient à elle qu'à cause de sa ressemblance avec la monarchie. Des recrues de ce genre seraient pour nous, au lieu d'un élément de force, un élément de faiblesse; ils se serviraient du mot pour mieux combattre la chose ».

Les deux tendances allaient se heurter à Paris, le 8 octobre, à l'occasion d'une élection au conseil municipal dans le quartier des Epinettes. Louis Blanc prit parti pour Henry Maret, rédacteur à *la Marseillaise;* Gambetta et la *République française*, pour Risler.

« Evidemment, écrivait *la Gironde* du 3 novembre, on a voulu engager dans ce quartier de Paris un conflit et une lutte de personnes entre M. Gambetta et M. Louis Blanc ».

Henry Maret fut élu par 1.561 voix contre 1.317 à son concurrent. *La Marseillaise* exulta. *Le Figaro* railla Gambetta de n'avoir pu, au lendemain des acclamations de Romans, avec l'aide du *Temps* et du *XIX*e *Siècle*, faire nommer un conseiller municipal.

Gambetta ressentit vivement l'échec. Dans les grandes villes, les élections prenaient un caractère antiopportuniste. Parlant des acclamations qui l'accueillaient dans ses tournées, il écrivait à son amie, non sans quelque amertume: « Avec de pareils motifs de consolation, on peut laisser crier sans s'émouvoir. Jamais je n'ai fléchi et je ne fléchirai sur les principes; mais je ne suis pas de ceux qui compromettraient le succès de leur cause pour la satisfaction d'écrire une vaine formule ».

Ainsi l'extrême-gauche triomphait à Paris. Déjà les partis, dans le désir de s'assurer le pouvoir aux élections de 1881, se mettaient en campagne. Mais, tandis que les modérés essayaient de rallier à eux les conservateurs en désarroi depuis la tentative avortée du 16 mai, l'extrême-gauche, pour se concilier les anciens insurgés de la Commune, allait reprendre avec une ardeur nouvelle la campagne en faveur de l'amnistie.

Déjà des grâces particulières avaient été accordées. En avril 1876, malgré l'opposition énergique du gouvernement, l'urgence avait été prononcée sur un projet d'amnistie signé de Louis Blanc, Clemenceau, Spuller, Lockroy, etc. « Accordez l'amnistie et l'oubli, s'était écrié Clemenceau, quand c'est une preuve de force, n'attendez pas qu'elle soit une preuve de faiblesse, quand l'opinion vous l'imposera ». De son côté, au Sénat, Victor Hugo avait prophétisé : « Votre refus ne ferme pas le débat, il l'ouvre ».

Le 17 janvier 1879, le gouvernement publia dans le *Journal officiel* un exposé complet de la situation et proposa de gracier tous les condamnés de la Commune non coupables de crimes de droit commun. Pour ceux qui allaient rentrer, Victor Hugo et Louis Blanc fondèrent un comité d'aide aux amnistiés, dont ils acceptèrent la présidence. Les fonds affluèrent. Le conseil municipal de Paris s'inscrivit pour 100.000 francs.

Mais plus de mille déportés étaient écartés des mesures de clémence.

Louis Blanc résolut de faire une tournée de conférences dans le pays, afin d'obtenir, par la pression de l'opinion publique, l'amnistie plénière. Cependant, avant de créer de l'agitation, il voulut encore une fois en appeler au gouvernement. Le 21 février il vint défendre à la tribune un projet d'amnistie pleine et entière à étendre à toutes les condamnations politiques prononcées depuis la dernière amnistie de 1870. Il décrivit les souffrances des déportés et de leurs familles, donna pour genèse à la Commune l'explosion du patriotisme exaspéré des Parisiens humiliés par la capitulation. La répression, faite par le déchaînement des passions, avait certainement dépassé la mesure : « Les tribunaux militaires n'étaient, après tout, qu'une juridiction exceptionnelle, et quelle juridiction ! Voici des juges, voilà des accusés. Ils se trouvent face à face et ils viennent de se combattre... La cause de l'apaisement, la cause de l'ordre sont-elles intéressées à ce qu'on fouille les mystères de la plus sombre époque de notre histoire, à ce qu'on passe éternellement la revue des spectres ? » Clemenceau joignit en vain ses efforts à ceux de Louis Blanc. Le rapporteur Andrieux et le garde des sceaux Le Royer se prononcèrent pour l'amnistie partielle et entraînèrent le vote de la Chambre.

Il n'y avait plus qu'à en appeler au pays lui-même de cette décision. Louis Blanc se mit en route : son voyage fut triomphal. Le 18 mai, il est à Troyes. Faisant allusion au dernier vote de la Chambre : « Puisqu'on n'a pas eu la grandeur du pardon, dit-il, il faut persévérer et ne pas abandonner l'espoir de cet apaisement national.

« La République déclare n'avoir pas peur de ses ennemis, faut-il qu'on la dise menacée par ses amis, par des hommes comme Rochefort et Blanqui, qui ont combattu et souffert pour elle ? » Le 21 septembre, les Marseillais, enthousiastes, détellent les chevaux de sa voiture, à la grande indignation du *Siècle* : « Quelle honte ! Sont-ce là des mœurs républicaines ? » A Cette, à

Montpellier, à Nîmes, à Toulon, nouvelles conférences, nouveaux succès. De Béziers, Louis Blanc se rendit à Port-Vendres, où venait d'arriver *le Calvados.* Aux amnistiés, groupés autour du drapeau tricolore, il dit d'affectueuses paroles, profondément ému de les voir, malgré leur détresse, se donner tout entiers à la joie du retour. Son discours à Perpignan, le 15 octobre, se ressent de cette émotion. Il est à la fois plus véhément et plus attendri. Le 16, Louis Blanc passe à Narbonne. Il est acclamé. Il reçoit un accueil non moins chaleureux à Cavaillon, où il exprime, malgré son extrême fatigue, toute la joie du devoir accompli: « J'ai, dit-il, été en butte à bien des attaques (1), mais je déclare qu'arriverais-je mourant à Paris, je me féliciterais des résultats de mon voyage ».

La tournée de Louis Blanc eut un retentissement énorme dans le pays. Francis Charmes écrivait dans les *Débats:* « Les journaux de la droite continuent à s'émouvoir beaucoup du bruit que font, dans le midi de la France, MM. Louis Blanc et Blanqui. Il est certain que ce bruit est considérable. M. Louis Blanc ne s'était jamais trouvé à pareille fête; on ne se rassasie pas de le voir, de l'entendre; dans les rues, la foule se précipite autour de sa voiture, en dételle les chevaux et la traîne avec des cris enthousiastes... Que M. Louis Blanc se tienne pourtant pour averti; s'il continue, il finira comme Pisistrate! Nous ne serions pas surpris que M. Blanqui eût déjà les yeux sur lui ».

Evoquant la journée révolutionnaire du 15 mai: « Qui donc, interrogeait *le Figaro,* arrêtera la Révolution sociale venant chercher dans l'assemblée, comme jadis, son guide suprême, Louis Blanc?

« Quand la Commune était vaincue, il la reniait. Aujourd'hui elle marche à l'apothéose, M. Louis Blanc veut être son chef. Sa popularité est telle qu'aucun des principaux amnistiés de la dernière heure, ceux qu'atteindra l'amnistie plénière, ne pourra tout d'abord lutter contre lui. Enfin voici bientôt les mêmes décors qu'au 15 mai 1848. En France, où tout arrive, tout recommence aussi! M. Louis Blanc repassera — comme fait un loup — dans les mêmes endroits!

« La Révolution voudra envahir la Chambre des députés aux cris de :

(1) Louis Blanc avait été attaqué à la fois par la droite et par *le Citoyen de Paris,* journal dirigé par Secondigné qui, dans un tract de quatre pages, intitulé « Aux amnistiés » et vendu 5 centimes, lui reprocha avec violence son attitude pendant la Commune.

« Vive l'amnistie ! » L'état-major et le local du nouveau gouvernement seront prêts dans le pavillon des Etats, aux Tuileries ! (1) »

Le National attaqua le ministre de l'Intérieur, Lepère, pour n'avoir pas révoqué les préfets et sous-préfets qui avaient fait accueil à Louis Blanc.

A la Chambre même, un incident se produisit. A la séance du 16 décembre 1879, au moment où dans son discours Le Royer, garde des sceaux, disait : « Il y a bien eu quelques hommes qui ont rêvé de faire une carrière politique avec l'amnistie », des voix s'élevèrent à droite : « Comme Louis Blanc ! » Le Royer releva l'interruption, mais pour rendre un éclatant témoignage à son collègue : « M. Louis Blanc ! Je le connais depuis longtemps. J'ai combattu avec lui, j'ai apprécié toujours la loyauté et la grandeur de sa conduite (*applaudissements*). Il peut se tromper, il se trompe, j'en ai la conviction, mais ce n'est pas moi qui jamais chercherai à l'atteindre par des insinuations ».

Le 22 janvier 1880, comme conclusion à sa campagne dans le pays, Louis Blanc déposa un nouveau projet d'amnistie. L'urgence fut votée et la proposition renvoyée aux bureaux. Jean Casimir-Périer, nommé rapporteur, conclut au rejet. La discussion vint le 12 février devant la Chambre.

Louis Blanc affirma que l'amnistie était demandée par le pays tout entier. Si on inculpait de délits de droit commun, suivant le désir du rapporteur, les insurgés qui prirent part à la Commune, on serait obligé de reconnaître que, parmi nos révolutions les plus légitimes, il n'en est pas une seule dont l'histoire ne fût composée de semblables délits. Rappelant l'indulgence témoignée aux ministres du 16 mai, aux bénéficiaires du coup d'Etat, à Bazaine : « Serait-ce donc, s'écria-t-il, qu'il y a des crimes politiques qui ne méritent pas l'indulgence parce que ce sont des crimes roturiers, et d'autres qui le méritent, parce que ce sont des crimes de bonne maison ? »

Le président du conseil, de Freycinet, estimait avec Gambetta que l'amnistie, désirable, nécessaire même, n'était pas encore possible en raison de l'opposition irréductible du Sénat. « Sans proscrire pourtant l'espérance », il repoussa formellement la proposition d'amnistie plénière, prétextant qu'à part les grandes villes cette question n'avait pas d'écho dans le pays. L'amnistie ne deviendrait possible que le jour où elle cesserait d'être, en dehors de l'Assemblée, un moyen d'agitation et, dans l'Assemblée, un moyen d'opposition contre le gouvernement. Ce qui fit dire plaisamment à Henry Maret : « Nous aurons

(1) *Le Figaro*, 15 octobre 1879.

l'amnistie quand l'opinion publique la réclamera, et l'opinion publique la réclamera quand elle ne la demandera plus ».

Quelques journaux, même parmi ceux qui étaient favorables à l'amnistie plénière, comme *la République française*, reprochèrent à Louis Blanc d'avoir présenté sa proposition alors qu'elle n'avait aucune chance d'être adoptée. Louis Blanc, piqué au vif, crut nécessaire d'expliquer son attitude et adressa une lettre au directeur du *Réveil social* (12 février 1880).

Il exprimait tous ses regrets que l'obstacle à sa proposition fût venu d'un cabinet conseillé par Jules Grévy, présidé par de Freycinet, et dans lequel Lepère et Cazot occupaient les deux ministères compétents. Elargissant la controverse, il abordait résolument le fonctionnement du régime représentatif, faussé par les ministres qui, au lieu d'exécuter la loi, la dictaient aux législateurs et, au lieu d'obéir, commandaient. Ce renversement des rôles lui paraissait dû à deux causes: d'abord, à la tendance fâcheuse du cabinet de poser, en toute occasion, la question de confiance; ensuite, à la peur exagérée des crises ministérielles.

Quant à son attitude, il ne la regrettait pas: « Quand un mandataire du peuple croit avoir une cause juste à plaider, il doit se demander, non pas s'il la gagnera devant la Chambre, mais si, en la perdant devant la Chambre, il ne la gagnera pas devant le pays ».

La cause de l'amnistie plénière devait en effet être gagnée. Le 11 juillet, Gambetta, après avoir vaincu les résistances de Freycinet, subjugua la Chambre par son éloquence, et le 14, la République, débarrassée du « hideux haillon de guerre civile », put célébrer son triomphe dans l'oubli des discordes sociales.

S'il y avait eu division parmi les républicains au sujet de l'opportunité de l'amnistie, par contre une entente étroite s'était faite, entre les différents groupes, sur la nécessité de combattre avec vigueur le cléricalisme. La Chambre issue du 16 mai avait gardé un ressentiment profond contre ceux qui avaient travaillé dans l'ombre à la dissolution. Ce que Louis Blanc et le parti républicain combattaient, sous le nom de cléricalisme, c'était l'intrusion, dans la politique, de l'Eglise, mettant Dieu au service des légitimistes, des bonapartistes ou des orléanistes, avec le dessein arrêté de se placer au-dessus du droit commun et d'arriver à dominer l'Etat. C'était cet ardent désir de remplacer l'enseignement laïque par l'enseignement ecclésiastique, afin de s'emparer de la jeunesse par l'éducation, et, en conférant les grades, d'avoir des médecins, des avocats, des légistes à elle qui lui permissent d'exercer son influence sur la société tout entière.

Dans la lutte pour la laïcité, Louis Blanc se montra des plus ardents. Il critiqua, comme trop timides, les projets déposés par Jules Ferry. L'article 7: « Nul n'est admis à participer à l'enseignement public ou libre, ni à diriger un établissement de quelque ordre que ce soit, s'il appartient à une congrégation religieuse non autorisée », lui paraissait impuissant et inefficace, puisqu'il reconnaissait aux congrégations non autorisées, et par conséquent sans existence légale, le droit de vivre. Il n'y avait pas à distinguer entre les congrégations religieuses. A toutes le droit d'enseigner devait être refusé, parce qu'elles relevaient d'un souverain étranger, le pape, et avaient pour loi suprême le *Syllabus*, qui proclamait le pouvoir de l'Eglise supérieur à celui de l'Etat. Louis Blanc vota toutefois l'article 7. « Ce projet étant, entre l'Eglise et l'Etat, le point de départ d'une lutte qu'il serait déplorable de voir tourner au profit du *Syllabus* ».

Mais déjà l'on murmurait que la question du cléricalisme n'avait été soulevée que pour détourner l'attention des problèmes brûlants de la question sociale. Le 5 juillet 1879, à l'Assemblée, Keller s'écriait: « Le grand cheval de bataille, pour éviter les réformes sociales, c'est la guerre au cléricalisme ».

Pareil reproche ne pouvait atteindre Louis Blanc. Au lendemain des élections sénatoriales du 5 janvier, qui avaient rendu sa liberté à la majorité républicaine de la Chambre, et de l'élection du 30, qui avait appelé Jules Grévy à la présidence de la République, Louis Blanc croyait l'heure venue, tout en continuant la lutte contre le cléricalisme et contre le bonapartisme, de réclamer les réformes dignes du régime. Après avoir fait une critique acérée de la Constitution de 1875, il exposa le programme de ces réformes dans trois grands discours: à Marseille, le 21 septembre 1879; à Perpignan et à Paris, les 15 et 26 octobre.

La première chose à faire était de proclamer la liberté. La liberté de la presse d'abord : car « les gouvernements qui cherchent à étouffer la presse ressemblent à un homme qui, forcé de marcher pendant la nuit, éteindrait la lumière allumée sur son chemin ».

La liberté de réunion ensuite, qui existe en Angleterre et en Amérique, et dont on n'abuse pas dans ces pays, « parce qu'un peuple qui se fie à la liberté reçoit d'elle le pouvoir de s'en rendre digne ». Mais pas de réglementation nouvelle substituée à la réglementation ancienne! « Nous demandons à n'avoir plus de chaînes et non pas en changer ».

Les trois grands corps constitués de l'Etat : l'Eglise, l'armée et la magistrature doivent, immédiatement ensuite, attirer l'attention du législateur.

Pour l'Eglise, une solution s'impose : l'abrogation du Concordat. Louis Blanc regrette que les législateurs de 1789 aient déclaré le culte dépense nationale, lorsqu'ils appelèrent l'Etat à organiser l'Eglise. Il aurait fallu, au contraire, décider qu'il n'y aurait pas de budget des cultes, proclamer leur égalité devant la loi et leur droit égal à jouir de la liberté, en respectant l'ordre public. C'est à cette solution qu'il faut aboutir. « L'Etat doit se borner à assurer la liberté de tous les cultes et à les faire rentrer dans leurs temples toutes les fois qu'ils essaient d'en sortir ». En 1795, les ministres du culte catholique furent ramenés dans le droit commun. Il s'ensuivit une période de calme. Le Concordat, signé par Bonaparte dans le but de consolider son pouvoir, ne saurait engager la France. « Ce fut un pacte entre le despotisme clérical et le despotisme civil. La République n'a que faire d'acquitter les dettes d'un Bonaparte ».

Les républicains timides, qui prétendent qu'un clergé indépendant est plus dangereux, n'ont qu'à regarder autour d'eux. Le clergé fait la guerre à l'Etat avec son argent. Il est temps de réagir. L'Eglise a toujours manifesté d'énormes prétentions. Par quels services sont-elles justifiées? Là où elle a dominé, elle n'a pas supprimé la misère, détruit la servitude. Elle a épousé la cause des grands et des privilégiés. Il y a deux mille ans, celui qu'on appelle le rédempteur est venu, mais la rédemption est encore attendue. La doctrine de l'infaillibilité du pape, dégradante, doit être repoussée au nom de la dignité humaine et de la raison. La liberté demandée par les cléricaux, la seule qui soit conforme à leur doctrine, c'est la liberté d'être les maîtres.

En ce qui concerne l'armée, Louis Blanc adopte de confiance les propositions des généraux fixant à trois ans la durée du service militaire; mais, posant en principe que chacun se doit à la défense du pays, il affirme avec force que « le privilège qui consiste à s'en dispenser à prix d'argent est intolérable; que le volontariat est à rayer de notre loi militaire, et enfin que l'armée est faite pour défendre le sol et non pour servir d'appoint à la police ». Car, dans tous les temps et dans tous les pays, de Cromwell à Napoléon, c'est en dénaturant la mission de l'armée, par son emploi à l'intérieur, que le despotisme s'est établi et maintenu. « La place de l'armée est aux frontières, elle ne saurait être là où il n'y a pas d'ennemis. » L'armée territoriale, composée d'hommes assagis, pourra être transformée en milice nationale et assurera la sûreté publique sans mettre en péril la liberté.

Quant à la magistrature, Louis Blanc se déclare hostile à l'inamovibilité des magistrats qu'il trouve trop nombreux. Il ne conçoit pas un fonctionnaire tenant dans sa main la fortune et parfois la vie des justiciables, investi à ce point du privilège d'irresponsabilité, qu'il puisse mal remplir sa fonction sans avoir à craindre qu'on la lui ôte et qu'on la donne à qui la remplirait bien. L'inamovibilité du juge n'est pas la garantie de son indépendance, car sous tant de régimes divers, n'a-t-on pas vu la justice asservie à la politique? « Qu'importe qu'il ne soit pas exposé à descendre, s'il a chance de monter! Qu'importe qu'il échappe à l'action de la crainte, s'il reste livré aux tentations de l'espérance ! » Comment remédier à un pareil état de choses? En reprenant hardiment un article de la Constitution de 1791 : « La justice est rendue gratuitement par des juges élus à temps par le peuple ».

Outre la réalisation des articles fondamentaux du programme de l'extrême-gauche, il demanda encore la représentation des minorités, l'émancipation civile des femmes, l'institution du divorce, enfin l'abolition du prolétariat.

C'est au lac Saint-Fargeau, à Belleville, dans la propre circonscription de Gambetta, que Louis Blanc devait exposer ses idées sur la réforme sociale.

Il demanda si le moment n'était pas enfin venu de rechercher et détruire la cause des souffrances diverses d'un nombre considérable de membres de la société et d'améliorer intellectuellement, moralement et physiquement leur sort. Reprenant la définition de la liberté telle qu'il l'avait donnée dans son livre l'*Organisation du travail*, « le pouvoir d'être libre, voilà la liberté », il rappela le projet de réforme qu'il avait présenté en 1848, au nom de la Commission du Luxembourg, projet dont on avait fait un véritable épouvantail et qui consistait tout simplement à faire un prêt à des associations libres et ouvertes d'ouvriers, prêt hypothéqué sur la valeur de leurs établissements. Resté fidèle à l'idéal de sa jeunesse, il préconisa, avec les mêmes arguments, le rachat des chemins de fer, la transformation de la Banque de France en banque nationale, le rachat des mines, la centralisation des assurances.

Le Temps fit entendre de vives protestations. « Appliquer de pareilles idées, mais ce serait diviser la société en deux classes, les protégés et les protecteurs; ce serait donner à quelques-uns, sur la chose de tous, sur le droit et la liberté de chacun, le pouvoir le plus exorbitant ».

« De tels discours sont des actes », écrivaient les *Débats*, *La Liberté*, rappelant l'essai de communisme tenté par les jésuites au Paraguay, qualifia Louis Blanc de jésuite rouge. « Si M. Louis Blanc triomphe, disait de son côté *le Figaro*, la France qu'il voudra faire ne sera pas à l'heure de l'Europe. L'Europe s'inquiète déjà de ce futur nihiliste français. Aujourd'hui, chaque ambassade ou légation étrangère a envoyé à son gouvernement un portrait, à la plume, de M. Louis Blanc. »

Usé par l'âge, le travail et la maladie, Louis Blanc n'allait plus pouvoir prendre une part aussi active à la politique. Jusqu'à sa mort pourtant, il consacrera à la chose publique les moments de répit que lui laisseront ses souffrances. Le 17 décembre 1879, il soutient une proposition de loi sur la liberté de réunion et d'association, qui fut écartée comme trop absolue; le 30 décembre 1881, il demande à l'Etat d'imposer la réduction des heures de travail, pour sauver la santé physique et morale des travailleurs.

Les ouvriers eurent à cœur de témoigner leur reconnaissance. Le 14 juillet, réunis place de la Concorde, au nombre de douze cents environ, les délégués des chambres syndicales : couvreurs, charpentiers, vitriers, scieurs de long, cimentiers, sculpteurs, artistes musiciens, etc., se rendirent, musique en tête et bannières déployées, rue de Rivoli. Louis Blanc descendit sous les arcades et, très ému (1), remercia les associations ouvrières. Il exprima l'espoir que la République conduirait à la solution de la question sociale.

« Socialistes et républicains, dit-il, ne doivent être qu'un. » C'est cette pensée qu'il développa dans la lettre que, trop souffrant pour assister aux réunions publiques, il adressa à ses électeurs aux élections du 21 août 1881 :

« Si, dans l'examen de la manière dont je prends mon mandat, on me demandait : Etes-vous radical? Etes-vous socialiste? Je répondrais : Je suis l'un et l'autre.

« Je suis radical, parce que j'estime que, pour être véritablement résolus,

---

(1) Louis Blanc écrivait à un de ses amis, Emile Digeon, 25 juillet 1881 (inédit) : « La manifestation ouvrière dont vous me parlez et qui a eu lieu chez moi le 14 juillet a eu un caractère d'affection dont ce que vous avez pu lire dans les journaux ne saurait vous donner une idée. C'était à qui me serrerait la main, à qui m'embrasserait, et beaucoup avaient des larmes dans les yeux. Cela console de bien des injustices. »

les problèmes veulent être approfondis et qu'il faut aller à la racine d'un abus, si l'on veut de bonne foi le détruire.

« Je suis socialiste, parce que les questions qui ont trait à l'art de gouverner les hommes et constituent la politique proprement dite ne sont ni les seules, ni à beaucoup près les plus urgentes à résoudre, et que l'étude des meilleures formes de gouvernement n'est rien séparée de celle qui conduirait à introduire la justice et, à sa suite, le bien-être dans les rapports des gouvernés entre eux... Pour que le suffrage universel porte pacifiquement ses fruits, il faut que les socialistes travaillent à l'établissement d'un pouvoir qui soit vraiment républicain, et que, de son côté, ce pouvoir soit socialiste. »

C'était compléter le programme qu'il avait exposé au lendemain de la guerre et jeter les bases d'un nouveau parti : le parti radical-socialiste, qui, par son action persévérante, devait parvenir, après des fortunes diverses, à la conquête du pouvoir.

La République française mit Louis Blanc sur la liste de ses candidats : « Nous ne comprendrions pas plus le Parlement français sans Louis Blanc, Lockroy et Clemenceau, que sans MM. Spuller, Floquet et Allain-Targé ».

Réélu par 6.387 suffrages, Louis Blanc allait consacrer le reste de ses forces à essayer d'entraîner l'Assemblée vers les réformes dont Gambetta renvoyait l'adoption au vingt et unième siècle et que Jules Ferry qualifiait de questions mal étudiées.

« N'est-ce pas une honte pour nous, s'écriait-il le 21 septembre, que de voir, dans des monarchies voisines, fleurir des institutions libérales qu'on nous refuse au nom de la politique d'expédients, sous prétexte que ce pays n'est pas prêt, ce pays qui a fait la Révolution française, qui a fait trois révolutions pour obtenir ce que nous demandons et à qui nous voudrions si sincèrement en éviter d'autres qu'on semble prendre à tâche de rendre inévitables ? » Et il posait, comme première victoire à remporter, la revision de la Constitution, persuadé que, sous la pression populaire, la Chambre, comme pour l'amnistie, finirait par céder : « En se prêtant à ce que la Constitution du 25 février fût déclarée revisable, les hommes du centre droit espéraient pouvoir un jour y mettre la monarchie : il est temps pour nous d'y mettre la République ».

Déjà Clemenceau avait demandé à la Chambre, le 31 mai, la suppression du Sénat et de la présidence, le retour aux principes républicains, c'est-à-dire à une Convention. Il ne fut pas suivi. Mais l'idée était en marche. Le 14 janvier Gambetta, devenu président du conseil, déposait, sous la pression de l'opinion, un projet de revision partielle. La Chambre renversa le cabinet sous prétexte que ce projet était insuffisant. En réalité son vote visait personnellement Gambetta, dont les allures autoritaires commençaient à répandre l'inquiétude.

Louis Blanc n'avait pu prendre part à la bataille. Le 19 janvier, il suivait en voiture, trop malade pour aller à pied, le convoi funèbre de son frère Charles. Il portait encore très vive au cœur la blessure causée par la mort de sa femme. Ce dernier coup devait l'abattre. Lui, si vif, si actif, allait être rivé dans un fauteuil, puis cloué dans son lit. A la souffrance physique s'ajoutait la souffrance de l'inaction forcée. Le 12 février 1882, il écrivait à Charles Edmond, dont il avait été l'hôte à Bellevue : « Me voici donc rendu tout entier à mes souffrances et à mes noires pensées. Si l'on pouvait avoir le désir de conserver une vie pleine d'agitation et d'amertume, je l'aurais perdu en perdant les deux êtres que j'ai le plus aimés. J'ai beau essayer de réagir contre l'état d'accablement où je suis, j'ai beau me dire que si l'on n'a pas la force de vouloir vivre, il faut du moins avoir celle de mourir debout, cela dure peu et je retombe comme écrasé sous mon malheur ».

Cédant aux objurgations de ses amis, Louis Blanc partit pour Cannes, à la fin du mois d'octobre, avec l'espoir qu'un climat plus doux allégerait ses souffrances. Il se rendait en voiture, un matin, chez un ami, aux environs de la ville, lorsqu'en cours de route il fut assailli par une trombe d'eau. Les traits des chevaux furent brisés par l'ouragan. Pendant une heure, Louis Blanc resta sans abri, sous la pluie qui faisait rage. Rentré chez lui, il ne put parvenir à se réchauffer. Il s'éteignit doucement, le 6 décembre, en disant aux personnes dévouées qui l'entouraient : « A quoi bon les soins, je suis agonisant ! » Il avait soixante et onze ans. Sur sa table, on trouva le manuscrit inachevé d'un ouvrage contre la peine de mort et les épreuves de l'*Histoire de la Constitution du 25 février 1875*.

Le 7, à la Chambre, le président Henri Brisson rendit hommage à son illustre collègue. Le gouvernement s'y associa et fit voter que les funérailles auraient lieu aux frais de l'Etat. Il y eut quelques protestations. A la Chambre, de la Bassetière accusa Louis Blanc d'avoir posé, sans les avoir résolus, de redoutables problèmes au point de vue politique et social. Au Sénat, Baragnon, tout en rendant hommage à Louis Blanc, homme de parti, contesta que le pays fût unanime « à proclamer son droit à la reconnaissance nationale ». Le vicomte de Lorgeril refusa son vote sous le prétexte mensonger que Louis Blanc était venu, le 15 mai 1848, à la tête du peuple, attaquer l'Assemblée. Il s'attira un démenti formel de Corbon, qui en était alors vice-président.

Le conseil général de la Seine, le conseil municipal de Paris décidèrent d'assister en corps aux funérailles. Le conseil municipal exprima, en outre, le vœu que la rue Royale, où avait vécu l'illustre historien dans les dernières années de sa vie, portât le nom de « rue Louis-Blanc ». Une voix s'éleva contre cette motion : celle de Joffrin, qui accusa Louis Blanc d'être en partie responsable des massacres de 1871 et d'avoir manqué à son mandat en restant à Versailles.

Le corps de Louis Blanc arriva à la gare de Lyon, à Paris, le dimanche 10 décembre. A Toulon, à Marseille, des délégations du conseil municipal étaient venues déposer des couronnes sur le cercueil.

Les obsèques, purement civiles, eurent lieu le 12, à midi, au milieu d'une foule immense, qui comprenait des délégués de la plupart des grandes villes de France.

Au cimetière, Charles Edmond, au nom de Victor Hugo souffrant, Madier de Montjau, Henri Martin, Barodet, le Dr Blondeau et Lockroy prononcèrent des discours. Après eux, Moret, président de l'association ouvrière de l'Imprimerie nouvelle, fit entendre la voix reconnaissante des travailleurs. Il conclut par ces mots : « Louis Blanc, reçois notre suprême hommage. Tu es mort trop tôt. La Révolution n'est pas accomplie ».

CONCLUSION

Telles sont la vie et l'œuvre de Louis Blanc.

Ce qui nous a surtout frappé en lui, c'est son austérité, sa droiture, son désintéressement, sa fidélité aux principes, la logique de son esprit, la constance de son effort toujours tendu vers le même but : l'amélioration morale et matérielle des classes laborieuses par le développement des institutions républicaines.

C'est aussi la dignité fière avec laquelle il supporta les attaques, les injures, la calomnie. N'a-t-il pas lui-même écrit : « Le nom des vaincus, qui l'ignore? est exposé à la souillure de bien des mensonges, quand ce sont les vainqueurs qui règnent, qui ont la parole ou qui tiennent la plume ».

Enfin c'est le courage inébranlable avec lequel il endura cette rude épreuve, pleine de privations et de douleurs, qui s'appelle l'exil.

Dans l'article nécrologique que *la République française* consacra à Louis Blanc, on peut lire ces lignes :

« Que restera-t-il de lui? Ce qui reste des apôtres, des confesseurs et des martyrs! un nom avec le souvenir de vertus que l'on proposera toujours en exemple aux jeunes hommes à l'âme ardente, au cœur généreux, sans que l'on puisse dire à quoi de précis, de définitif et d'historique son passage aura servi sur la terre » (1).

C'était apprécier l'ancien membre du Gouvernement provisoire avec une élégante désinvolture.

---

(1) *La République française*, 8 décembre 1882.

Comme économiste, historien et homme politique, Louis Blanc se place incontestablement aux premiers rangs de ceux qui ont contribué au progrès et cru à une rénovation possible de la société.

Physiquement, il donne une impression de fragilité. Dans les manifestations, les ouvriers le hissent sur leurs épaules, autant pour l'acclamer que pour le protéger, et, dans un geste de respect attendri, le caressent de la main comme un enfant. Mais ce petit corps renferme une volonté tenace et une grande capacité de travail. Dans la misère, courant le cachet pour vivre, il ne se rebute pas. Il croit et fait croire en lui. Il ne laisse du reste échapper aucune occasion de se mettre en évidence. Trois années durant, il prend part aux concours de l'*Académie d'Arras* qui, chaque fois, le couronne; il soumet des articles aux directeurs de journaux, des vers à Béranger, utilise les quelques relations de sa mère à Paris. Il multiplie les démarches, non qu'il manque de fierté — son refus du secours pécuniaire de Pozzo di Borgo témoigne du contraire — mais, conscient de sa valeur, il veut en trouver l'emploi.

Disciple enthousiaste de Rousseau et de Robespierre, il est profondément dévoué aux humbles, dont il fera vite la conquête par son talent désintéressé de publiciste et d'orateur. Comme écrivain, il n'échappe pas à l'ambiance romantique. Sa phrase brillante, ample et cadencée, s'épanouit en effusions généreuses ou en sorties vengeresses. Henri Martin l'a dit fort justement : « Il n'écrit que pour prouver, pour propager ou pour combattre ». L'orateur vaut l'écrivain. Sa voix, sonore, timbrée d'un léger accent méridional, se déploie en variations infinies. Le geste est sobre, nuancé, d'un mouvement lent et mesuré; l'argumentation d'une dialectique serrée, pressante, persuasive. La pensée, parfois trop longuement mûrie, laisse apparaître l'historien derrière le tribun. Avec de pareils dons, la popularité vient vite. Louis Blanc s'en montre amoureux. Ses adversaires prétendront plus tard qu'en refusant son vote aux lois constitutionnelles, il a obéi moins aux principes qu'au désir de se singulariser pour faire parler de lui. Jusqu'à sa mort, il collectionne et annote avec soin les articles de presse qui le concernent, articles de louange ou de blâme, peu importe; l'essentiel pour lui est de ne pas tomber dans l'oubli. Mais pourquoi lui en faire un grief? Pourquoi les hommes de sa valeur qui, délibérément en marge des idées courantes, bravent tant de colères pour se dévouer aux intérêts des misérables, ne trouveraient-ils pas, dans l'acclamation populaire, une légitime compensation à leur renoncement aux fonctions officielles? L'amour de la popularité ne va pas sans un brin de vanité.

Louis Blanc n'en fut pas exempt. Si prompt à relever toutes les erreurs, il n'a jamais démenti la parenté qu'on lui prêtait avec l'ambassadeur Pozzo di Borgo. Relatant l'accueil un peu distrait que le duc Decazes avait fait à sa jeunesse, il triomphera, non sans quelque puérilité, d'avoir couché, au lendemain de la Révolution, dans le lit que le duc avait quitté la veille. Petit travers d'un grand esprit racheté par tant d'autres qualités.

Honnête, probe, austère, ayant une haute idée du devoir et le mépris de l'argent, égal dans la bonne et la mauvaise fortune, Louis Blanc est une conscience en action. Les fonctions gouvernementales n'entament point les arêtes de sa pensée. Avec les principes pour guide, ces principes qui, selon lui, « sont à l'homme politique ce que la boussole est au navigateur », il marche dans la voie de la liberté, les yeux toujours tournés vers son idéal. Vienne Gambetta à l'Assemblée l'entretenir de combinaisons de couloirs, de transactions possibles avec le centre droit, un tel homme n'est point fait pour l'entendre.

Cependant, quelles que soient la rigidité mystique de ses convictions et la hardiesse de sa pensée, Louis Blanc n'a pas le tempérament révolutionnaire. Lié d'amitié fraternelle avec Godefroy Cavaignac et Barbès, il n'est membre d'aucune association, d'aucun club, ne prend part à aucune tentative violente. Cet admirateur du Comité de Salut public ne fait pas, à l'heure décisive des grosses responsabilités, le geste attendu par ceux qu'anime sa pensée. Il cède sur la question capitale du ministère du Travail et, après un simulacre de démission, se laisse déporter au Luxembourg, dont il ne fera pas une force capable de contre-balancer l'hostilité des ateliers nationaux. Partisan de l'ajournement des élections et de la prolongation de la dictature du Gouvernement provisoire, il favorise la manifestation du 17 mars. Quand cent mille hommes sont réunis sur la place de l'Hôtel-de-Ville, il se solidarise avec les éléments modérés du gouvernement. La première voix qui s'élève est la sienne, et c'est pour demander aux manifestants de se retirer. L'insurrection de juin n'a pas de chef : Barbès, Blanqui, Raspail et Albert sont à Vincennes. Louis Blanc ne paraît pas avoir d'autres préoccupations, avec Caussidière et Lagrange, que de rester au palais Bourbon parmi ses collègues pour échapper à toute responsabilité. Pendant le siège de Paris, inquiet de l'inaction funeste de Trochu, il a l'idée de faire intervenir les anciens représentants pour mettre ce général « en demeure de sauver Paris ou de quitter le pouvoir »; il suffit que Victor Hugo n'approuve pas cette démarche pour que Louis Blanc y renonce aussitôt. Le 31 octobre, malgré les objurgations et les menaces, il refuse de se mettre à la tête du mouvement contre le Gouvernement de la défense nationale. Au 18 mars, il qualifie durement les insurgés. Premier élu de Paris, avec 216.530 suffrages, il reste à son banc de député à Versailles et s'associe aux mesures de répression. Ainsi, chaque fois qu'une occasion s'est présentée de passer aux actes, de faire véritablement œuvre de chef populaire, Louis Blanc s'est dérobé. Est-ce manque de courage, comme on l'a prétendu? Il suffira de répondre qu'il fut l'ami de Barbès; que, dans sa lettre confidentielle à Duméril, il accepte d'un cœur ferme l'éventualité de la prison; enfin que, lors des attentats dont il fut l'objet, il ne montra nulle défaillance. Mais il y avait en lui une défiance insurmontable des réalisations trop promptes. Le saut dans l'inconnu l'épouvantait. Il avait horreur du sang versé, était retenu par je ne sais quels scrupules de légiste qu'il ne put jamais vaincre. C'est peut-être pour cela qu'il avait tant d'admiration pour Barbès, en qui semblait revivre l'intrépidité des anciens chevaliers.

Louis Blanc fut donc moins un homme d'action qu'un homme d'étude. Mais ce qui le distingue de la plupart des philosophes sociaux, c'est qu'il n'est pas resté confiné dans son cabinet et qu'il a harangué les foules; c'est qu'il a été membre d'un gouvernement; c'est que, sincèrement républicain, pénétré de la nécessité d'éclairer le peuple, il a, propagandiste infatigable, poursuivi jusqu'à sa mort son œuvre éducatrice de la Commission du Luxembourg.

A l'âge où, d'ordinaire, les citoyens prédestinés à jouer un rôle dans l'Etat se cherchent encore, il avait déjà arrêté et fait connaître l'essentiel de la doctrine à laquelle il resta fidèle toute sa vie.

Son livre, l'*Organisation du travail*, vient au moment où le saint-simonisme tombe dans le mysticisme, où l'évolution politique rend suranné le respect de Fourier pour les puissances établies, où la triade de Pierre Leroux n'apparaît que comme une pure spéculation philosophique, sans application pratique. L'œuvre du jeune novateur est un exposé d'idées simples et fortes présentées en un langage clair, à la portée de tous.

De là son succès.

A ses critiques de l'ordre social, les révolutionnaires qui écriront après lui, Karl Marx et Engels, Lassalle, Benoît-Malon, ne trouveront pas grand'-chose de neuf à ajouter.

Par lui, tout a été dit contre le régime du laissez-faire, les méfaits de la concurrence, les effets désastreux du machinisme et de la division du travail, qui ravalent la main-d'œuvre et produisent l'avilissement des salaires. Tout a été dit sur les efforts de la bourgeoisie à travers les âges pour détruire les castes privilégiées, ne laisser subsister entre les hommes que les liens de l'intérêt. Tout a été dit sur la nécessité, pour le prolétariat, de conquérir le pouvoir et, par la transformation de la propriété individuelle en propriété collective, d'abolir l'exploitation de l'homme par l'homme, qui abolira elle-même l'exploitation des nations par les nations, le libre développement de chacun entraînant le libre développement de tous.

Karl Marx, comme Louis Blanc, remet l'ensemble du capital à la disposition de l'Etat, qui fournit à chacun ses instruments de travail et doit réaliser l'association universelle, maîtresse de la production totale. Au gouvernement du hasard, Louis Blanc veut substituer le gouvernement de la science (1). Karl Marx accentuera cette tendance et, se défendant d'indiquer un remède ou un système, se flattera d'avoir découvert les conditions historiques de l'émancipation.

Karl Marx et Engels, partant des mêmes principes que Louis Blanc, en tirent des conséquences différentes.

Louis Blanc, convaincu de la solidarité des intérêts, est hostile à la dictature. Il désirerait, tout en la condamnant, sauver la bourgeoisie. Il espère, par des expériences faites en petit, la rallier à sa manière de voir, l'amener, dans une nouvelle nuit du 4 août, à l'abandon de ses privilèges.

Karl Marx et Engels, moins optimistes, ne croient pas que la classe possédante consente à renoncer à ses prérogatives; ils proclament nécessaires la lutte des classes, le renversement de l'ordre social traditionnel, la dictature du prolétariat.

Chez Louis Blanc, l'Etat se confond avec la République, selon lui au-dessus de toute contestation et pouvant seule assurer la souveraineté populaire, parce qu'elle a à sa base le suffrage universel, la liberté de réunion, la liberté d'association, la liberté de la presse. Par ces moyens, chaque minorité peut devenir majorité, pourvu qu'elle ait raison et qu'elle le prouve. L'Etat ainsi défini n'est pas l'Etat gendarme, mais l'Etat serviteur, qui vient en aide à ceux qui souffrent, aux faibles, aux déshérités de la vie, et qui, investi de l'au-

(1) *Questions*, 5e série, pages 46 et 169.

torité suprême, réformera la société par décrets (1), assurera l'émancipation de la classe ouvrière et réalisera, non l'égalité stricte, qui est impossible, mais l'égalité proportionnelle d'après la formule : *A chacun suivant ses besoins, de chacun suivant les facultés. Celui qui fait ce qu'il peut, fait ce qu'il doit.*

Louis Blanc ne nie pas que ces décrets, sous peine d'être impuissants, doivent répondre aux besoins sociaux et émaner de la volonté générale. Aussi réclame-t-il pour ses idées la liberté de discussion et, pour leur application, l'épreuve décisive du suffrage universel. L'ordre nouveau doit s'établir pacifiquement, car nul n'a intérêt à conserver l'ordre ancien. C'est dans cette conviction que s'affirme le programme de Louis Blanc, hostile à toute violence et pour qui le mot révolution n'est pas synonyme de bouleversement. Louis Blanc ne reconnaît, pour diriger les hommes, d'autre force que celle de la persuasion, de la conviction; il veut construire et non détruire, il tend vers l'ordre et l'harmonie.

On s'explique difficilement aujourd'hui les colères passionnées qu'il a soulevées. Sans doute le communisme est l'aboutissement de son système; mais alors que Babeuf, comprenant les résistances auxquelles il allait se heurter, prêche l'insurrection à main armée et préconise l'extermination de tous les opposants, Louis Blanc, convaincu qu'au XIXe siècle le socialisme a toute la puissance d'une loi historique, attend, du jeu seul du suffrage universel, la réalisation de ses projets.

Il y a une disproportion énorme entre le caractère nettement novateur du but qu'il poursuit et les moyens légaux par lesquels il entend y atteindre. Mais ce perpétuel souci de la légalité aurait dû lui valoir un peu plus d'indulgence. Ainsi, au point de vue politique, Louis Blanc a popularisé la notion de l'Etat démocratique.

Au point de vue économique, il n'a sans doute pas attaché son nom à de grandes réformes, mais il a inspiré au prolétariat une tendance organisatrice qu'on ne saurait nier. C'est en grande partie grâce à son action que l'Etat a

---

(1) Dans *le Nouveau Monde*, 15 novembre 1850 : « Etaient-ce des décrets relatifs seulement à la forme extérieure et physique que ceux-ci : abolition des juridictions seigneuriales, remplacement des dîmes ecclésiastiques par un impôt, condamnation à mort de la société féodale en France? Etait-ce un *fait intime*, une *organisation moléculaire*, ou bien tout simplement une forme mécanique que Turgot modifiait lorsque, dans un lit de justice tenu le 12 mars 1776, il faisait enregistrer par le Parlement l'édit fameux qui supprimait les corvées et les jurandes? »

fini par interposer la justice dans les rapports du patron et de l'ouvrier. En 1841, quand la réglementation du travail des enfants dans les manufactures vint en discussion au Parlement, la question qui se posa d'abord fut de savoir si l'autorité publique avait bien le droit d'intervenir en matière d'industrie. L'Etat ne devait-il pas s'arrêter au seuil de l'atelier? En 1872, cette question était déjà moins à débattre. Depuis, les lois et règlements de protection se sont multipliés, des cités ouvrières avec le concours financier de l'Etat ont été construites, un ministère a été créé. On ne saurait feuilleter un exemplaire du code du travail sans y reconnaître la trace de l'enseignement de l'ancien président de la Commission du Luxembourg.

Le problème du droit au travail n'a pas encore trouvé de solution : il reste à l'ordre du jour. Proudhon a dit avec raison que l'avoir posé assurait l'immortalité à Louis Blanc et au titre de son ouvrage (1). « Admettre le droit à l'assistance, écrivait Louis Blanc, et nier le droit au travail, c'est reconnaître à l'homme le droit de vivre improductivement; c'est consacrer son existence comme charge, quand on refuse de la consacrer comme emploi, ce qui est d'une remarquable absurdité. » A cela, on n'a rien pu répondre. Cependant, un pas timide a été récemment fait dans la voie où Louis Blanc voulait engager le Gouvernement provisoire. Le Sénat, après un émouvant discours de M. Maurice Sarraut, sénateur de l'Aude, a voté, le 4 juillet 1922, une loi sur l'emploi obligatoire des mutilés. Imposer aux patrons et industriels des pensionnés de la guerre à capacité entière ou à capacité réduite, en nombre proportionnel aux salariés employés, à partir de vingt-cinq, c'est en fait reconnaître le droit au travail de 1.200.000 ouvriers.

A l'Hôtel de Ville, comme membre du Gouvernement provisoire, Louis Blanc ne put entraîner ses collègues à réaliser par décrets les mesures préconisées par lui. Il semble y avoir tenu un rôle de dupe. A chaque mouvement populaire, le 28 février, le 17 mars, ses collègues se servent de lui pour refréner les impatiences; mais, en même temps, ils le représentent à la bourgeoisie comme un fauteur de désordre, ennemi de la famille et de la propriété. L'enthousiasme des premiers jours allait décroissant. Le 16 avril, Louis Blanc put mesurer la profondeur de sa chute.

Au Luxembourg, où il fut relégué, sans budget, sans pouvoir effectif, il se dépensa en discours, féconds sans doute, puisqu'ils inspirèrent la politique

---

(1) *Le Peuple*, 19 février 1849.

de l'avenir, mais sans résultats immédiats, si l'on excepte les décrets sur le marchandage et la durée des heures de travail, les sentences d'arbitrage, la fondation des premières associations. Chaque fois qu'il voudra passer aux actes, il se trouvera en présence d'une Assemblée qui n'aura que dédains pour les résolutions de la commission présidée par lui et accueillera par des sarcasmes l'idée de la création d'un ministère du Travail.

Le peuple s'aperçoit qu'en mettant trois mois de misère au service de la République, il a simplement permis à la réaction de s'organiser. Il tente un dernier effort. Mais, en envahissant l'Assemblée, le 15 mai, il ne fait que désigner pour la proscription les plus ardents de ses défenseurs. Décimé brutalement à son tour aux journées de Juin, prélude de celles du coup d'Etat de 1851, il lui faudra dix longues années pour se ressaisir.

En 1860, l'influence de Louis Blanc semble avoir disparu. C'est autour de Blanqui, dont les tendances sont communistes, et surtout de Proudhon, infatigable propagateur du mutuellisme, de la coopération et du crédit gratuit, que se groupent les ouvriers, déjà ouverts aux idées syndicalistes.

Il y aurait toutefois quelque injustice à considérer la carrière politique de Louis Blanc comme terminée après les événements de 1848. De l'exil, il ne cesse de combattre l'Empire, se prononce contre le serment, refuse fièrement l'amnistie. Rénovant les méthodes historiques, il termine son *Histoire de la Révolution française* qui, à la lueur des dernières recherches, est considérée comme l'un des ouvrages les plus consciencieux et les plus exacts qui aient paru sur cette grande époque. Il envoie au journal *le Temps* une série de lettres destinées à faire connaître l'Angleterre, avec le dessein de préparer entre elle et la France un rapprochement qu'il juge nécessaire à la paix du monde. Attentif aux questions de politique intérieure qui agitent notre pays, il dénonce l'empire libéral comme une duperie, flétrit les défaillances et se range, avec Victor Hugo et Edgar Quinet, parmi les irréconciliables.

Lors de la proclamation de la République, il rentre en France; mais, pas plus que Victor Hugo et Quinet, il n'est appelé à faire partie du Gouvernement de la défense nationale.

Cependant le souvenir de l'auteur de l'*Organisation du travail* s'était ravivé dans la capitale et, malgré ses vingt-deux années d'absence, il est élu le premier des députés de la Seine aux élections de février 1871.

A l'Assemblée nationale, il n'hésite pas à se prononcer pour la guerre à outrance. On a vu que sa protestation contre le traité de paix qui nous arrachait l'Alsace-Lorraine et une rançon de cinq milliards a pu être, de nos jours, rappelée avec orgueil.

Après avoir tout tenté pour prévenir la lutte entre Versailles et Paris, Louis Blanc se déclare contre la Commune. Au lendemain de la semaine sanglante, il prêche la réconciliation et l'union, et, de toute son énergie, par la parole et par la plume, il continue à se montrer un des meilleurs serviteurs de la démocratie.

D'accord avec tous les républicains pour réclamer la dissolution de l'Assemblée qui, visiblement, ne représentait pas le pays, il se sépara de Gambetta quand celui-ci eut abandonné la politique des principes et fonda avec l'extrême-gauche le parti radical-socialiste, dont il donna la définition et rédigea le programme. Son attitude intransigeante eut pour effet de retenir les opportunistes dans la voie des concessions.

Louis Blanc combattit vivement la Constitution de 1875, ne pouvant admettre que la République reçût ses institutions de ceux-là mêmes qui désiraient sa perte. Il n'admettait pas non plus que l'Assemblée du suffrage universel pût être mise en échec par celle du suffrage restreint et que des pouvoirs de monarque fussent conférés au président.

L'avenir devait démontrer que, sur ces divers points, Gambetta avait raison. La Constitution de 1875 a duré plus qu'aucune des autres qui ont régi la France depuis 1791. La nécessité d'une haute assemblée, pour servir de régulateur et de contrepoids et donner à tous le temps de la réflexion, n'est plus sérieusement contestée par personne. Le Sénat, dans sa très grande majorité acquis à la République, a cessé d'être un obstacle au progrès social. Bien plus, la revision est demandée, non pour réduire les attributions du chef de l'Etat, mais pour les étendre. Il a été révélé, en effet, que le président de la République ne pouvait, en réalité, disposer d'aucun des pouvoirs que la Constitution lui a confiés (1).

Il semble bien qu'après toute une existence de labeur et de lutte, la mémoire de Louis Blanc ne soit pas honorée comme elle devrait l'être. Auprès des modérés, il passe pour un révolutionnaire, et auprès des révolutionnaires pour un modéré. On a pu lire ce mot de lui : « C'est le propre des esprits d'élite de devancer leur époque, mais la violenter n'est permis à personne ».

---

(1) Raymond POINCARÉ : Lettres libres (*Le Temps*, 9 et 23 août 1920).

Politiquement et socialement, Louis Blanc a devancé son époque, mais il ne l'a pas violentée. Ainsi, il s'est aliéné les modérés qui ne lui ont pas pardonné d'avoir combattu Gambetta, et les révolutionnaires, en ne s'emparant pas du pouvoir par la force le 17 mars 1848, et en ne s'insurgeant pas contre le Gouvernement de Versailles en 1871.

L'auteur de ces pages s'est appliqué, à travers les polémiques et les aigres disputes, à montrer sous son vrai jour cette figure du passé — d'un passé encore près de nous. Qu'il lui soit permis de conclure que la mémoire de Louis Blanc mérite mieux que de rester ainsi l'objet des sévérités des uns et des autres.

Historien des géants qui ont fondé le monde moderne, homme d'Etat n'ayant eu en vue que le bien-être de tous par l'émancipation et l'amélioration de la classe ouvrière, adversaire hautement estimé de Lamartine et de Gambetta, ami très affectionné de Victor Hugo et de Barbès, orateur, écrivain, hardi vulgarisateur des idées de justice, d'égalité, de liberté et de fraternité, Louis Blanc est un des Français dont le nom doit être cher au cœur de la France et respecté de tous les républicains.

1928. — Imprimerie « Labor », 8, Boulevard de Vaugirard, Paris XVe

www.ingramcontent.com/pod-product-compliance
Ingram Content Group UK Ltd.
Pitfield, Milton Keynes, MK11 3LW, UK
UKHW021135260726
13994UKWH00001B/148